böhlau

Claudia Maurer Zenck (Hg.)

Erinnerungen an Ernst Krenek

BÖHLAU

Verlag und Herausgeberin danken Prof. Dr. Dr. Torsten Haferlach für seine Unterstützung, die die Drucklegung dieses Buches ermöglicht hat.

Bibliografische Information der Deutschen Nationalbibliothek:
Die Deutsche Nationalbibliothek verzeichnet diese Publikation in der Deutschen Nationalbibliografie; detaillierte bibliografische Daten sind im Internet über https://portal.dnb.de abrufbar.

Umschlagabbildung: Das Coverbild ist Teil einer s/w-Portrait-Fotoserie aus ca. den 1970er-Jahren aus dem Bestand der Ernst-Krenek-Institut-Privatstiftung (© Gladys N. Krenek)

Korrektorat: Gabriela Schökler, Wien; Anja Borkam, Jena
Einbandgestaltung: Michael Haderer, Wien
Satz: Michael Rauscher, Wien
Druck und Bindung: Hubert & Co, Ergolding
Gedruckt auf chlor- und säurefreiem Papier
Printed in the EU

Vandenhoeck & Ruprecht Verlage | www.vandenhoeck-ruprecht-verlage.com
E-Mail: info@boehlau-verlag.com

ISBN 978-3-205-22198-2

Inhalt

Einführung: Wider das Vergessen

Der Komponist Ernst Krenek (1900–1991) war schon in jungen Jahren auch ein Mann des Wortes: Er betätigte sich als Schriftsteller, Librettist, Publizist, Kritiker, auch als Musikwissenschaftler. Ab 1942 verfasste er *Memoirs*, in denen er sein Leben in Europa bis 1937 beschrieb. Am Ende jedes der sechs großen Teile der umfangreichen, später als *Im Atem der Zeit* publizierten Autobiographie fügte er eine Reflexion über sein Verhalten und sein Wesen in dem betreffenden Lebensabschnitt an. In seinen *Amerikanischen Tagebüchern*, die die folgenden Zeitspannen 1937–1939 und 1939–1942 dokumentieren, hielt er zunächst – es waren die Jahre der Flucht aus Europa und der Unruhe in der ersten Exilzeit – eine Fülle von Begebnissen und Begegnungen fest, während später, mit der ersten festen Stellung und der Niederlassung in den USA, Notizen und Reflexionen über sein Schaffen und über die Zeitgeschichte überwogen. Beide Selbstzeugnisse zeigen das Bild des Menschen Krenek – notabene in einer Selbstdarstellung, wie er 1948 auch sein gleichnamiges Büchlein benannte, mit dem er sich seinem früheren Publikum in Mitteleuropa wieder in Erinnerung bringen wollte.

Zu diesen Blicken Kreneks auf sich selbst kommen nun die Blicke anderer auf ihn hinzu: als Erinnerungen von Zeitgenossen, die ihm begegneten und mit ihm in Kontakt traten.

Erinnerungen an eine berühmte Persönlichkeit sind nicht eben selten, gerade wenn es sich um Menschen handelt, die sich in einer der Künste betätigten. Es ist kein neues Genre, im Gegenteil: Seit den 1840er Jahren wurden einzelne Erinnerungen an große Musiker niedergeschrieben und später ganze Sammlungen angefertigt und veröffentlicht, während im Laufe des 20. Jahrhunderts allmählich das Interesse an solchen Sammlungen abnahm. Wozu solche „Erinnerungen an …“? Es gab dafür verschiedene Gründe. Dass

Robert Schumann nicht an eine Veröffentlichung seiner Erinnerungen an den bewunderten, seit dem Umzug 1843 nach Berlin schmerzlich vermissten Kollegen und Freund Felix Mendelssohn Bartholdy, die er unmittelbar nach dessen Tod 1847 niederschrieb, dachte, lässt auf psychologische Notwendigkeit schließen. Anders die Erinnerungen an den zwei Jahrzehnte zuvor verstorbenen Ludwig van Beethoven: Sie sollten zwar biographische Details korrigieren und ergänzen – später im Falle Franz Schuberts eine Biographie überhaupt erst vorbereiten –, aber vor allem ging es darum, die historische Darstellung durch Reaktionen von Zeitgenossen zu ergänzen. „Was einen großen Mann betrifft, ist immer interessant", meinte Franz Grillparzer 1844/1845 in seinen *Erinnerungen an Beethoven* und versicherte, er wolle alles „treu" über seine Begegnungen mit Beethoven erzählen. Und er fügte noch an, dass es ihm Vergnügen bereite, sich seine „Erinnerungen an ihn bei dieser Gelegenheit wieder vor die Seele zu führen".

Solche Perspektiven und Gründe sind auch in dieser Sammlung von Erinnerungen an Ernst Krenek ausschlaggebend. Die Erfahrung, dass Rückblicke sowohl für das breitere Interesse als auch für die Forschung nützlich sein können, verband sich mit der Einsicht, dass es bedauerlich wäre, wenn die Erinnerungen an eine Persönlichkeit wie Ernst Krenek von allen, die ihn noch gekannt hatten, in absehbarer Zeit verloren gingen. Dass es ohnedies schon sehr spät für solch ein Projekt war, ist offensichtlich, da seit seinem Tod inzwischen 33 Jahre verstrichen sind. Und da Krenek in hohem Alter starb, waren keine Zeitgenossen aus seiner Jugend und den frühen mittleren Jahre in Europa und den USA mehr zu finden. Was hier zu lesen ist, bezieht sich daher auf die letzten Jahrzehnte seines Lebens, also auf die Zeit seit den 1950er Jahren, in der er als naturalisierter Amerikaner in den USA oder in Europa tätig war.

Ebenso wie seine Selbstdarstellungen lassen auch diese Rückblicke auf Krenek kein objektives Bild des Menschen und Komponisten in seiner zweiten Lebenshälfte erwarten, sondern sie bestehen aus individuellen Darstellungen Kreneks aus dem Blickwinkel einer zweiten Person und aus großer zeitlicher Distanz. Voraussetzung ist die Interaktion beider auf beruflicher Ebene und zuweilen auch im Privatleben. Erinnert wird der Eindruck, den Krenek machte, und wohl auch umgekehrt Kreneks Reaktion auf sein Gegenüber. Mehrfach gibt es große Übereinstimmung in der Sicht auf seine Persönlichkeit, sein Verhalten und sein Werk. Wenn gelegentlich der gleiche Sachverhalt doch stark unterschiedlich eingeschätzt wurde, so wundert auch dies nicht, denn die Differenzen zwischen den Einzelnen und ihren Verbindungen zu Krenek sind zuweilen beträchtlich.

Es war der Wunsch, AutorInnen mit Berufen von einiger Bandbreite zu finden. Beabsichtigt war auch, dass sie unterschiedlichen Alters sind und die Länder, die für Krenek am wichtigsten waren, ebenso wie die Sprachen, die er sich aneignete, vertreten. Es sind zwei Komponisten der nachfolgenden Generationen dabei, eine Sängerin, viele Musiker und Solisten – einige sind auch Komponisten – unterschiedlicher Instrumente, die als Interpreten seiner Werke, zuweilen auch zusätzlich als seine Kompositionsschüler mit ihm zu tun hatten; andere sind Dirigenten, einige Musikvermittler und Kulturmanager, vier MusikwissenschaftlerInnen. Sie kommen aus unterschiedlichen Ländern und Kontinenten, sprechen und schreiben Deutsch oder Englisch, ihre Altersspanne reicht von den Jahrgängen 1926 bis 1959.

Leider fanden sich nicht alle, die um Beiträge gebeten wurden, dazu bereit. Zudem fielen aus Krankheitsgründen auch die Pianistin Carolyn Horn, eine der US-amerikanischen Interpretinnen Kreneks und auf einigen der Orion Records mit seinen Werken zu hören, und der Musikkurator und -schriftsteller Lothar Knessl aus Wien, der vor nahezu 60 Jahren das erste ausführliche Buch über Krenek geschrieben hatte, aus; beide sind inzwischen nicht mehr am Leben. Und es waren auch nicht mehr alle Weggefährten zur Zeit des Beginns der Sammlung erreichbar: so etwa in Kalifornien der Bariton Michael Ingham, der mit Krenek viele seiner Werke mit Gesang aufnahm, und der Autor der wertvollen Biobibliographie, der Bibliothekar Garrett H. Bowles; so auch der Schweizer Flötist und Komponist Bernhard Batschelet – sie alle verstarben in den ersten Monaten des Jahres 2020. Auch vier der Zeitgenossen, die sich noch an Krenek erinnerten, erleben die Publikation leider nicht mehr: Wolfgang Timaeus, Friedrich Cerha, John Norman und James Ostryniec.

Die hier versammelten AutorInnen steuerten Originalbeiträge bei, mit zwei Ausnahmen: Batschelet hatte bereits 2015 seine Erinnerungen an Krenek bei einem diesem gewidmeten Festival in Basel vorgetragen; sie werden hier einbezogen und zum ersten Mal gedruckt. Und nachgedruckt wurde der Beitrag des Cellisten David Geringas, der seinem im vorletzten Jahr veröffentlichten autobiographischen Buch entnommen werden konnte.

Einige AutorInnen haben in der Zeit ihrer Begegnungen mit Krenek Aufzeichnungen gemacht, die nun die Basis ihrer Erinnerungen bilden. Manchmal ist ein Briefwechsel oder ein Interview mit im Spiel, wodurch unter Umständen eine zusätzliche Tiefenschärfe entsteht. In fast allen Beiträgen wird – zuweilen sehr ausführlich – dargelegt, welches der eigene Werdegang war, der schließlich zum Kontakt mit Krenek führte. (Andernfalls geben die Curricula Vitae Aufschluss darüber.) Der Umfang der Beiträge ist sehr unterschiedlich. Das hängt nicht nur mit der Häufigkeit der Treffen und der Dauer der Beziehung, sondern auch damit zusammen, ob nur eine charakteristische Begegnung dargestellt werden sollte, die sich eingeprägt hatte, oder die ganze Zeitspanne der Beziehung.

Das Vorhaben der Sammlung stand ursprünglich nicht im Zusammenhang mit einem Gedenktag. Aber sie nach und nach zusammenzutragen, brauchte mehr Zeit als erhofft – schließlich wurden es vier Jahre –, daher wird sie nun zum 125. Geburtstag des Komponisten erscheinen. So mögen die Erinnerungen, wie der Gedenktag selbst, zum einen die Biographie John L. Stewarts, die noch zu Lebzeiten Kreneks erschien, durch biographische Einzelheiten ergänzen. Zum anderen soll den Reaktionen des Historikers auf das Schaffen und auf die Persönlichkeit des Komponisten hier die individuelle Sicht von Zeitgenossen zur Seite gestellt werden – ohne die Absicht, Geschichte zu schreiben –, eine Sicht, die zuweilen auch sehr private Geschichten enthält. Und die Ergebnisse der Erinnerungsarbeit lassen hoffentlich die Freude daran durchscheinen.

Zuletzt sei ein weiterer Zweck genannt über diese hinaus, die – nach Grillparzer – auch schon die frühen Erinnerungen an Komponisten wie Beethoven und Mendelssohn motivierten: Bei diesen scheint noch keine Rolle gespielt zu haben oder es wurde zumindest nicht ausgesprochen, dass sie der abnehmenden Rezeption oder gar dem Vergessen entgegenwirken mögen.

Die Reihenfolge der Beiträge entspricht mit einigen Ausnahmen ungefähr der Chronologie des Beginns der Verbindung der AutorInnen mit Krenek. Am Anfang stehen die Berichte von fünf Zeitgenossen, die zufällig aus den drei Ländern stammen, in denen schon der junge Krenek wirkte: die der Komponisten Friedrich Cerha und Gösta Neuwirth aus Österreich, die Kreneks Musik bereits vor der ersten Begegnung mit ihm – bei den Darmstädter Ferienkursen von 1956 bzw. 1958 – gespielt oder gehört hatten; die von Wolfgang Timaeus von Bärenreiter aus Kassel, der Krenek zuerst Mitte der 1950er Jahre traf und ihn seit 1961 als Verleger betreute; die Bernhard Batschelets aus Basel, des Einzigen, der schon Kindheitserinnerungen an Krenek hatte, da er in den späten 1950er Jahren den Freund seiner Eltern kennenlernte; und die des Kulturmanagers und Musikschriftstellers Franz Willnauer, der Ende der 1950er Jahre in Wien bei Konzerten mit Neuer Musik Kreneks Mutter begegnete, Kreneks Musik hörte und über sie seine ersten Kritiken verfasste. Am Ende stehen die Erinnerungen des Pianisten und Dirigenten Reinhard Schmiedel aus Weimar, der auch eine Perspektive aus der ehemaligen DDR einbringt, und des damals in Los Angeles tätigen Diplomaten Christian Prosl; beide gehen über Kreneks Lebenszeit hinaus und rücken vor allem seine Gefährtin während dieser mehr als 40 Jahre, Gladys Nordenstrom Krenek, in den Blick. Sie unterstützte ihren Mann von Anfang an, sowohl in der Arbeit als auch, besonders in seinem hohen Alter, im täglichen Leben, setzte sich bis zu ihrem Tod 2016 umsichtig und unermüdlich für Kreneks

Schaffen und seine Rezeption ein und hat daher hier auch ihren Platz.

Die Beiträge aus den USA, dem Land, das Krenek 1938 Zuflucht bot und wo er mehr als 50 Jahre seines Lebens verbrachte, stammen von John Norman und James Ostryniec, die beide um die Mitte der 1960er Jahre mit Krenek in Kontakt kamen. Und wie Ostryniec, der zuerst dem Kompositionslehrer Krenek begegnete, bevor er als Oboist seine Musik spielte, erinnert sich die damals beruflich am Anfang stehende Sängerin Katherine Arthur an eine Szene in Palm Springs aus dem Jahr 1988, die erahnen lässt, wie sich Krenek in den USA als Lehrer verhielt.

Peter Burwiks erster Kontakt mit Krenek datiert vom Anfang der 1970er Jahre, als er als Dirigent in Wien zu arbeiten begann. Mitte der 1970er Jahre nahm der Wiener Organist Martin Haselböck mit Krenek Kontakt auf, um dessen Orgelwerke auch in Europa bekannt zu machen, und weitere Solisten folgten in den 1980er Jahren: der litauische, damals an der Lübecker Musikhochschule wirkende Cellist David Geringas und der australisch-niederländische Pianist Geoffrey Douglas Madge aus Den Haag, der große Teile von Kreneks Klavierwerk einspielte. Der Geiger, Dirigent und Komponist René Staar spielte Kreneks Musik in Burwiks Ensemble, bevor er sein eigenes gründete, und trug zur Feier von Kreneks 85. Geburtstag in Ossiach nicht ein Ständchen, sondern ein *Sitzchen* vor. In den 1980er Jahren kam es auch zu persönlichen Kontakten Kreneks mit mehreren MusikwissenschaftlerInnen: Zu diesen gehört Marion Diederichs-Lafite. Da sie in den Musikverlag ihrer Mutter Elisabeth Lafite eingebunden war, die ihn seit 1950 führte, zeichnet sie auch ein Panorama der Wiener Musikszene der ersten Nachkriegsjahrzehnte aus Sicht der Verlegerin der *Österreichischen Musikzeitschrift*. Otto Biba, damals Archivdirektor der Gesellschaft der Musikfreunde, erinnert sich besonders an einen der Besuche Kreneks im Archiv, bei dem er diesem eine Überraschung bereiten konnte. Und über die Gesellschaft der Musikfreunde trat auch der Jurist Thomas Angyan an Krenek heran. Er war 1988 zu deren Generalsekretär ernannt worden und plante die Aufführung von Kreneks Werken anlässlich seines 90. Geburtstags. Im selben Jahr 1988 stellte Albrecht Dümling seine Rekonstruktion der Ausstellung *Entartete Musik* von 1938 vor – zu der auch Kreneks Musik gezählt worden war –, die in mehreren Ländern Europas und im Frühjahr 1991, leicht adaptiert, auch in Los Angeles gezeigt wurde. Dafür führte er Ende 1989 mit Krenek ein Gespräch und interviewte ihn Anfang 1990 noch einmal für den Dokumentarfilm *Verbotene Klänge. Musik unter dem Hakenkreuz*.

Dass die Erinnerungen der Herausgeberin erst zwischen Dümlings und den beiden letzten oben genannten Beiträgen steht, obwohl sie Krenek schon 1976 zum ersten Mal traf, schien ihr inhaltlich naheliegend: Sie knüpfen an Kreneks durch die Nazis verursachtes Exil an und umfassen Ereignisse und Eindrücke aus den letzten anderthalb Jahrzehnten von Kreneks Leben bis zu seinem Tod.

Drei Texte wurden nicht von ihren Autoren selbst schriftlich fixiert, sondern im Gespräch mit ihnen aufgenommen; die Transkriptionen ihrer Berichte lassen deren mündlichen Sprachduktus weitgehend bestehen. Ergänzt werden einige Beiträge durch Übersichten über Konzerte oder Schallplatten- und CD-Aufnahmen. Da diese Sammlung von Erinnerungen sowohl von MusikliebhaberInnen als auch von MusikhistorikerInnen gelesen werden mag, schien es angebracht, die in den Beiträgen erwähnten Werke und Aufführungen, Personen, Orte und Ereignisse genauer zu erklären oder zu datieren, selbstverständlich mit Zustimmung der jeweiligen AutorIn. Diese Zusätze wurden, um die Texte nicht zu beschweren, in Anmerkungen gefasst. Für sie zeichnet größtenteils die Herausgeberin verantwortlich – Otto Biba verfasste die Anmerkungen in seinem Text selbst, mit Marion Diederichs-Lafite und Albrecht Dümling kam es zur Zusammenarbeit, Franz Willnauer verzichtete ganz auf Fußnoten –, sie wurden daher auch in den englischsprachigen Beiträgen auf Deutsch geschrieben.

Von allen AutorInnen gibt es über die Andeutungen hier und die autobiographischen Teile ihrer Texte hinaus kurze Curricula Vitae. Ein etwas umfangreicherer Überblick über Kreneks Lebenslauf anhand von Daten ist ebenfalls beigefügt; auf ihn kann bei der Lektüre rekurriert werden. Darüber hinaus schien es sinnvoll, die lebendigen Berichte auch durch ein Foto zu ergänzen, das die Autorin oder den Autor mit Krenek womöglich in einer Situation, die erinnert wird, zeigt. Wenn es in wenigen Fällen kein solches Foto gab, dann fand sich eines mit einem Bezug zum Kontext der Erinnerungen. Alle ursprünglich analogen Aufnahmen wurden später digitalisiert.

Mein herzlicher Dank für die konstruktive Zusammenarbeit gilt allen, die ihre Erinnerungen für diesen Band beigesteuert haben, großer Dank auch denen, die die Autoren unterstützt haben: so Gertraud Cerha (Wien), die Friedrich Cerha die Niederschrift abnahm; Greg Schneider (Miami), der die Erinnerungen von James Ostryniec festhielt; Angela von Moos (Freiburg), die die Aufnahme des Gesprächs mit Gösta Neuwirth ermöglichte. Dank auch denjenigen, die Auskünfte gaben, Materialien zur Verfügung stellten oder gegenlasen; genannt seien Eva-Maria Timaeus (Kassel), die den Bericht ihres Mannes noch ergänzte, Anna Massini und Sebastian Meyer (Basel) für den Bruder und Freund Bernhard Batschelet, Jan Brachmann (Frankfurt am Main) für David Geringas, wie so oft Clemens Zoidl vom Ernst Krenek Institut, auch Gundula Maria Wilscher vom Archiv der Zeitgenossen (Donauuniversität Krems) sowie Juliane Brand (San Rafael/CA), Nicole Ristow (Pinneberg) und Matthias Schmidt (Basel). Dem Böhlau Verlag danke ich für die sorgfältige Betreuung durch Lektorat und Redaktion und einem privaten Sponsor für den großzügigen Druckkostenzuschuss.

Hamburg, 2024/2025
Claudia Maurer Zenck

Friedrich Cerha

Meine Beziehung zu Ernst Krenek

Ich weiß eigentlich nicht, wann und wo ich Ernst Krenek kennengelernt habe; seiner Musik bin ich jedenfalls früher begegnet als ihm persönlich. Als Geiger habe ich wiederholt seine Sonate für Violine und Klavier[1] gespielt – ein Stück, das ich heute noch schätze – und zweimal auch seine zweite Solosonate, die mir als Druck oder Kopie seiner Handschrift in die Hände gefallen ist.[2] Bei den Ferienkursen 1956 in Darmstadt habe ich ihn nur als Vortragenden im Zusammenhang mit der Vorstellung seines elektronischen Werks *Spiritus intelligentiae, Sanctus* erlebt,[3] 1958 spielte ich aber dann dort meine „avancierten" Stücke *Deux éclats en reflexion* und *Formation et solution* für Geige und Klavier,[4] und da muss er wohl einen ersten Eindruck von meiner Arbeit gewonnen haben. Ich erinnere mich allerdings nicht, dass wir damals miteinander gesprochen haben.

1 Gemeint ist op. 99 von 1944/1945. Die Sonate op. 3 für Violine und Klavier war zu der Zeit noch nicht gedruckt, da ihr Autograph noch verschollen war.

2 Die 2. Solosonate für Violine op. 115 von 1948 erschien erst nach 1964 im Hermann Aßmann Verlag.

3 Kreneks op. 152 von 1955/1956 war im elektronischen Studio des WDR entstanden, wie gleichzeitig die ersten elektronischen Werke von Henri Pousseur, Karel Goeyvaerts, Bengt Hambraeus, Gottfried Michael Koenig, Herbert Eimert und Hermann Heiß, und wurde mit diesen und Stockhausens *Gesang der Jünglinge* auf Demonstrationsabenden aufgeführt. Bei den Ferienkursen wurden fünf dieser elektronischen Werke am 19.7.1956 abgespielt, und am nächsten Tag leitete Krenek die Diskussion *Kompositorische Möglichkeiten der elektronischen Musik*, nach der auch noch elektronische Werke von Luciano Berio, Bruno Maderna und eine zweite Komposition von Heiß gespielt wurden.

4 Das Konzert, in dem Cerha die Uraufführung beider Werke zusammen mit Iván Eröd am Klavier spielte, fand als *1. Kompositions-Studio*, geleitet von Maderna und Luigi Nono, am 10.9.1958 bei den Ferienkursen statt. Krenek bezog sich wenige Monate später in seinem Empfehlungsschreiben darauf; s. u., Anm. 11.

Im Spätsommer 1960 rief er mich jedenfalls an und wollte mich kontaktieren und ich fühlte mich geehrt, dass ein „Altmeister“ wie er mich kennenlernen wollte. Er war in Wien, besuchte mich am Salzgries[5] und fand auf meinem Arbeitstisch die in Rom entstandene Partitur zu meinem Orchesterwerk *Espressioni fondamentali.*[6] Er setzte sich hin, blätterte sie aufmerksam und langsam durch und sagte dann, er habe im November ein Konzert beim SFB (Sender Freies Berlin) in Berlin zu dirigieren und wolle dieses Stück uraufführen. Da ich zu dieser Zeit noch keinen Verlag hatte, der das zu übernehmen bereit gewesen wäre, musste ich schnell das Stimmenmaterial selbst herstellen. Die Uraufführung fand am 17. November 1960 statt, das Stück hatte großen Erfolg, und der Leiter von Kreneks Verlag Bärenreiter kam nach dem Konzert zu mir und nahm die *Espressioni* sofort für sein Haus an. Kreneks im gleichen Konzert aufgeführtes Werk *Quaestio temporis* op. 170 hat mich damals durch seine konstruktive Strenge und Konsequenz sehr beeindruckt.

Unsere Begegnung in Berlin war offenbar für beide Seiten eine erfreuliche, und wir beschlossen, unsere Gespräche in Wien fortzusetzen. In den folgenden Jahrzehnten war Krenek häufig hier und ich hatte den Eindruck, dass er mich gern anrief, wenn er da war. Er kam dann meist schon am späten Nachmittag zu mir, und wir verabschiedeten uns oft mit einem letzten Glas Wein erst zu nächtlicher Stunde. Ob seine Frau Gladys von Anfang an mit ihm kam, kann ich mich nicht erinnern. Jedenfalls waren wir aber bald regelmäßig zu viert und meine Frau[7] und ich haben die beiden auch

---

5 Die Cerhas bewohnten von 1958 bis 1971 eine Eigentumswohnung am Salzgries 3 im 1. Bezirk.

6 Cerha lebte von Februar bis Juli 1957 in Rom, da er für das Sommersemester vom Bundesministerium für Unterricht ein Stipendium erhalten hatte. Er wohnte im Österreichischen Kulturinstitut.

7 Cerha war seit 1951 mit der Musikerin, Musiklehrerin, Musikvermittlerin und Generalbasslehrerin an der Musikhochschule Gertraud Cerha verheiratet. Beide arbeiteten sehr viel zusammen – zuerst auf dem Gebiet der Alten Musik, dann der Neuen Musik – und gründeten 1958 auch gemeinsam das Ensemble die reihe.

besucht, wenn sie im Sommer einige Zeit im Schönberghaus in Mödling verbrachten.

Bei unseren Zusammenkünften sprachen wir über Gott und die Welt, über Komponisten, Programme, Verlage, Rundfunk- und Fernsehanstalten, aber sehr wenig – und manchmal gar nicht – über Musik. Ich hatte den Eindruck, dass er es nicht liebte, über die seine befragt zu werden, und auf seine vornehme Art vermied er es, abschätzige Urteile über andere abzugeben. Ein diesbezüglich für mich erstaunliches Erlebnis war ein Gespräch, das ich mit ihm über Schreker führte. Ich hatte damals einige Male dessen *Kammersymphonie* dirigiert, ein Stück, das ich bis heute liebe. Seine Reaktion auf den Namen seines Lehrers hat mich völlig überrascht. Er lächelte abschätzig und sagte: „Der war doch nie da; er reiste immer den Aufführungen seiner Opern nach." und an anderer Stelle: „Ich habe wenig von ihm gelernt." Krenek war am Beginn seines Studiums 16 Jahre alt und sicher noch kein versierter Komponist, und er ist seinem Lehrer 1920 immerhin nach Berlin gefolgt,[8] wo er sich allerdings bald stilistisch erheblich umorientiert hat. Von Jugenderlebnissen geprägte, ungefilterte Äußerungen hatte ich gerade von einem Mann wie ihm nicht erwartet, sie sprechen aber für die lockere Atmosphäre, in der unsere Gespräche stattfanden.

Wiewohl ich um seine diesbezügliche Reserviertheit wusste, versuchte ich doch gelegentlich, mit ihm auch über seine Musik zu sprechen. Eines der Themen war die Sinfonie aus der Oper *Pallas Athene weint*, die ich besonders schätze und dirigieren wollte.[9] Ich

---

8 Kreneks Bemerkung über Franz Schrekers Abwesenheit bezog sich auf seine Studienzeit in Berlin (Ende 1920–1922), die mit Schrekers erfolgreichsten Jahren zusammenfiel: Dessen Opern waren sehr erfolgreich, seine Orchesterwerke wurden in ganz Europa und den USA aufgeführt, und der Komponist ließ infolgedessen häufig seinen Unterricht an der Musikhochschule ausfallen.

9 Die *Symphony Pallas Athene* op. 137 entstand 1954 vor der Revision der Oper *Pallas Athene weint* op. 144 und ihrer Uraufführung. – Dass Cerha sie dirigiert hatte, lässt sich nicht nachweisen. Er dirigierte aber neben den in der Liste unten angeführten Werken auch (laut eigenen Angaben in seinen 2000 geschriebenen Erinnerungen an Krenek anlässlich von dessen 100. Geburtstag, in:

habe sie sorgsam studiert und befragte ihn darüber, wie sie zustande gekommen sei. Und er, von dem man allgemein eher annahm, dass er – wie sein gewaltiges Œuvre beweist – leicht und flüssig komponierte, erläuterte mir ausführlich seine Schwierigkeiten, die aus der Oper gewählten Teile in ein schlüssiges symphonisches Gefüge zu bringen. Was ich zu hören bekam, klang jedenfalls nach vielfältigen, komplexen Überlegungen und sehr gründlicher Arbeit. Ich habe bedauert, dass ich ihn zu Spätwerken, wie etwa seinem Orchesterstück *Arc of Life* op. 234, mit dem ich mich eine Zeitlang beschäftigt hatte, nicht mehr befragen konnte.

Kreneks Verhältnis zur Sprache war ein besonderes: Er sprach langsam und leise, aber immer in ganzen, sinnvoll gebauten, fast druckreifen Sätzen, und ich bewunderte diese heute sehr selten gewordene Sprachkultur immer sehr. Seine Autobiographie *Im Atem der Zeit*,[10] die ich selbstverständlich und zum Teil mehrmals gelesen habe, ist über die wichtigen zeitgeschichtlichen Informationen hinaus vor allem auch ein diffiziles, sensibles Sprachkunstwerk; beim Lesen lag mir manchmal die Vorstellung nahe, dass diese Sprache auf rhythmischen Ordnungen beruhe.

Kein Komponist in der Musikgeschichte hat seinen Werken so unterschiedliche Titel gegeben wie Krenek. Ihre Vielfalt entsprach seiner Freude an Sprache schlechthin und sofern sie sich nicht traditionell auf Besetzung und technische Machart beziehen, entsprangen sie wohl seiner freien Phantasie; dass sie nicht immer eine unbedingt zwingende Beziehung zur Musik haben, kann ich angesichts meiner Arbeit in den letzten Jahrzehnten gut nachvollziehen.

Dass die freie Phantasie im kompositorischen Denken für Krenek einen hohen Stellenwert hatte, konnte ich früh einer schönen Empfehlung entnehmen, die er zu Beginn unserer Begegnungen der meinigen ausgestellt hat.[11] Und offenbar war die Akzeptanz

---

Ernst Krenek 100, ÖMZ 55/8–9 [2000]) *Durch die Nacht* op. 67a, *Sestina* op. 161 und *Marginal Sounds* op. 162.

10 Ernst Krenek, *Im Atem der Zeit. Erinnerungen an die Moderne*, Hamburg 1998.

11 Krenek verfasste sie am 14. Januar 1959 in Wien und richtete sie, ohne konkreten Anlass oder Empfänger, „An alle, die es betrifft" (die Übertragung des

allem gegenüber, was ihm seine eigene eingab und sein Verstand kontrollierte, groß. Das bezog sich auf alle Bereiche der Gestaltung: auf Melodik und Harmonik ebenso wie auf Form, Technik und Konstruktion.

Krenek war für mich kein großer Entdecker grundsätzlich neuer Vorstellungen. Aber er hat hellwach und mit scharfem Auge Ansatzpunkte für musikalische Entwicklungen beobachtet und sie, wo er Neues vermutete, angenommen und mit großer schöpferischer Intensität weiterentwickelt. Daraus resultiert die stilistische Vielfalt seines Œuvres, das bekanntlich von der Romantik und dem Neoklassizismus zur Zwölftönigkeit, zu Serialismus und Aleatorik reicht und auch Elektronik mit einschließt. Die Phasen waren aber nicht streng getrennt; so löste Verwunderung aus, dass Werke, die zur selben Zeit entstanden sind, erhebliche stilistische Unterschiede aufweisen konnten und andere, deren Entstehungszeit weit auseinanderlag, erstaunliche Gemeinsamkeiten.

Kritiker, die ihm ob der Vielfalt seiner Stile Charakterlosigkeit vorgeworfen haben – was angesichts seiner Persönlichkeit absurd war –, haben leider auch dort, wo sie „sachlich" argumentierten, vielfach nicht wahrgenommen, dass und wie sehr sich Kreneks Entwicklung logisch und zwangsläufig „im Atem der Zeit" vollzogen hat; vor allem waren sie aber häufig nicht bereit, sich ohne ideologische Prämissen mit seinem Werk auseinanderzusetzen. Zur Zeit meiner Begegnung mit ihm haben Ideologien, die alles historisch Gewachsene radikal ablehnten, die „Neue-Musik-Szene" extrem beherrscht. Krenek lag jegliche Doktrin in der Beurteilung von Musik Zeit seines Lebens fern und darin fühle ich mich ihm verwandt.

Unsere persönlichen Kontakte waren von den frühen 1960er Jahren bis zur Mitte der 1980er Jahre, in denen ich am meisten

---

im Englischen gebräuchlichen Titels eines Empfehlungsschreibens „To whom it may concern"); im Cerha-Archiv des Archivs der Zeitgenossen, Donauuniversität Krems, Sign. AdZ-FC, BRIEF004/84. Aus der Empfehlung geht hervor, dass Krenek tatsächlich die beiden in Darmstadt uraufgeführten Werke Cerhas gehört hatte (s. o., S. 17).

dirigiert und auch Werke von ihm aufgeführt habe,[12] wohl am intensivsten, sie haben sich aber auch später fortgesetzt. So waren Krenek und Gladys einmal zwei Tage in unserem Landhaus in Maria Langegg bei uns zu Gast und wir besuchten ihn anlässlich meines ersten Dirigats beim Cleveland-Orchester im März 1986 gemeinsam mit Charlotte Zelka,[13] die Gladys gut kannte, in Palm Springs. Ich erinnere mich an die Freude, mit der er mir seinen damals innovativen Synthesizer zeigte.[14]

Wenn man sein Haus betrat, kam man in ein kleines Vorzimmer. Dort gab es ein kleines Pult und dahinter an der Wand ein Telefon mit kurzem Anschluss – und rechts daneben hing ein Foto von Marylin Monroe. Ich war überrascht und sah ihn fragend an. Und er sagte schlicht, aber bestimmt: „Ich bewundere ihre Schönheit." Das schien mir typisch für ihn, für seine Art, Dinge in ihrer Bedeutung für sich anzunehmen und zu bewerten.

Über mein Komponieren hat Krenek nie mit mir gesprochen und er stellte auch keine Fragen danach. Ich kannte ihn, akzeptierte das und machte keinen Versuch, etwas daran zu ändern.

Umso überraschter war ich, als ich im Nachhinein davon erfuhr, dass er ohne mein Wissen und Zutun die Texte meiner *Keintate*, eines umfangreichen Zyklus auf Sprüche im Wiener Idiom aus der *Wiener Grottenbahn* und dem *Wiener Panoptikum* von Ernst Kein,[15]

---

12 Vgl. die Zusammenstellung im Anschluss an den Text.

13 Vgl. zur Pianistin Charlotte Zelka den Beitrag von Katherine Arthur in diesem Band und dort Anm. 3.

14 Krenek hatte sich 1967 eines der ersten, 1963 von Donald Buchla entwickelten Exemplare des analogen und modularen Buchla Synthesizers liefern und von Buchla selbst aufstellen lassen, so dass er unabhängig von den großen elektronischen Studios zu Hause in seinem Arbeitszimmer elektronische Musik produzieren konnte. Der Buchla bot durch die freie Verbindungsmöglichkeit der Module eine größere Flexibilität der Klangerzeugung als der an der Ostküste der USA entwickelte Moog Synthesizer. Außerdem wurde er nicht mittels einer Tastatur, sondern durch Touchpads und Drehregler haptisch gesteuert; dies übernahm in der Regel Gladys Krenek nach den Vorgaben des Komponisten. Der restaurierte Synthesizer steht jetzt im EKI.

15 Die Uraufführung des Werkes für „mittlere Stimme (Chansonnier) und Instru-

in ein „colloquial American" übersetzt hat.[16] Meine Frau erinnert sich in diesem Zusammenhang an ein weit zurückliegendes Gespräch über Köstliches im Wiener Dialekt, das er aus seiner Jugend kannte. Eine Mischung aus reiner Freude an der Sprache, Amusement und einer Spur von Nostalgie mögen dazu beigetragen haben, dass er sich dieser Arbeit angenommen hat. Sein Verhalten in dieser Sache war für ihn kennzeichnend und hat mich sehr berührt.

Kreneks Übersetzung ist 1993 im Booklet zur ersten CD meiner *Keintate* erschienen[17] und wurde im gleichen Jahr bei einem Festival *Alternative Vienna* in London[18] zu einer Aufführung für das Publikum an die Wand projektiert. Krenek hat auf diese Weise – lange nach seinem Dirigat meiner *Espressioni* am Anfang meiner Laufbahn – ein weiteres Mal dazu beigetragen, meine Arbeit einem größeren Hörerkreis zugänglich zu machen, wofür ich ihm noch immer Dank schulde.

Wann Krenek und Gladys uns zum letzten Mal in unserer Wohnung in Hietzing besucht haben, können wir nicht mehr sagen. Wie immer haben wir jedenfalls unserer Vorliebe für einen guten Tropfen gefrönt; er liebte meine naturbelassenen Wachauer Weine, und es blieb, ebenfalls wie immer, nicht bei einem Tropfen. Ich erinnere

---

mente" fand am 20. Juni 1983 durch HK Gruber und „Ernst Kovacic & Co" im Lokal Metropol in Wien-Hernals statt. – Der Wiener Ernst Kein (1928–1985) war Autor und Mundartdichter, der auch Kolumnen in der Kronenzeitung veröffentlichte (z. B. seine *Weana Schbrüch*).

16 Kreneks Übersetzung war für die Aufführung am 9. November 1983 bei der Veranstaltung New Sounds from Vienna des Austrian Cultural Forum New York gedacht. Im Programmheft wurde sie nicht abgedruckt, sondern vermutlich auf einem separaten Blatt beigelegt.

17 Die *Keintate* wurde 1984 im ORF aufgenommen und erschien 1993 zusammen mit *Eine letzte Art Chansons* auf einer CD bei Amadeo (445306-2); Text im Booklet S. 9–28.

18 Das Festival, bei dem nicht nur Werke lebender österreichischer Komponisten, sondern auch älterer wie Gustav Mahler und Leopold Spinner, Igor Strawinsky (!) und Johann Strauß aufgeführt wurden, fand vom 15. April bis 16. Mai im South Bank Centre statt; Cerhas *Keintate* wurde am 30. April in der Veranstaltung Songs and Poetry zusammen mit H. C. Artmann, Ernst Jandl und Gerhard Rühm aufgeführt.

mich, dass Gladys und ich – sie rechts und ich links – ihn die Stufen, die vom Haus in unseren Garten und zum Ausgang führen, gestützt haben. Dazu dürfte uns allerdings vor allem seine beginnende Altersgebrechlichkeit veranlasst haben.

Anhang

Vom Ensemble die reihe aufgeführte Werke Kreneks[19]

2.2.1962	Mozarteum Salzburg	
20.4.1963	Palais Erzherzog Carl, Wien	*Vier Gesänge nach alten Gedichten* op. 53
5.9.1964	Forum Alpbach	*Suite für Flöte und Klavier* op. 147
30.10.1972	ORF-Sendesaal (Leitung Richard Dufallo)	*Sonate für Geige und Klavier* op. 99
21.8.1974	Mozarteum Salzburg	*Instant Remembered* op. 201 (ÖEA)
2.11.1974	Kasseler Musiktage	*Von vorn herein* op. 229 (UA)
27.4.1975	Wittener Tage für neue Kammermusik	*Von vorn herein* op. 229 (DEA)
5.5.1975	ORF Sendesaal	*Von vorn herein* op. 229
2.4.1979	Wiener Konzerthaus	*Von vorn herein* op. 229
23.10.1980	Steirischer Herbst, Musikprotokoll, Graz (Leitung Ernst Krenek)	*3 lustige Märsche für Militärmusik* op. 44
31.3.1984	Wiener Konzerthaus	*The Dissembler* op. 220, *Statisch und ekstatisch* op. 214, *Kitharaulos* op. 213
4.12.1990	Wiener Konzerthaus	*Instant Remembered* op. 201
8.4.1993	Muzicki Biennale Zagreb	*Von vorn herein* op. 229

19 Wenn nicht anders angegeben, unter Leitung Friedrich Cerhas.

27.7.1988, Salzburg, Peterskeller: Ernst und Gladys Krenek, Friedrich und Gertraud Cerha, Foto: Peter Strauss, München

Gösta Neuwirth

„... *wie dem auch sei* – “, sagte Krenek[1]

Die Wahrnehmung von Krenek und seiner Musik reicht bei mir sehr weit zurück. Unter den Noten, die ich als Kind während des Krieges im Schrank meines Vaters fand, waren die sechs Hefte mit Klaviermusik verschiedenster Komponisten: *Musik der Zeit*[2] aus der Universal Edition. Das Bemerkenswerte war ja, dass dieser Verlag damals auch die russischen Komponisten verlegt hat: so Leonid Polowinkin – alle diese Namen, die da noch in meinem Kopf herumspuken, waren in dieser Sammlung vertreten und stammen aus der Zeit, in die ich die erste Wahrnehmung von Krenek einordne. Die Klavierstücke reichten weit zurück, sogar bis Richard Strauss. Im letzten Heft war Arnold Schönbergs *Klavierstück* op. 33a abgedruckt und in Heft 5 war auch das erste der fünf *Klavierstücke* op. 39 von Krenek, ein ziemlich haariges, sperriges Ding. Das war meine Nahrung während der Kriegszeit, die entscheidende Lektüre: Alexander Skrjabin, *Préludes* op. 74, Hanns Eisler, *Klaviersonate* op. 1, Schönbergs op. 33a, Béla Bartóks Klavierzyklus *Im Freien*, das alles hat das sieben- bis zehnjährige Kind weggeschleppt – das Klavier lief neben der Geige her, weil ich auch mehrtönig spielen wollte, die Geige war sozusagen der Kern, das Klavierspielen habe ich gar nicht gelernt, das war fürs Komponieren –, und das Klavierstück von Krenek passte insofern, weil unter den Schelllackplatten, die der Vater noch aus der Zeit vor dem Krieg hatte, eine kleine Aufnahme aus dem *Jonny spielt auf* dabei war.[3]

1 Der Text basiert auf einem am 18. Juni 2021 aufgenommenen Interview.

2 Die sechs Bände U.E.9516-9521 erschienen von 1928 bis 1931. Band 1 enthielt u. a. Richard Strauss, *Intermezzo* op. 9 Nr. 3, in Bd. 4 und 5 gab es u. a. Werke von Béla Bartók, in Bd. 5 auch von Alexander Skrjabin und Ernst Křenek, Bd. 6 enthielt vermutlich neben Schönbergs op. 33a auch Hanns Eisler.

3 Die sogenannte *Hymne des Jonny* „Nun ist die Geige mein“ war Ende der 1920er

Das gehört noch zu der frühen Hörerfahrung. Das ist der allerwichtigste Punkt meiner ersten Entwicklungsphase, dass unter den Schallplatten des Vaters die allererste 78er Schelllackaufnahme des ganzen *Sacre du Printemps* von Igor Strawinsky war. Später, 1951, zum 70. Geburtstag von Béla Bartók, hat eine Rundfunkstation einmal in der Woche eine Stunde Bartók gesendet, so dass ich als 15-Jähriger den ganzen Bartók intus hatte; das alles ohne irgendeinen Kompositionslehrer, mit sehr eingeschränkten Noten.

Als ich dann Ende 1954 zum Studium nach Wien kam, hat mir Karl Schiske[4] im Kompositionsunterricht überhaupt erst so etwas wie Methodik beigebracht und auch so etwas wie ein historisches Bewusstsein. (Es ging aber nicht sehr weit zurück: zur Wiener Schule.) Es war ja das erste Mal, dass ich Kompositionsunterricht hatte und in die Überlegungen zur aktuellen Neuen Musik mit der Klasse hineinkam, und da nahm ich Krenek vor allem indirekt wahr, eben über die Gespräche der Schüler und mit Leuten aus der Wiener Schule, die da überlebt hatten: Apostel, Polnauer, vor allem Wildgans, Jelinek und besonders der Ratz.[5] In dieses kollektive

---

Jahre in drei Bearbeitungen eingespielt worden, dazu gab es einen *Fantaisie* genannten Querschnitt für Orchester; vgl. die Nachweise bei Garrett H. Bowles, *Ernst Krenek. A Bio-Bibliography* (= Bio-Bibliographies in Music, Bd. 22), New York/Westport/London 1989, S. 31 f.

4 Karl Schiske (1916–1969) hatte in Wien Komposition bei einem Schüler Schrekers studiert und 1942 in Musikwissenschaft promoviert, während er bereits Soldat war. Nach dem Krieg lebte er als freischaffender Komponist, bis er auch als Kompositionslehrer an der Musikakademie wirkte.

5 Hans Erich Apostel (1901–1972) war zuerst Schönberg-, dann Berg-Schüler, ebenso Josef Polnauer (1888–1969), der in Musikwissenschaft promovierte, im Zweiten Weltkrieg als U-Boot überlebte, Beamter war und nach der Pensionierung privaten Theorie- und Kompositionsunterricht gab. Der Komponist Friedrich Wildgans (1913–1965), als Klarinettist seit 1951 bei den Darmstädter Ferienkursen, unterrichtete an der Akademie für Musik und darstellende Kunst Wien Stilkunde der Moderne und gab ein Praktikum für Neue Musik; auch Erwin Ratz (1898–1973), der bei Guido Adler Musikwissenschaft gehört hatte und seit 1917 Kompositionsschüler bei Schönberg gewesen war, wirkte nun als Lehrbeauftragter an der Akademie. Hanns Jelinek (1901–1969), zunächst Schüler von Alban Berg, später von Franz Schmidt, war bis 1958 als

Wahrnehmen der neuen Musik kam dann Krenek in einem doppelten Sinn: also in einem Reflex, mehr weil von ihm im Kreis der Leute der Wiener Schule gesprochen wurde als von seiner tatsächlichen Anwesenheit oder von Aufführungen als Komponist. (Der Einzige, der sich für Krenek interessierte, war Lothar Knessl, etwas jünger als Friedrich Cerha, und die gehörten zur nächsten Generation.[6]) Später verschiebt sich das, ich hab dann die Erinnerung an ihn, dass er 1960 im Konzerthaus *Die drei Mäntel des Anton K.* vorgelesen hat, was die Leute nicht besonders geschätzt haben, weil es vielleicht als Vortragsnovelle Schwierigkeiten der Wahrnehmung mit sich brachte. Das war bei einem Abend zur Feier seines 60. Geburtstags, und ich sang da im Jeunesse-Chor bei der österreichischen Erstaufführung der *Kafka-Motetten* op. 169 mit.[7]

In der Zeit von 1956 bis 1960 war ich jeden Sommer in Alpbach beim Europäischen Forum, da habe ich 1958 Adorno kennengelernt, der Horkheimer war dort, und ich habe Carl Dahlhaus und Reinhold Brinkmann zum ersten Mal gesehen. Die Wahrnehmung dessen, was sich auf der gedanklichen und der Reflexionsebene abspielte, lief nicht über Darmstadt, sondern über Alpbach, weil das in der Breite darüber hinausging: Es waren eben nicht nur Mu-

---

freischaffender Komponist tätig und lehrte dann ebenfalls an der Akademie für Musik.

6 Zu Cerha vgl. seinen Beitrag in diesem Band. – Der Komponist und Musikpublizist Lothar Knessl (1927–2022) studierte ab 1950 an der Wiener Akademie bei Karl Schiske Komposition und an der Universität Musik- und Theaterwissenschaft. Er war Ende der 1950er Jahre mehrfach mit der „Österreicher-Kolonie“ in Darmstadt, als Spezialist für Neue Musik in Presse, Oper, Festivals und Rundfunk tätig und Präsident der IGNM Österreich und des Music Information Center Austria (MICA), das er mitbegründete.

7 Der Abend des 24. Oktober 1960 wurde vom Österreichischen College, dem Trägerverein des Europäischen Forums Alpbach, veranstaltet. Es gab auch noch das 7. *Streichquartett* op. 96 und die ÖEA der *Sechs Vermessenen* op. 168 zu hören. Krenek trug außer seiner genannten Novelle auch seinen Vortrag *Musik und Sprache* vor, der dann im Dezemberheft des *forum* erschien. – Die Jeunesse war der österreichische Zweig der 1945 in Brüssel gegründeten Jeunesses Musicales International.

siker dort. 1960 war auch Krenek da, und ich habe sein *Reisebuch aus den österreichischen Alpen* mit Julius Patzak dort gehört. Und ich erinnere mich, wie wir uns dann eines Tages nach dem Mittagessen zum Spaziergang oben raus verabredeten, und er war alpin sportlich ausgerüstet für einen Alpenwandergang.

Aber mein erstes wirkliches, persönliches Zusammentreffen mit ihm war im Sommer 1956 bei den Ferienkursen in Darmstadt. Ich hatte vorher gerade die Entscheidung für die Arbeit über Franz Schreker getroffen. Ich habe sehr gut in Erinnerung, wie ich ihm sagte: „Ich bin jetzt dabei, über Schreker zu arbeiten." Und er hat etwas missmutig geknurrt und nur gesagt: „Muss das sein?" Und dann haben wir das Thema Schreker nicht weiter verhandelt.[8] Dann kam ich zu ihm mit einem Stück für Orgel, an dem ich noch herumnagte, das ein Passacaglia-Modell hatte, und Krenek sagte zu mir: „Passacaglia – muss das sein?" So etwa. Wobei ich natürlich wusste, dass das ein bisschen merkwürdig ist, weil er selber immer wieder mal, wie ja auch Webern usw., die Möglichkeit nutzte, mit einer Passacaglia als Form umzugehen, sie aber zu dem Zeitpunkt gegenüber einem 30 Jahre Jüngeren wegstrich. Aber es war wichtig für mich, weil ich daraus merkte, dass das Problem bei dem Stück nicht die Passacaglia war, sondern die Entwicklungslogik in dem, was über der Passacaglia liegt, die sich in lauter Kleinigkeiten zerfaserte – etwas, was ich später auch bei Webern gesehen habe. Ich habe dann das Stück liegen gelassen und es im nächsten Jahr auf einer völlig anderen Materialbasis zu Ende geschrieben.

Die Änderung dieser Materialbasis war genau das, was sich zwischen 1956 und 1957 bei mir im Komponieren abgespielt hat, eine große Zäsur, und 1957 mit den *Unklaich-Liedern* war ich dann jenseits der Jugenderfahrung. Ich war noch immer 20, aber in der Zwischenzeit ist bei mir auch passiert, dass ich – nach Darmstadt – im

8 Krenek hatte 1916–1920 in Wien und 1920–1922 in Berlin bei Schreker studiert. Vgl. auch die Beiträge von Cerha (dort Anm. 8) und Franz Willnauer in diesem Band.

Herbst 1956 zu Maria Schreker nach Berlin fuhr und wusste, das musste ich jetzt schultern. Ich stand da vor dem Notenschrank in ihrer Küche mit dem, was sie aus der zerbombten Wohnung herausgeholt hatte, und wusste, dass ich jetzt auf meine Weise mit dem Schreker'schen Material umgehen musste. 1956 war Berlin noch ohne Mauer, ich bin da mit der Ringbahn herumgefahren und bin dann in die Chausseestraße ins Brecht-Haus. Bert Brecht war im Sommer gestorben, und ich kam für eine Minute in seine leere Wohnung und habe noch die Teewurzel an der Wand hängen sehen. Ich habe später gedacht, es könnte sein, so wie ich damals drauf war, wenn Brecht noch gelebt hätte und ich noch nicht Schreker im Kopf gehabt hätte, wäre mein Weg und Leben vielleicht völlig anders verlaufen; so ein Blitzmoment. Weil ich aber schon bei Schreker war, war ich sozusagen auf der Bahn und das Theater, das in meinem Kopf herumspukte, schon seitwärts.

Dann fuhr ich von Berlin aus mit Autostopp und ohne Geld nach Wien zurück und fing an, über Schreker zu arbeiten – es gab ja über ihn überhaupt nichts –, und gleichzeitig stellte ich das Komponieren auf eine andere Materialbasis, auf ein anderes Denken.

1958 hat Krenek in Darmstadt einen Kurs[9] gemacht, den ich besucht habe. Er hat doziert, sein Unterricht war aber überhaupt nicht dialogisch, er hat etwas an die Tafel gezeichnet mit dem Rücken zu den Zuhörern, aber es gab keinen Aspekt des Fragens, er hat Vorträge gehalten.[10] Gleichzeitig habe ich dort erlebt – und das hat mich immer weiter bestimmt –, wie der Nono vom Podium herab einen jungen Komponisten so niedergemacht hat, dass der nie wieder einen Fuß auf den Boden bekam. Und sehr viel später habe ich das noch einmal bei Ligeti erlebt, der auch einen jungen Komponisten so weggeschickt hat, weil er da einen Anflug von Boulez drin sah. Schreker hat das nicht gemacht, und Schiske hat das nicht ge-

9 *Neue Anwendungsmöglichkeiten des seriellen Prinzips* (ungedruckt).

10 Zu Kreneks Unterricht vgl. auch: „Wissensvermittlung als subversiver Akt. Peter Ablinger, Martin Kapeller und Gösta Neuwirth im Gespräch“, in: *MusikTexte* Nr. 169 (2021), S. 81–85, über Kreneks Unterricht S. 82.

macht. Die haben keine schwarze Pädagogik angewendet. Das hätte auch Krenek nie gemacht.[11]

Und da schließt sich eine weitere Erinnerung an Darmstadt an, dass Krenek mit dem elektronischen Oratorium kam. Ich weiß noch, dass er einen Zettel hatte mit einem Notenbeispiel: eine 13-tönige Reihe oder Skala als Grundlage,[12] was mir damals schon als Fragezeichen erschien, weil zwischen der Beziehung auf eine distinkte Tonreihe und dem Materialcharakter, den das Tonband möglich macht, eine unaufhebbare Diskrepanz ist, die der Stockhausen expressiv überspielt hat. Krenek hielt an der Melodik, an der Reihe wie an der diskursiven Wahrnehmbarkeit des Gesprochenen fest. Und das hat zu diesem organisatorischen Riss geführt, der da dokumentiert ist, den ich natürlich nicht so wahrgenommen habe: eine Inkongruenz zwischen dem, was ich da schon als Material anfing wahrzunehmen, und seinem Hineingehen ins Elektronische. Ein wenig – und jetzt mache ich noch einmal einen großen Sprung zurück zu den Erfahrungen, die noch in meine Kinderzeit als 12-, 13-Jähriger, schon nach dem Krieg, fallen – gehört dazu dieser umstürzende Eindruck des *Streichquartetts* von John Cage und der *Ionisation* von Edgar Varèse, die ich in der Notenbibliothek im Amerikahaus in Wien durchgehend studiert habe, und von daher war mir die Diskrepanz zwischen dem Redebegriff von Krenek – er argumentiert vom Motiv aus, dem Schönberg'schen Gedanken – und dem Materialbegriff, den Cage ins Spiel brachte mit den Würfeln, schon bewusst. Ich wollte vielleicht schon als Kind auf etwas hinaus in der Musik, was jenseits des Diskursiven war, jenseits der Rede. In der Klavier-Violin-Sonate, die ich am Anfang des Studiums bei

---

11 Krenek hatte von 1939 bis 1947 eine Professur zuerst am Vassar College in Poughkeepsie/NY, dann an der Hamline University in St. Paul/MN, er gab seit 1939 immer wieder Sommerkurse in den USA und wirkte als Gastprofessor wie 1967 in Honolulu/HI (vgl. dazu den Beitrag von James Ostryniec in diesem Band); seit 1951 gab er auch in Südamerika und in Europa immer wieder Kurse.

12 Für das Pfingstoratorium *Spiritus intelligentiae, Sanctus* op. 152 hat Krenek die Oktave in 13 gleiche Stufen unterteilt. Dem Werk für elektronisches Tonband, 2 Sänger und Sprecher liegt der Hymnus *Veni creator spiritus* zugrunde.

Schiske schrieb, war meine Grundvorstellung nicht mehr diskursiv, weil meine Form ist: ein Ton am Anfang, ein Klumpen am Ende, der da brodelt, und was an Ereignissen dazwischen passiert, das ist der Logik der Wiener Schule – zumindest Schönberg oder bis Krenek – entgegengesetzt. Selbst in Kreneks *Sestina* op. 161 gibt es ein Reden mit Phrasen. Das war sehr viel später für mich interessant, als ich die ersten Sestina-Texte der Troubadours sah, dass Kreneks *Sestina*-Text, die Reim-Wörter, die er da verschiebt, zentrale Gedanken-Wörter sind, „Maß" usw., und in dem alten Sestina-Text kommt das gar nicht vor, sondern etwas völlig anderes.[13] Und es ist eben interessant, dass in der *Sestina*, obwohl Krenek mit Dauern operiert, die Redekategorien, auch in den Instrumenten, erhalten bleiben.

Was meine erste Zeit in Wien in Sachen Krenek von der Zeit nachher unterscheidet, ist, dass ich damals Krenek immer in zwei Perspektiven gesehen habe: entweder außerhalb von Wien oder dann als Gegenstand des Redens der anderen Wiener-Schule-Leute. Das waren zwei verschiedene Dinge.

Für meine zweite Lebensphase ist wahrscheinlich der Bruch, der mit dem Wegmüssen aus Wien verbunden war, entscheidend. In Berlin war ich dann ja aus der Vorstellung „junger Komponist mit einer Gruppe usw." entfernt. Eigentlich bin ich dort erst zum Musikwissenschaftler geworden, denn alles, was vorher war, das Schreker-Buch und die Schreker-Forschung, hat mit der Musikwissenschaft zunächst einmal nichts zu tun gehabt. Und nun war ich da 1963 in Berlin und kam an die Uni, und über den Zufall, dass der Ordinarius Adam Adrio sich hauptsächlich mit dem 15. und 16. Jahrhundert beschäftigte, wovon ich vorher nie überhaupt nur etwas gehört habe, bin ich erst hineingekommen in die Materialvorstellungen, die zwischen dem 15. und dem 20. Jahrhundert vermitteln.

13 Die sechs Reimwörter der Sestina von Arnaut Daniel aus dem 12. Jahrhundert lauten: *intra* (eintreten), *ongla* (Fingernagel), *arma* (Waffe), *verga* (Rute), *oncle* (Onkel) und *cambra* (Zimmer); sie sind möglicherweise doppeldeutig zu verstehen. – Krenek wählte die Wörter Strom, Maß, Zufall, Gestalt, Zeit und Zahl.

Es gab damals beim Adrio auch ein Josquin-Seminar, und da habe ich die Dissertation von Dahlhaus über Josquin[14] gelesen. Und der entscheidende Punkt war, dass die abstrakten Materialüberlegungen, die mich in den 1950er Jahren oder später beschäftigten, einen historischen Grund erhielten.

Dass Krenek in Amerika auf den Johannes Ockeghem gestoßen war, das wusste ich zu der Zeit nicht. Es dauert mich, weil ich im Lauf der Zeit die Musik zwischen 1400 und 1500 sozusagen in die kleinsten Fitzelchen hinein kennengelernt habe, und es hat mich interessiert, dass ungefähr in der Zeit, in der Krenek da über Ockeghem arbeitete, der Dragan Plamenac in Amerika saß als Ockeghem-Spezialist, der war ja sogar noch bei Schönberg. Gab es da einen Kontakt zwischen beiden? Sie beschäftigten sich ja zur selben Zeit mit Ockeghem.[15] Ich habe mir dann, in meiner zweiten Berliner Zeit, den einen Band der *Hamline Studies* mit Kreneks Typoskript über Ockeghem angesehen. Das ist insofern ein Thema, als es in meinem Erfahrungs- und Wissenshorizont eine Rolle spielt, die Mediävistik, die ja – denkt man an Webern zurück – in Wien dann ganz und gar abgetötet wurde, dass zwei Namen, die ich aus dieser Zeit vor 1938 als Musikwissenschaftler kenne, darin in den USA eine Rolle spielten: nämlich der Plamenac, und der andere ist Hans Tischler. Die letzte Dissertation, die in Wien vor den Nazis

---

14 Habilitationsschrift *Untersuchungen über die Entstehung der harmonischen Tonalität* von 1965/1966, gedr. Kassel 1968.

15 Krenek hatte 1953 in London in der Reihe *Great Religious Composers* sein Büchlein *Johannes Ockeghem* publiziert, aber bereits 1945 im ersten Band der beiden von ihm herausgegebenen *Hamline Studies in Musicology* den Aufsatz „An Analysis of the Design of the ‚Caput' Masses by Dufay and Okeghem in their Metric and Rhythmic Aspects" veröffentlicht, im 2. Band 1947 „A discussion of the treatment of dissonances in Ockeghem's masses as compared with the contrapuntal theory of Johannes Tinctoris". – Der kroatische Musikhistoriker Dragan Plamenac hatte 1927 den ersten Band seiner Ockeghem-Gesamtausgabe herausgegeben und den zweiten erst 1947 in den USA, wo er seit 1939 im Exil lebte. Krenek kannte bis 1947 nur den ersten Band. Ob es Kontakt zwischen beiden gab, ist unbekannt.

noch angenommen wurde, war von Tischler über Mahler.[16] Es ist ja interessant, dass zwei junge Musikologen, die zunächst einmal nicht die Mediävistik im Fokus haben, dann in Amerika als Mediävisten weiterarbeiten.

In meiner zweiten Phase fing also das Historische an, dann die Schreker-Dissertation, die umfassende Freud-Lektüre und vor allem das Hinausgehen aus der Beziehung zu Adorno, die ja etwas damit zu tun hat, dass die diskursive Logik, um die Adorno und Krenek sich immer wieder herumarbeiten, etwas ist, was mit Schreker überhaupt nichts zu tun hat; und dann die Frage, die darauf aufsitzt und die auch mit Krenek nicht zu diskutieren war: dass dieser Materialbegriff von einem Klangobjekt jenseits von verbalen Bedeutungen, der dann bei Schreker vorliegt, das Wegschieben des Diskursiven, etwas ist, was um die Jahrhundertwende bei Schreker, bei Debussy und bei anderen angefangen hat. Welche Materialbegriffe brauche ich, um Debussy zu verstehen, um Schreker zu verstehen, überall dort, wo es um Form jenseits verbaler Bedeutungen geht?

Dann kam der zweite Bruch nach Berlin, denn eigentlich fing ich ja erst wieder in Graz an zu komponieren, auch mit einer Möglichkeit, wie Tonband, Zufallsoperationen, Geräuschcharaktere zu so etwas wie Form kommen können, die Form, die vielleicht eher phänomenologisch ist, also Gegenstände aneinanderreiht. Und ich habe in Graz wiederum den Krenek nach 1960 in Noten und vom Hören studiert und versucht wahrzunehmen, was verändert sich bei ihm und woran hält er fest, wobei ja natürlich auch ich an Dingen festgehalten und andere Dinge weggeschoben habe. Wahrscheinlich war die Zentrierung auf andere meiner Vorstellungen grundiert, in einer anderen Vorstellung von Geschichte und in einer anderen Vorstellung der Kulturen überhaupt. Über die Ethnologie habe ich ja die Fundamentalfrage, was die andere Kultur ist, immer auf dem Tisch gehabt. Das ethnologische Schlüsselerlebnis

---

16 Hans Tischler, *Die Harmonik in den Werken Gustav Mahlers*, Diss. Univ. Wien 1937.

kommt schon im ersten oder zweiten Wiener Semester ins Spiel, da kam der Leiter des Phonogrammarchivs in Wien Walter Graf in den Seminarraum und hat gefragt, ob jemand transkribieren will, was ich dann getan habe – was aber auf den erkenntnistheoretischen Grund dessen, was ich machte, einen fundamentalen Einfluss hatte, da das, was er da auf seiner Bacca (Becken) klopfte, mit einer europäischen Logik nichts zu tun hatte. Und das führte mich auch zu einem anderen Begriff von Geschichte als der es war, an dem Krenek festhielt. Vielleicht ein Beispiel: Ich denke an das Rotas-Sator-Palindrom,[17] das Krenek so, wie es zum symbolischen gemacht worden ist, wahrnahm.[18] Ich fuhr nach Pompeji und schaute mir das Ding in seinem frühesten Dokument an,[19] habe ihm also eine Geschichte gegeben, die eine Geschichte der faktischen Umdeutungen ist, aber nicht mehr eine überzeitliche Geschichte, in der die fünf Wörter bei Krenek stehen. Für Krenek war das Gebilde SATOR AREPO TENET OPERA ROTAS, wie es bei Webern vorkommt, aber historisch ist es umgekehrt: ROTAS OPERA TENET AREPO SATOR, d. h. die Räder stehen oben. Im Verlauf der Christianisierung ist der Sator nach oben gekommen, aber die christianisierte Geschichte hat den Anfang der Geschichte vollkommen überdeckt. Das hat mich dann interessiert, wobei ironisch ist, dass die Schlüs-

---

17 Über das ROTAS-SATOR-Quadrat (den Palindrom-Satz SATOR AREPO TENET OPERA ROTAS, der zugleich ein magisches Quadrat darstellt) schrieb Neuwirth einen Aufsatz zu Kreneks 80. Geburtstag: „ROTAS-SATOR", in dem er auch seine gematrische Deutung des Satzes darlegt; in: ÖMZ 35/9 (1980), S. 461–472; nachgedr. in: *Ernst Krenek. Musik-Konzepte* 39/40 (Okt. 1984), S. 78–91.

18 Krenek hatte 1965 zur Aufstellung der Tafel mit dem Palindrom vor dem Haus in Mittersill, vor dem Webern 20 Jahre zuvor gestorben war, über *Anton Weberns magisches Quadrat* gesprochen und war den alttestamentarischen und christlichen symbolischen Deutungen dieses Satzes und Weberns Verständnis davon, das sich auch in einer Skizze mit Noten zu den Buchstaben und Silben dokumentierte, nachgegangen; gedr. in: Forum XII/140/141 (Aug./Sept. 1965), S. 395 f.; nachgedr. in: Ernst Krenek, *Im Zweifelsfalle*, Wien 1984, S. 125–128.

19 Die beiden ältesten Zeugnisse stammen aus Pompeji – auf einer Säule der Großen Palaestra und im Haus des Publius Pasquius Proculus – und beginnen in umgekehrter Reihenfolge mit dem Wort ROTAS.

selzahl in dem ROTAS-SATOR die 23 ist, die für Krenek so wichtig war.[20] Das ermöglicht natürlich jetzt, zwischen der 23, hinter der wiederum die planetarischen Namen stehen, und der 23, auf die Krenek unabhängig von SATOR-ROTAS kam, sozusagen eine Koinzidenz herzustellen. Ich glaube schon, dass er die Art von numerischem Aberglauben, der in der Wiener Schule umging (so Alban Bergs Fixierung auf die 23), auch hatte.

Es ist ja dann Teil meines Themas geworden, wieweit solche numerischen Vorstellungen aus dem Aberglauben in Kunstvorstellungen hinübergehen wie bei Berg, wenn er Metronomzahlen umgerechnet hat – nicht durchgängig, aber im *Kammerkonzert*. Webern hat es auf andere Weise gemacht. Aber wenn Webern am Anfang seiner Vorträge 1932 sagt: „Die Musik ist der Sinn des Ohrs“,[21] so könnte das zu einer bestimmten Zeit auch Krenek sagen, denn das ist platonisch. Der Sinn ist in dem Fall, auf die Wahrnehmung des Ohrs bezogen, die Umsetzung einer Idee. Insofern bleibt Webern verbal auf der Ebene des Ideendiskurses.

So auch Krenek – selbst dort, wo dann meine Überlegungen sich mit der von Krenek überkreuzen –, d. h. was das Konzept der Allintervallreihen betrifft, das sich auch bei Berg vorfindet, was dieser aber nicht systematisch weiterverfolgt hat. Krenek entwickelt dann diese Systematik durch die Aufstellung der Allintervallreihen, aber sie bleiben bei ihm innerhalb einer melodischen Logik. Ich wusste davon nichts, ich bin an die Allintervallreihen über Materiallogik, die vom Melodischen unabhängig ist, herangekommen. Ich habe

---

20 Krenek war mit Willi Reich und Rudolf Ploderer, unterstützt von Alban Berg, einer der drei Gründer und ein maßgeblicher Autor der *23. Eine Wiener Musikzeitschrift*, die von Januar 1932 bis September 1937 erschien und als Gegenstück zur *Fackel* von Karl Kraus gedacht war. Auch begann oder beendete er gern Werke oder Skizzen am 23. August, seinem Geburtstag.

21 Das wörtliche Zitat in Weberns erster Vortragsreihe lautet in Anlehnung an Goethes Wort über die Farbe als gesetzmäßige Natur in Bezug auf den Sinn des Auges: „[…] so kann man sagen, daß Musik die gesetzmäßige Natur in bezug auf den Sinn des Ohres ist.“ In: Anton Webern, „Der Weg zur Neuen Musik“, in: ders., *Wege zur Neuen Musik*, hrsg. von Willi Reich, Wien 1960, S. 11.

noch in Wien Untersuchungen gemacht, wie viele grundsätzlich verschiedene Klangmaterialgebilde es innerhalb der zwölf Oktavtöne gibt, wie viele verschiedene zweitönige, dreitönige usw. Klanggebilde, bis zum elftönigen. Und auf einer anderen Basis kam ich auch zu den Überlegungen über den Tritonus-Spiegel, die dann bei den Allintervallreihen von Krenek ja wieder eine Rolle spielen.[22] Aber bei Krenek, beim *6. Streichquartett* op. 78 von 1936, soweit ich das sehe, werden diese Überlegungen dann in einer gewissen Art in das musikalische Reden, in den Diskurs des Streichquartetts eingebunden.

Als ich dann in meiner dritten Phase anfing, in Graz Vorlesungen über Neue Musik zu halten, war alles, was ich von Krenek an neueren Stücken mit Aufnahmen erhalten konnte, Beispiel für die Vorlesungen, da war er dann gewissermaßen Unterrichts-Diskursgegenstand, vor allem dort, wo es Berührungen gab: Ich denke an mobile Formen, *Fibonacci mobile* op. 187 etwa, die mich interessiert haben. Das heißt weniger mit ihm als Person habe ich seine kompositorischen Entwicklung von den 1970er Jahren an wahrgenommen, sondern anhand der Stücke, soweit sie immer wieder zu hören waren – da war er ein präsenter Komponist –, aber immer, um über seine Haltungen zu Fragen zu kommen, die sich ihm nicht stellten. Also ich machte für eines meiner Stücke im elektronischen Studio eine Aufnahme, um dadurch etwas herzustellen, wodurch die Wahrnehmung eines distinkten Zusammenhangs gerade unmöglich gemacht wird: z. B. ein zu langsames Glissando, so dass man am Ende nicht mehr weiß, wo es angefangen hat. Solche Überlegungen, denke ich, gingen bei Krenek immer in die Realisierung hinein und bei mir ins erkenntnistheoretische Paradox. Das ist die

22 Im Vortrag *Musik und Mathematik* seiner sechsteiligen Reihe *Über neue Musik* (gedr. 1937 in Wien, Nachdr. Darmstadt 1977, bes. S. 72–79). Dort wies Krenek auch darauf hin, dass erster und letzter Ton den Abstand eines Tritonus haben müssen. – Schon bei seiner ersten Zwölftonkomposition *Karl V.* von 1932/1933 achtete Krenek auf harmonische Implikationen der Reihe und untersuchte später, wie viele verschiedene vier- und fünftönige etc. Akkorde eine Reihe enthält und welchen Schärfegrad sie haben.

Differenz, dass ich aus dem Elektronischen ein Wahrnehmungsparadox herausfilterte (so wie man am Anfang meines Streichquartetts von 1976 zwar etwas hört, aber nicht vom Ton her bestimmen kann, was das da eigentlich ist); d. h. die Suspension des Einzeltons als entscheidende Kategorie. Wie ja Ligeti seine Cluster immer als Summation von Einzelheiten verstanden hat, wo das Einzelne zu einer Wolke wird, so wollte ich darauf hinaus: Könnte es sein, wenn ich zwar Töne wahrnehme, aber nicht weiß, wie viele es sind, dass man diese Wahrnehmung verschiebt auf die Zeit, in der das geschieht? Also krass gesagt: Wenn man ein Rauschen hat und sagt: Aha, es dauert 10 Sekunden als faktische Einheit, nicht mehr als diskursive, und wenn dann etwas erscheint, wodurch das Diskursive sozusagen als zufälliges Element oder als Teil eines Nacheinander erscheint, wirkt es dann als andere Formation? Du hast ein Rauschen, dann wird plötzlich geredet, dann wird wieder gerauscht, dann entsteht das, was der diskursiven Nacheinanderlogik widerspricht. Und manchmal, wenn der Krenek mit den Tonbandstücken umging, habe ich das Gefühl, dass bei ihm so etwas auftaucht wie das Nichtdiskursive, aber gewissermaßen als Fleck wieder in den gesamtdiskursiven Rahmen eingebunden, quasi als Ausnahme. Das war das, was ich an den Noten lesen und hören konnte in den 1970er Jahren in Graz.

Als ich zu seinem 80. Geburtstag am 23. August 1980 in Alpbach war und ihm die Noten von meinem Streichquartett gegeben habe, hat er sie mitgenommen, aber es kam darüber nie mehr zu einem Gespräch, auch nicht beim Krenek-Personale im Steirischen Herbst 1980, als ich über die späten Gesangsstücke *Wechselrahmen* op. 190 und *Spätlese* op. 218 referierte.[23] Und ab 1983 war ich durchgängig in Berlin. Das einzige Mal, dass ich ihn dann noch gesehen habe, war 1984 bei der Wiener Erstaufführung von *Karl V.*, da war ich da-

23 „Bemerkungen zu einigen späteren Werken Ernst Kreneks“, in: *Ernst Krenek*, hrsg. von Otto Kolleritsch (= Studien zur Wertungsforschung 15), Wien/Graz 1982, S. 202–215. Neuwirth analysierte dort auch einige späte Instrumentalwerke.

bei, und meiner Erinnerung nach haben wir uns im Foyer gesehen und kurz angelächelt, und das war's.

Die Brüche, die sich in meinem Leben ereignet haben: also aus der Bauernkleinstadt Ried in Oberösterreich nach kurzem Zwischenspiel in Graz nach Wien, dann die Tabula rasa einer neuen Biographie in Berlin, und in Berlin zwei sehr verschiedene Abschnitte: Der erste umfasst die Zeit bis zur Dissertation, die gleichzeitig mit der Wahrnehmung der politischen Umwälzung vor sich ging. Die FU kochte schon 1963 leise, aber eigentlich ging es 1967 los. Die zweite Phase in Berlin war gekennzeichnet durch so etwas wie ein Purgatorio, weil in kurzer Zeit einige der Leute, die ganz wichtig waren, gestorben sind, Adorno, eine Freundin, Schiske, Peter Szondi, sie sind alle innerhalb von zwei, drei Jahren gestorben. Szondi war für die Zeit die entscheidende stützende Person, der hat mir in gewisser Weise auch das Leben gerettet, denn er hat, weil ich ständig unter Migräne litt, mich an seinen Arzt vermittelt, der mich von der Migräne befreit hat. Ich gehörte dann zu der kleinen Gruppe von Leuten, die Szondi nach seinem Verschwinden[24] gesucht haben. Dies hat für mich wieder eine Zäsur gesetzt, denn nichts war hinterher so wie vorher. Und ich war unglücklich als Musikhistoriker, weil irgendeine Form von pädagogischer oder sonstiger Lehrtätigkeit mir verwehrt war, und ich saß da und zählte Staccatopunkte in den Skizzen von Schönbergs *Von heute auf morgen.*[25]

Jedenfalls das Fatum griff insofern ein, dass plötzlich diese Anfrage kam, ohne mein Zutun, ob ich nach Graz kommen wollte (da hatte ich neben dem Studium gearbeitet), und der Grazer Horizont war wieder eine *vita nova*. Aus der Musikwissenschaft bin ich praktisch ausgestiegen. Aber das muss ich schon post festum sagen, 1976 habe ich in Graz für den Steirischen Herbst das Schreker-Un-

---

24 Der an der FU lehrende Literaturwissenschaftler nahm sich 1971 das Leben.

25 Neuwirth erstellte für die Schönberg-Gesamtausgabe die Edition des dodekaphonen Einakters *Von heute auf morgen*, Oper in einem Akt, op. 32; gedr. in: Arnold Schönberg, *Sämtliche Werke*, Reihe B, Bd. 7, Teil 1: *Text und Skizzen*, Mainz u. a. 1972 sowie Teil 2: *Kritischer Bericht*, hrsg. zusammen mit Tadeusz Okuljar, Mainz u. a. 1974.

ternehmen in Gang gebracht, dass der *Ferne Klang* in der Schreker'schen Form konzertant gespielt wurde und gleichzeitig das Schreker-Symposion im Institut für Wertungsforschung stattfand – zu den Toten gehörte ja auch Harald Kaufmann.[26]

Eine kleine Geschichte noch: In meiner Wiener Zeit, noch während des Studiums bei Schiske, wusste ich von Malerei und dem Visuellen sehr wenig, ich war so ganz und gar auf Lesen und Musik eingestellt, dass das Visuelle nicht zu meiner Grunderfahrung gehörte. Ich ging aber ziemlich lange Zeit in die Bildhauerklasse von Fritz Wotruba und hörte zu, das durfte ich; ich kannte eine Ungarin, Vera Deér, die Schülerin von Wotruba war. Natürlich wusste ich über Wotruba auch Bescheid über Anna Mahler als Bildhauerin. Ich kannte ihr Werk von Abbildungen, und später besorgte ich mir den Katalog *Anna Mahler und ihr Werk*.[27] Die Anna kam, glaube ich, 1932 zu Wotruba. Wotruba war ja jünger als sie, er ist Jahrgang 1907, aber er war da schon wer. Wotruba hat ihr auch etwas vom Erzählenden zur bildhauerischen Form vermittelt, er hat nicht einfach abstrahiert, sondern einen formalen Materialbegriff gehabt: Für *die* Art von Stein musst du das und das machen und *das* Werkzeug haben usw. Und die Form ist etwas, was nicht a priori mit Ausdruck zu tun hat. Wie Hans Platschek[28] 1960 in Alpbach, als das Generalthema „Aussage und Ausdruck“ war, als Vortragseinleitung gesagt hat: „Ausdrücken tut man Zitronen“, und: „Aussagen tu ich vor Gericht“.

Und als ich dann in Graz war, beschloss ich eines Tages (1973), ich fahre nach Italien und schaue mir all die Maler des 15. Jahrhun-

26 Der 1927 geborene Musikwissenschaftler und Jurist war nach dem Zweiten Weltkrieg als Musikpublizist und Kulturredakteur in Graz tätig, arbeitete in den 1950er Jahren über die ausgerottete jüdische Kultur in Österreich und setzte sich für die Wiener Schule ein. 1967 gründete er an der damaligen Akademie für Musik und darstellende Kunst das Institut für Wertungsforschung (heute: Institut für Musikästhetik der Universität für Musik und darstellende Kunst Graz). Er starb bereits 1970.

27 Eingeleitet von Ernst Gombrich, mit einem Beitrag von Anna Mahler, Stuttgart/Zürich 1975.

28 Der Maler und Schriftsteller (1923–2000) lebte in Hamburg.

derts in der Realgeschichte an – eine Kunstreise. So war ich auch in Spoleto bei Anna Mahler, weil ich sie als Schülerin von Wotruba kannte, als Bildhauerin, nicht nur als Tochter Mahlers. Wobei sie wiederum eher die Musik im Vordergrund hielt an dem Nachmittag, an dem ich da war. Und es war eine außerordentliche Erfahrung; Albrecht Joseph[29] war auch dabei. Sie hat vor allem erzählt aus der Zeit, als sie mit Krenek liiert war, und war etwas gekränkt, dass sie auf dem Klavierauszug vom *Orpheus*, den sie gemacht hat, nicht erwähnt war.[30] Sie kam mit Krenek zusammen, erzählte sie, weil Schreker sie auf dem Hochschulfaschingsball einander vorstellte, denn sie konnten beide nicht tanzen. Das war im Februar 1922, da war offenbar der Dissens zwischen Schreker und Krenek noch nicht so groß. Dann hat sie vor allem die Euphorie ihrer Zusammenarbeit beschrieben: wie er ihr diktiert hat, vielleicht die frühen Lieder,[31] aber ich nehme an, es waren ganze Partiturseiten, zuerst die Flötenstimme und dann von oben nach unten. Sie bewunderte, dass er aus dem Kopf eine Instrumentalstimme nach der anderen, von oben nach unten, diktierte.

Als ich den Krenek richtig kennenlernte, hatte ich so etwas wie Fixsterne zu meinen Vorstellungen, einige davon deckten sich mit seinen. Ich hatte irgendwann angefangen, Freud zu lesen, und zwar gründlich, was damals noch eher verbotene Lektüre war, ich habe Karl Kraus gelesen, und ich habe Kafka gelesen und dann noch Brecht.

---

29 Albrecht Joseph (1901–1991) lebte seit 1951 mit Anna Mahler zusammen. Er hatte in Deutschland als Regieassistent gearbeitet, bevor er in Germanistik promovierte. Im USA-Exil schlug er sich mit der Tätigkeit als Privatsekretär u. a. von Franz Werfel und mit Filmarbeit für Hollywood durch. Er drehte auch zwei Dokumentarfilme über Anna Mahler (und einen über Alma Mahler-Werfel).

30 Vgl. den (undatierten) Brief, den sie an Emil Hertzka, den Direktor der Universal Edition, sandte, in: *Ernst Krenek – Briefwechsel mit der Universal Edition (1921–1941)*, 2 Bde., hrsg. von Claudia Maurer Zenck, Köln/Weimar/Wien 2010, Bd.1, S. 124. Der Klavierauszug befindet sich im EKI-Archiv.

31 Von Kreneks Liedern op. 30 gibt es zwei (unvollständige) Abschriften von der Hand Anna Mahlers; vgl. die Ausgabe in: Ernst Krenek, *Frühe Lieder*, hrsg. von Claudia Maurer Zenck, H. 3, Wien 2015.

Ich wusste über die Beziehung von Kraus und Krenek nicht Bescheid, habe mit ihm nicht darüber gesprochen, als ich anfing, den ganzen Kraus von hinten bis vorn auswendig zu lernen; zu diesem Austausch ist es nicht gekommen. Gleichzeitig gab es den lebenslangen Einschlag der Kafka-Lektüre bei Krenek und demgegenüber sein Wegschieben der Psychoanalyse, was er von Kraus übernimmt, während ich auf die Psychoanalyse eingegangen bin und dann über die Psychoanalyse noch weiter in die Ethnologie. Auch das unterscheidet mich als Komponist von Krenek sehr früh, dass ich den Weg in die Ethnologie, in die Musikethnologie hinein gegangen bin.

Es gibt übrigens noch eine kleine Querverbindung zu Krenek, von der ich nicht wusste, dass es sie gibt. Ich habe 1957 in Wien ein Studententheater, die „Arche“, gegründet, und als ich angefangen habe, mit zwei anderen zusammen das Studententheater zu leiten, habe ich systematisch die Literatur und Dramatik der 1920er Jahre studiert – ich habe übrigens bei einer der ersten Veranstaltungen eine Lesung aus den *Letzten Tagen der Menschheit* gemacht, wo ich schwer beschimpft worden bin. Und als ich dann das Theater machte, waren es vor allem verdrängte Autoren, die ich wieder ausgegraben habe – und in dem Zusammenhang auch Ernst Toller, von dem auch zum ersten Mal nach 1945 wieder einiges erschien. Ich war, glaube ich, einer der Allerersten oder der Erste, der nach dem Krieg Ernst Toller dort inszenierte, und zwar den *Hinkemann*.[32] Damals war Toller von allen Seiten verachtet, von den Wiener Sozialdemokraten, von den Kommunisten usw. Ich glaube, dass Toller noch aus der Festung einen Brief an Schreker wegen Krenek geschrieben hat, der das dann an Krenek weitergab. Die wollten zusammenarbeiten.[33] Von der Verbindung Kreneks zu Toller wusste ich damals noch nichts.

---

32 Die „Tragödie in 3 Akten“ (Potsdam 1923) war 1954 in einer Neuausgabe in Emsdetten erschienen.

33 Der Schriftsteller (1893–1939) war 1919 nach der Niederschlagung der Münchner Räterepublik wegen Hochverrats zu fünf Jahren Festungshaft verurteilt worden. Während dieser Zeit begann er, expressionistische Dramen zu schreiben. Aus zwei Briefen Kreneks an seine Eltern vom November 1922 geht her-

Die andere Anekdote ist: Krenek spricht ja im Zusammenhang mit seinen Memoiren *Im Atem der Zeit* über Brecht, und er sagt, dass er den *Jasager*, eine Schuloper, für nichts Bemerkenswertes halte. Ich war der Erste, der den *Jasager* nach dem Krieg inszeniert hat, und in diesen Kategorien eines Theaters mit Laien, eines absolut armen Theaters, da geht das. Viele Fäden, die da laufen ...

Noch eine Bemerkung zur Aussprache des Namens, und zwar: Ich bin mir nicht sicher, ob das Wiener Unterschwelligkeit war: Ich habe irgendwann einmal beim Studieren und beim Kraus-Lesen gelernt, dass man auf Tschechisch das ř (bei Křenek) krsch ausspricht. Alle Wiener, Ratz und so, haben Kschrenek gesagt, nicht Krschenek, wie es eigentlich heißen müsste. Ich habe vermutet, dass ein wenig Wiener Bosheit dabei war, weil ich glaube, dass zwischen den Wiener Überlebenden und dem Krenek so ein unterschwelliges Misstrauen da war. Bei den Wienern, die zum Teil von links kamen, ging das vielleicht noch auf die Zeit des Austrofaschismus zurück, ein bisschen so, wie der Herr Karl den Herrn Tennenbaum[34] trifft: „Ham' Sie eine gute Zeit g'habt?“, und dann wirds bös. Aber ich denke eher an das Misstrauen zwischen denen, die entkommen waren, und denen, die auf dem Dachboden oder sonst wo versteckt oder so wie der Ratz mit den Noten vom Eisler im Kohlenkeller überlebt hatten. Also da gab es sowas wie eine Mentalitätsdifferenz – ich hab ein paar Fotos gesehen vom Wildgans aus seiner Gestapo-Akte, der war ja schon vor dem Krieg eher ein Linker, und nur weil er der Sohn vom Dichter Anton Wildgans war, kam er aus der Gestapohaft heraus. Karl Schiske wiederum, der ja zehn

vor, dass er sich an Toller wegen eines Lustspiels, das sich für eine komische Oper eignete, gewandt hatte, worauf Toller ihm zustimmend antwortete. Zu einer Zusammenarbeit kam es jedoch erst Ende 1925, als Krenek die Schauspielmusik op. 41 zu Tollers Puppenspiel *Die Rache des verhöhnten Liebhabers* komponierte.

34 In dem berühmten Monolog *Der Herr Karl* von Helmut Qualtinger und Carl Merz lehnt der nach Wien zurückgekehrte Jude Tennenbaum, den der Herr Karl 1938 zum Putzen des Gehwegs „geführt“ hatte, es ab, ihn zu grüßen – zu dessen Unverständnis: „Jetz ist er bees, der Tennenbaum.“

September 1958, Darmstädter Ferienkurse: Gösta Neuwirth (Halbprofil von hinten), Friedrich Cerha, Anestis Logothetis, Karl Schiske, ?, Josef Rufer

Jahre älter ist als Friedrich Cerha, der schon als Schüler Widerstand leistete, hat seine Promotion in Wehrmachtsuniform bestanden. Der Schenk hat den Schiske schikaniert, bis er tatsächlich promovieren durfte. (In dem Schiske-Band schreibt Rudolf Flotzinger, wie es mit der Dissertation von Schiske ausging,[35] aber Schiske selber hat nie ein böses Wort über Schenk geäußert.)

Mein Lebensgang ist einer von Brüchen, von dezisiven und immerwährenden Auslöschungsbrüchen. In gewisser Weise war das

35 Rudolf Flotzinger, „Karl Schiskes Universitätsstudien“, in: *Österreichs Neue Musik nach 1945: Karl Schiske*, hrsg. von Markus Grassl, Wien/Köln/Weimar 2008, S. 139–154. – Erich Schenk hatte sich 1929 an der Universität Rostock habilitiert und dort 1936 das Musikwissenschaftliche Institut gegründet und geleitet. Er trat in verschiedene NS-Organisationen ein, arbeitete im „Sonderstab Musik“ und am *Lexikon der Juden in der Musik* mit. 1940 wurde er Ordinarius in Wien und betrieb dort 1941 die Enteignung der Bibliothek seines Vorvorgängers, des gerade verstorbenen Begründers des Musikwissenschaftlichen Instituts der Universität Wien Guido Adler. Schenks Antisemitismus bekam auch Gösta Neuwirth zu spüren, als er bei Schenk seine Dissertation über Franz Schreker schreiben wollte: „Mit Juden gebe ich mich nicht ab!“

auch eine Gemeinsamkeit mit Krenek: zu wissen, wie man mit einer Entwurzelung auf verschiedene Weise umgehen kann – ich musste eben einen anderen Weg gehen –, und ich lernte, mit Brüchen zu leben.

Es war zwischen uns nie eine Art von Kontroverse. Uns verbanden auch Kraus und Kafka. Am Anfang meines Aufsatz über ROTAS-SATOR habe ich 1984 berichtet, dass ich ein Stück von mir in Kreneks Notenhandschrift geträumt habe. Das scheint mir durchaus ein Hinweis auf engere Kontakte, wenn auch nicht durch viele äußere Begegnungen abgesichert.

Wolfgang (und Eva-Maria) Timaeus

Verleger und Komponist[1]

Ich bin Soldat gewesen und war noch als junger Soldat an der Ostfront. Nach der Rückkehr aus der Kriegsgefangenschaft wollte ich zum Theater, ich wollte gern Kapellmeister werden. Ich war gut 18 Jahre alt, und es war alles zerstört. Ich hatte damals Kontakt mit dem hiesigen Intendanten,[2] der mir gesagt hat: „Junge, wenn du etwas am Theater werden willst, dann nur über den akademischen Bereich." Und daraufhin habe ich angefangen, Theaterwissenschaft zu studieren. Dann kam die Währungsreform; mein Vater ist akademischer Bildhauer gewesen und war arbeitslos, wir hatten keine Existenzmöglichkeiten. Ich habe mich daraufhin bemüht, irgendwo unterzukommen, um zumindest eine Lehre zu machen, mit der ich mich dann später beruflich oder finanziell weiterentwickeln konnte. Das ist mir auch gelungen: Ich habe ungefähr 1948/1949 bei Bärenreiter als Verlagslehrling angefangen. Ich hatte die feste Absicht, nach Abschluss der Lehre mein Studium bei Kutscher[3] fortzusetzen. Dazu kam es aber nicht mehr, weil damals Karl Vötterle mir die Möglichkeit bot, eine Bühnen- und Orchesterabteilung aufzubauen, und zwar aus den Beständen, die da waren. Das waren vor-

---

1 Wolfgang Timaeus berichtete über seine Verbindung zu Ernst Krenek am 21. Oktober 2021, nur fünf Monate vor seinem Tod, in seinem Haus in Baunatal bei Kassel. Seine Frau Eva-Maria Timaeus, die Krenek erst später kennenlernte, war phasenweise bei dem Gespräch anwesend und beschrieb mir in zwei Briefen (am 1. August und 22. September 2023) ihre wesentlichen Eindrücke von Krenek. Sie sind hier in den Text interpoliert, aber kleiner gesetzt; am Ende steht ein kurzes Gedicht, das sie ihren Erinnerungen an Krenek anfügte.

2 Vermutlich handelte es sich um Franz Ulbrich, der das Staatstheater Kassel bis zu dessen Zerstörung 1945 leitete. (Erst 1953 gab es einen neuen Intendanten.)

3 Artur Kutscher (1878–1960) lehrte bis 1951 Theaterwissenschaft an der Universität München.

nehmlich Schweizer Komponisten: Willy Burkhardt, Robert Oboussier usw., und natürlich Hugo Distler. Ich habe dann also angefangen, unter primitiven Verhältnissen diese Abteilung aufzubauen.

Parallel dazu gab es die Gesamtausgaben des Bärenreiter Verlags, das fing an mit der Neuen Bach-Ausgabe, deren erster Band 1954 erschien, dann mit der Neuen Mozart-Ausgabe (ab 1955) und weiteren Repertoirekomponisten wie auch Händel und Haydn. Sie waren die Voraussetzung für die Entwicklung der Abteilung, denn dadurch gab es die Möglichkeit, die Werke aus diesen Gesamtausgaben, die mir interessant erschienen, auch finanziell, sprich für Aufführungen zu nutzen. Das hat sich dann immer weiter entwickelt, und so ist daraus eine Bühnen- und Orchesterabteilung entstanden.

Dann kam in späteren Jahren mein Kollege Fritz Oeser dazu. Er kam aus Leipzig und hatte den Bruckner-Verlag in Wiesbaden, der vor allem Bruckner veröffentlichte.[4] Die damalige Bruckner-Ausgabe war seit 1951 bestimmt von Wien, von Leopold Nowak,[5] der seine Einwilligung für eine neue Ausgabe nur dann gab, wenn der bisherige Herausgeber der Bruckner-Mischfassung, Robert Haas,[6] annulliert wurde. Das ist dann auch geschehen. Wir haben zusammen mit dem Musikwissenschaftlichen Verlag in Wien eine „Nowak-Ausgabe Bruckner“ begonnen, und das war eine der Voraus-

4 Oeser, der in Musikwissenschaft promoviert und daneben Schulmusik studiert hatte, zog 1947 mit seinem Bruckner-Verlag, der mit dem Wissenschaftlichen Verlag Wien zusammen die *Kritische Bruckner-Gesamtausgabe* publizierte, von Leipzig nach Wiesbaden und 1955 nach Kassel. Dort benannte er den Verlag in Alkor-Edition um und installierte ihn im Verlagshaus von Bärenreiter.

5 Leopold Nowak gab die 1951 begonnene Edition *Anton Bruckner. Sämtliche Werke, kritische Gesamtausgabe* im Auftrag der Generaldirektion der Österreichischen Nationalbibliothek (ÖNB) und der Internationalen Bruckner-Gesellschaft heraus.

6 Robert Haas hatte bereits 1930, schon damals im Auftrag der ÖNB und der Internationalen Bruckner-Gesellschaft und mit derselben Betitelung, eine Ausgabe von Bruckners Werken begonnen. Der letzte Band unter seiner Ägide erschien noch 1959.

setzungen für alle weiteren Maßgaben. Ich habe mit meinem Kollegen Fritz Oeser sehr eng zusammengearbeitet, wir haben uns den Arbeitsbereich ein wenig geteilt.

Oeser war der seltene Fall des Musikwissenschaftlers und des Praktikers, der Editionen wirklich aufführungsbereit vorbereiten konnte. Und das hat zur Folge gehabt, dass im Lauf der Zeit neben diesen großen Editionen und neben zeitgenössischer Musik, die wir selbst hatten, einmal meinerseits Komponisten eingebracht wurden wie Günter Bialas usw., und zum anderen von Fritz Oeser Bearbeitungen vollzogen wurden, wie die Originalfassung *Carmen* (1964) und von *Hoffmanns Erzählungen* (1977) usw.

1957 kam der Kontakt mit dem Verlag Novello in London[7] zustande, der die Bärenreiter-Werke in Großbritannien vertrat, bis 1963 Bärenreiter Ltd. gegründet wurde. Und Benjamin Britten, dessen Werke vor allem bei Boosey & Hawkes erschienen, übertrug uns die Rechte für Deutschland. Das war natürlich schon ein wesentlicher Punkt.

Zu diesen Projekten kam sehr früh der Kontakt zu der tschechischen Musik. Wir haben uns in Bad Schandau[8] getroffen mit den damals bestehenden tschechischen Organisationen – das waren der Theaterverlag Dilia und der Staatsverlag Artia – und haben im Grunde damals die gesamte tschechische Musik von Anbeginn an bis zur Gegenwart vertreten. Das Gleiche hat sich dann in Ungarn vollzogen, also auch mit der ungarischen Musik, so dass der Katalog immer mehr anstieg zu einem Volumen, das im Grunde genommen reichte, um wirklich die Existenz der Bühnen- und Orchesterabteilung zu rechtfertigen. Eigentlich war das Gegenteil der Fall: Die verschiedenen Verlagsgruppen profitierten von den Einnahmen aus den Aufführungsgebühren und Tantiemen, die wir erzielt haben.

7 Novello war ein im 19. Jahrhundert gegründeter Musikverlag, der z. B. Edward Elgars Werke publizierte.

8 Bad Schandau in der Sächsischen Schweiz liegt nur wenige Kilometer vom tschechischen Grenzort Hřensko entfernt.

Ich war etwa 50 Jahre lang bei Bärenreiter, war bis zuletzt Leiter der Bühnen- und Orchesterabteilung und übernahm 1976 auch die Geschäftsführung der Alkor-Edition von Oeser. Wir hatten an die 600 Opern und einige 1000 Konzertwerke auch der internationalen Verlage zu vertreten. Ich war aber dazu sowohl für Kammermusik als auch für Chor – wir hatten zwar mal eine Chorabteilung, aber die ist dann eingestellt worden –, also im Grunde genommen für alles zuständig. Und das war das Erfreuliche: Ich hatte relativ Freiraum in meinem Wirken und konnte das machen, was ich für richtig hielt, also ich musste nicht irgendwie fragen. Das Ganze hat sich verändert nach dem Tod von Karl Vötterle (29.10.1975). Das ist doch ein großer Schnitt gewesen, auch für mich persönlich und privat.

Nachdem sich das Repertoire der Bühnen- und Orchesterabteilung immer erweitert hatte, habe ich mich auch mehr für zeitgenössische Komponisten interessiert, also z. B. für Rudolf Kelterborn, Günter Bialas, Bernd Alois Zimmermann – ich kann sie gar nicht alle aufzählen. Und um jetzt zu Ernst Krenek zu kommen: Der Beginn unserer Bekanntschaft war, wenn ich mich recht entsinne, nach der Uraufführung der *Sinfonie Pallas Athene* op. 137,[9] denn anschließend war er hier in Kassel zu einer Aufführung des Werkes in einem Symphoniekonzert. Und wie immer nach den Konzerten bin ich dann mit den Interpreten zusammen gewesen, und so haben wir uns, wenn ich mich recht entsinne, persönlich kennengelernt. Und aus dieser persönlichen Bekanntschaft wurde dann eine Beziehung.[10]

Krenek hat ja in den 1920er Jahren eine Zeit hier in Kassel verbracht, damals mit Paul Bekker.[11] Und das war eine für ihn, glaube

9 Krenek leitete die UA am 11. Oktober 1954 in einem Konzert der Reihe *das neue werk* im NWDR Hamburg und dirigierte die *Sinfonie* am 22. Oktober in Kassel. (Die Oper *Pallas Athene weint* op. 144 wurde erst 1955 in Hamburg uraufgeführt.)

10 Bis 1960 lief die Korrespondenz zwischen Krenek und dem Bärenreiter Verlag über den Cheflektor und Leiter der Kasseler Musiktage Richard Baum.

11 Paul Bekker (1882–1937) holte Krenek als „Musikalischen Beirat" nach Kassel, als er selbst dort Intendant des Preußischen Staatstheaters wurde.

ich, sehr schöne Zeit, da ist ja auch *Jonny spielt auf* entstanden. Er wohnte damals auf der Terrasse,[12] und wenn er hier in Kassel war, dann gingen wir in der Aue spazieren, und dann hat er oft von seiner Zeit in Kassel erzählt und von den Menschen, die er hier getroffen hatte. Also ich hatte das Gefühl, da war eine gewisse Anhänglichkeit. Und die Zeit mit Paul Bekker und Ernst Krenek war eine große Zeit hier am Kasseler Theater, das muss man dazusagen, da gab es einen interessanten Spielplan mit interessanten Werken.

Krenek wollte nicht weiter von der UE vertreten werden. Er war als US-Amerikaner u. a. bei Broude, Belwin und Schirmer[13] und war doch als Komponist in Europa beheimatet. Es kam dann immer mehr dazu, dass die Werke Kreneks etwa im letzten Drittel seines Lebens bei Bärenreiter erschienen. Der entscheidende Zeitpunkt, dass Krenek praktisch ganz zu Bärenreiter und von der UE weg kam, war ausgerechnet der 21. Mai 1970, der Tag, an dem sich Willy Brandt und Willi Stoph in Kassel getroffen haben. Das werde ich nie vergessen. Da war auch Hans Heinsheimer nach Kassel gekommen, der seit 1957 den Verlag G. Schirmer in New York leitete.[14] Er war dabei, als Krenek und ich uns über die vertraglichen Einzelheiten verständigten. Heinsheimer war schon eine Schlüsselfigur, eine Persönlichkeit, die eine gewisse Dominanz hatte gegenüber den Autoren insgesamt. Wir haben uns dann geeinigt, dass alle Werke, die in Zukunft von Krenek geschrieben werden, bei Bärenreiter erscheinen. Die UE wurde komplett ausgeschlossen,[15] wobei ich das eigentlich schade fand. Im Vorstand der UE waren damals Alfred

12 Straße zwischen Wilhelmshöher Allee und Philosophenweg; Kreneks Weg von dort zum Theater führte an der Karlsaue entlang. (Krenek schrieb die Adresse damals „Terasse".)

13 Krenek hatte in den USA bei weiteren elf Verlagen Werke veröffentlicht.

14 Hans W. Heinsheimer hatte vor dem Krieg die Bühnenabteilung der UE geleitet und war 1938 in die USA exiliert.

15 Es wurden allerdings später noch einige wenige Werke bei der UE verlegt, z. B. das Konzert op. 230, *Opus 231* und *Opus 239*, an deren UA Wiener Interpreten beteiligt waren, oder die *Dream Sequence* op. 224 für Concert Band. Dagegen wurden die *Settings of Poems by William Blake* op. 226 und *They Knew What They Wanted* op. 227 bei Rongwen/Broude verlegt.

Schlee und Ernst Hartmann, dieser war ein sehr sympathischer Mensch, mit dem ich sehr guten Kontakt hatte. Aber das Verhältnis von Krenek zur UE war dann gestört. (Die früher entstandenen Werke, die bei der UE oder in Amerika waren, waren natürlich nach wie vor für uns oder für mich nicht erreichbar.)

Ein Schwerpunkt unserer Zusammenarbeit war Ende der 1950er Jahre die *Lamentatio Jeremiae Prophetae* op. 93. Von dem Werk hat Krenek erzählt, erklärte sie aber für unaufführbar. Er hatte sie geschrieben während des Krieges in dem Bewusstsein, dass es nicht zu einer Aufführung kommen könnte. Das hat sich aber insofern dann anders entwickelt, als wir 1958 bei den Kasseler Musiktagen den Dirigenten des NCRV Vocaal Ensemble Hilversum, Marinus Voorberg, hatten. Er leitete sein Ensemble bei einer Geistlichen Abendmusik und im evangelischen Gottesdienst. Und der hat sich die Mühe gemacht, Kreneks Werk einzustudieren. Die Uraufführung fand am 5. Oktober 1958 hier in Kassel in der Martinskirche statt. Das war ein Riesenerfolg, das hätte selbst Ernst Krenek nicht für möglich gehalten. Voorberg war ein hervorragender Chorleiter – er leitete dann ab 1975 den Südfunkchor im SDR –, alle haben sich gewundert, wie er das geschafft hat. (Wenn man bedenkt, dass inzwischen sehr viele Ensembles sich mit diesem Werk beschäftigt und es aufgeführt haben, dass es heute eigentlich eine Selbstverständlichkeit ist, kann man doch erkennen, wie rasant sich die Fähigkeit der Chöre entwickelt hat.) Die Uraufführung der *Lamentatio* – das war *das* Ereignis, das war prägend, das werde ich nie vergessen. Das war der Beginn der Zusammenarbeit in größerer Form.[16]

Alles, was an Kompositionen fürs Theater kam, waren dann außer *Der goldene Bock* op. 186 und *Sardakai* op. 206 – das waren noch Aufträge von Rolf Liebermann in Hamburg – im Grunde genommen nur die kleineren Kurzopern;[17] dazu die Chorwerke und

16 Die *Lamentatio* war auch das erste Werk Kreneks, das 1957 bei Bärenreiter gedruckt wurde.

17 *What Price Confidence* op. 111, *Dark Waters* op. 125, *The Belltower* op. 153, *Ausgerechnet und verspielt* op. 179, *Zauberspiegel* op. 192.

vor allem Konzertmusik und Kammermusik. Ich habe alles betreut, alles, was kam. Krenek hat in der Regel alle seine Manuskripte geschrieben, und die wurden dann vervielfältigt, die wenigsten wurden von Bärenreiter gedruckt. Ein Werk, um ein Beispiel zu nehmen, *Kette, Kreis und Spiegel* op. 160 für großes Orchester, das wurde relativ oft aufgeführt,[18] und zwar auch mit pädagogischer Betreuung durch Krenek selbst:[19] Ich entsinne mich einer Aufführung davon in Münster in einem Vormittagskonzert, da hat er Rede und Antwort gestanden. Und so fanden dann später viele Konzerte statt, in Berlin usw. Also er hat sich da auch persönlich eingebracht. Er hat auch Vorträge gehalten, so auch bei den Kasseler Musiktagen.[20]

Jetzt muss ich etwas Generelles sagen. Es war die Zeit, wo er unter dem negativen Eindruck von Donaueschingen und Kranichstein stand. Was ich nie verstanden habe: Er wurde von der Clique Pierre Boulez/Karlheinz Stockhausen total abgelehnt, dementsprechend auch von Strobel, Häusler, und in Kranichstein war es der Ernst Thomas.[21] Alle meine Bemühungen, ihn irgendwo einzubringen, schlugen fehl, und da ist eine Aversion entstanden zwischen ihm persönlich und den dafür zuständigen Programmleitern, so dass er im Grunde genommen außen vor war. Zur damaligen Zeit war das eine sehr schwierige Situation, denn wer in Donaueschingen bzw. von diesen Komponisten respektiert wurde, der hatte die Chancen,

18 Die UA durch das Basler Kammerorchester unter Paul Sacher fand am 23.1.1958 in Basel statt. Die Partitur wurde bereits 1957 bei Bärenreiter gedruckt. Sacher hatte das Werk bei Krenek in Auftrag gegeben; vgl. zu Sacher Anm. 8 im Beitrag von Bernhard Batschelet in diesem Band.

19 Krenek gab öfter Einführungen in seine Werke, bevor diese aufgeführt wurden.

20 Krenek war in den Jahren 1958–1978 mindestens fünfmal zu den Kasseler Musiktagen eingeladen. 1960 hielt er dort den Vortrag *Komponist und Hörer* (abgedr. in: *Musikalische Zeitfragen*, Bd. 12, Kassel 1964).

21 Heinrich Strobel leitete seit der Gründung des SWF 1946 dessen Musikabteilung. – Josef Häusler, seit 1959 Redakteur beim SWF, war 1975–1991 für die Donaueschinger Musiktage verantwortlich. – Ernst Thomas wurde nach dem Unfalltod Wolfgang Steineckes (1910–1961) Ende 1961 dessen Nachfolger bei den Darmstädter Ferienkursen.

auch andernorts entsprechend aufgeführt zu werden. Das war die große Schwierigkeit von Ernst Krenek.

Wenn wir einen Vertrag hatten über ein Werk, dann waren wir natürlich die Rechteinhaber und zuständig für die Vergabe der Rechte. Ein Komponist kann etwas einleiten, aber er kann nicht etwas vollziehen, und da hat es manchmal Schwierigkeiten gegeben. Hier in Europa hat es nie Probleme gegeben. Wenn Krenek irgendeine Idee hatte, dann hat er mir das mitgeteilt, dann bin ich – ich war ja der dafür Zuständige – der Idee nachgegangen, und entweder hat es geklappt oder es hat nicht geklappt. Ein Pfarrer hier z. B. hat schon vor der Wende Kontakt gehabt zur DDR und hat über lange, lange Jahre insbesondere Interpreten aus der DDR hergeholt. Zu ihnen gehörte vor allem der Pianist und Dirigent Reinhard Schmiedel aus Weimar,[22] der viel Krenek gespielt und aufgeführt hat. Mit ihm habe ich auch mal hier zusammengesessen und gesprochen. Und da war z. B. der Geiger Kovacic aus Wien, der hat sehr viel für Krenek getan, das muss ich sagen. Er war zwar auch sehr dem Schönberg-Kreis verbunden, aber er veranstaltet heute noch mit seinem Ensemble Konzerte mit Krenek-Werken.[23]

Über die Aufführungen, die der Verlag organisiert hat, wurde Krenek immer informiert. Aber er ist in den USA schon hin und wieder mal herumgefahren und hatte auch einen Kreis von Interessenten, die für seine Musik schon wichtig waren, und dann hat er mir das meist mitgeteilt. Die Möglichkeiten für mich, von Kassel aus alles in Amerika zu bewerten oder zu beurteilen, waren natürlich nur sehr begrenzt. Da gab es manchmal also auch schwierige Situationen, Missverständnisse. In manchen Dingen war er sehr misstrauisch und ich habe das immer zu erklären versucht mit seinem privaten Schicksal: mit der Emigration, die in dem Zu-

---

22 Zu Schmiedel vgl. dessen Beitrag und Vita hier im Band.

23 Der Geiger und Dirigent Ernst Kovacic (geb. 1943) lehrte seit 1975 an der Musikuniversität Wien, war bis 2023 Vorsitzender der Ernst Krenek Institut Privatstiftung und leitet seit 2007 das Kammerorchester Leopoldinum in Wrocław. Er spielte CDs mit Krenek-Werken sowohl als Geiger als auch als Leiter des Ensembles ein.

sammenhang ihn sein Leben lang belastet hat. Also so sehr das alles in Amerika von der Lokalität her ihn begeistert hat, im Grunde genommen hat er sich nie so recht wohlgefühlt. (Schönberg und Strawinsky haben nie einen engen Kontakt mit ihm gehabt. Aber wenn eine Frage aufkam, meinetwegen zur Mythologie, dann kamen sie immer zu Krenek und haben ihn befragt, was er darüber weiß.[24]) Ich sage noch einmal: Seine Heimat war eigentlich Wien, und er war glücklich, wenn er in den Bergen war, wenn er in Urlaub hier war und in die Berge fahren konnte. Da war er dann plötzlich der Mensch Ernst Krenek und hat das auch entsprechend genossen.

Er wollte immer nach Wien und hat sich immer über Wien geärgert, über die Politiker und deren Verhalten in Wien, er konnte nie von Wien loslassen, aber er ist dann immer, wenn er in Wien war, im Groll von Wien geschieden. Also was Ernst Krenek nie verstanden hat, wieso die österreichische Kulturpolitik Schönberg derart unterstützt hat, beispielsweise mit dem Schönberg-Haus in Mödling usw., aber sich um ihn nicht gekümmert hat. Der Einzige, der sich später sehr um Krenek gekümmert hat, das war der Bürgermeister von Wien, Helmut Zilk.[25]

Und ich erinnere mich einer Zeit, wo Krenek die Idee hatte, sich in der Schweiz niederzulassen. Da hatte er Ferien gemacht irgendwo im Mittelland, ich kann nicht mehr sagen, wo, und da haben wir ihn besucht, meine Frau und ich. Das waren nun ausgerechnet Tage oder Wochen, wo es sehr viel geregnet hat. Und da hat er den Plan doch wieder fallengelassen und gesagt, ich gehe doch lieber zurück nach Amerika. Ich sollte immer mal zu ihm nach Kalifornien kommen, und ich zwar zweimal in den USA, aber da hatten wir aus irgendwelchen Gründen leider keine Gelegenheit, uns zu treffen.

---

24 Zu Kreneks Beziehung zu Strawinsky vgl. Claudia Maurer Zenck, „Schnittpunkte zweier Biographien", in: dies. (Hg.), *Igor Strawinskys und Ernst Kreneks Spätwerke*, Schliengen 2014 (= Ernst Krenek Studien 5), S. 13–23.

25 Vgl. zum Schönberg-Haus den Beitrag von Marion Diederichs-Lafite, zu Zilk den Beitrag der Herausgeberin in diesem Band.

Er hat mir immer wieder seine Bilder, die er gemalt hat, seine Aquarelle, gezeigt[26] – unmittelbar bei seinem Heim begann ja die Wüste. Dort hat er sich gern aufgehalten und war immer fasziniert von der Natur im Spiel des Lichts usw., und das hat ihn auch angeregt als Komponist.

Das Verhältnis zwischen Krenek und mir war natürlich zunächst – wer Krenek kannte, der wird das verstehen – sehr sachlich. Es wurde immer persönlicher, und der Hauptkontakt, was den Bärenreiter Verlag betraf, hat sich hauptsächlich über mich abgespielt. Einmal hat ein Gespräch über Krenek stattgefunden zwischen Karl Vötterle, meinem Kollegen Wolfgang Rehm und mir, da war Krenek gerade zu Besuch in Kassel – er war mehrmals in Kassel –, aber in der Regel liefen alle Korrespondenz und alle Vereinbarungen, alle Pläne und alle Gespräche mit ihm über mich. Krenek hat mir dann z. B. schriftlich mitgeteilt, welche Vorhaben er habe und was er gern schreiben möchte und wo und wie Aufführungsmöglichkeiten bestehen. Der Sache bin ich dann nachgegangen. Es gab beispielsweise die Bühnen der Stadt Bielefeld – der damalige Oberspielleiter der Oper hieß John Dew –, die haben sehr viel Krenek gemacht.[27] Also ich entsinne mich in Graz an den Steirischen Herbst, da haben wir eigentlich schöne Zeiten verlebt, und das war nicht einmal, das war mehrmals.[28] Ich glaube, bei dem großen Krenek-Personale 1980 wurde auch die *Lamentatio* mit dem damaligen Chor des Österreichischen Rundfunks unter Gottfried Preinfalk in der Stiegenkirche aufgeführt.

Ich war bei allen Aufführungen, die stattfanden, zugegen. Bei den Salzburger Festspielen 1980 wurde *Karl V.* konzertant gegeben, ein

---

26 Eva Timaeus erinnert sich, dass Krenek einige seiner Aquarelle bei sich hatte.

27 1989 wurde dort die frühe Oper *Sprung über den Schatten* op. 17 aufgeführt und 1990 die szenische UA der Fernsehoper *Ausgerechnet und verspielt* op. 179 produziert.

28 Krenek erlebte in Graz zuerst 1969 ein Festival, das ihm beim Steirischen Herbst gewidmet wurde, 1973 die ÖEA von *Orpheus und Eurydike*, 1975 ein Konzert und 1980 ein großes „Personale“. Vgl. dazu auch den Beitrag der Herausgeberin in diesem Band.

Werk, an das er sich sehr gebunden fühlte, es war für ihn eine Art Herzstück. Veranlasst hatte die Aufführung der damalige Generalsekretär der Festspiele, Otto Sertl.[29] Da habe ich die Möglichkeit gehabt, Krenek auf dem Rollfeld mit meinem Auto abzuholen und ins Hotel zu fahren, und dann war die Aufführung, die unter Gerd Albrecht stattfand, ein Riesenerfolg. Aber er war dann relativ einfach in Salzburg untergebracht, das hat mich damals ein bisschen gestört. Ähnliches passierte in Wien in der Staatsoper, als dort 1984 *Karl V.* szenisch-musikalisch aufgeführt wurde. Das sind für mich Erinnerungen, die liegen schon sehr weit zurück, und ich kann mich nicht mehr an alle Einzelheiten entsinnen. Aber ich habe noch gegenwärtig, wie wir nach der Premiere hinter der Bühne standen und er im Grunde genommen nicht so ganz zufrieden war.[30]

Ich habe Kreneks Oper *Kehraus um St. Stephan* 1990 nach Wien gebracht, ins Ronacher. Das war damals unter der Ägide von Claus Helmut Drese als Direktor der Staatsoper, und das weiß ich noch, da haben wir nach einem Aufführungsort gesucht, wo man diese Oper am besten machen könnte. Das war eigentlich gar nicht so recht in Kreneks Sinne, dass das Werk aufgeführt wurde, aber es war eine sehr ordentliche Aufführung und sehr erfolgreich. (Ich höre ja natürlich jetzt sehr wenig, bekomme wenig Informationen. Aber es wird doch hin und wieder jetzt was von Krenek gespielt, zumindest die kleinen Formen.[31] Oder meinetwegen hier in Frankfurt am Main an der Oper, da wurden 2017 die *Drei Einakter* gegeben. Das hat der künstlerische Leiter Bernd Loebe gemacht.)

---

29 Der Musikwissenschaftler Otto Sertl, zunächst im ORF tätig, ab 1960 Leiter Bühnen- und Konzertabteilung des Schott-Verlags in Mainz, wurde 1968 Hauptabteilungsleiter Musik des Saarländischen Rundfunks und übernahm 1968 die gleiche Funktion beim ORF in Wien, bevor er 1979 Generalsekretär der Salzburger Festspiele wurde.

30 Das betraf vor allem die Inszenierung von Otto Schenk.

31 Zur Ergänzung: Zuletzt kam 2019 an der Bayerischen Staatsoper in München *Karl V.* heraus, 2021 produzierten das Gärtnerplatztheater in München und das Theater Vorpommern in Stralsund *Jonny spielt auf.* Das Theater Münster brachte 2022 *Leben des Orest* auf die Bühne.

Die Ernst-Krenek-Treppe in Kassel, das war meine Anregung; es gab schon die Gustav-Mahler-Treppe beim Theater. Ich war damals sehr befreundet mit dem Oberbürgermeister Wolfram Bremeier und wir haben eine Straße oder einen Platz gesucht, der nach Krenek benannt wurde. Da kamen wir auf die Treppe – es ist ja im Grunde genommen ein Treppchen – neben dem Theater, die wurde dann 1991 durch Bremeier eingeweiht. Und im Theater wurde Kreneks Oper *Orpheus und Eurydike* gespielt, die 1926 in Kassel uraufgeführt worden war. Da war auch Marina Mahler dabei, Anna Mahlers jüngere Tochter.

Die ganze Anna-Mahler-Zeit, das, was er da früh erlebt hat, das hat ihm sehr nachgehangen, das kam immer wieder mal in Privatgesprächen zum Ausdruck. Das hat ihn sehr bedrückt. Er hat alles auf Alma geschoben.[32] Das hing natürlich auch mit Anna selbst zusammen. (Von ihr war ja dann 1988 eine Ausstellung in Salzburg im Zusammenhang mit den Festwochen, aber sie starb unmittelbar vorher.[33])

Am schönsten waren die Abende, wenn man privat aus irgendwelchen Gründen, nach Aufführungen usw., zusammensaß und wenn man ein Glas Wein trank – er als Weinkenner –, dann wurde er sehr persönlich und sprach auch ein bisschen freier. Ein frühes Zusammentreffen, an das ich mich gern erinnere, war, als er bei seiner Mutter in Wien wohnte. Seine Mutter war eine liebe kleine Frau, die hat uns damals bewirtet.[34] Ich kann mich [auch] sehr gut an eine zufällige Begegnung erinnern, das war am Anfang des Ofen-

---

32 Krenek war mit Anna Mahler von 1922 bis 1924 liiert, 1924 auch verheiratet. Schon in dieser Zeit war er skeptisch gegenüber seiner Schwiegermutter Alma Mahler, und als Anna Mahler nach dem Krieg von England in die USA zog, erlebten er auch mit, wie stark Alma Mahler-Werfel ihre Tochter „im Griff" hatte. – Marina Mahler war Anna Mahlers Tochter aus der Ehe mit dem russischen Dirigenten Anatole Fistoulari.

33 Anna Mahler war Bildhauerin; vgl. dazu die Beiträge von Gösta Neuwirth und Franz Willnauer in diesem Band.

34 Krenek wohnte bis zum Tod seiner Mutter Emanuela mit 92 Jahren im Juli 1972, wann immer er in Wien war, bei ihr in der Argauergasse 3 in Währing; dort war er auch aufgewachsen.

passes.[35] Da waren meine Kinder noch klein, und wir kamen zurück aus Italien. Damals war der Ofenpass noch eine Schotterstraße, und es war ein glühendheißer Sommertag. Und da führte uns der Zufall zu einem Treffen zusammen: Gladys und Ernst saßen unten am Beginn der Straße in einem Café. Da verbrachten wir ein paar Stunden zusammen. Solche Erlebnisse sind bei mir hängengeblieben. Und Krenek hat sich immer sehr gefreut.

Die private Seite und die persönliche Seite – und wir waren später sehr eng miteinander befreundet –, die vollzog sich meist bei einem Glas Wein; es konnten auch mehrere Glas Wein sein. Es gab aber auch Schwierigkeiten. Der sachliche Kontakt war manchmal sehr schwierig, denn ich musste mich ihm gegenüber irgendwie äußern, wenn er neue Werke vorschlug. Und ich musste mich im Verlag entsprechend äußern und es zur Entscheidung bringen. Ich konnte ja nicht selbständig irgendetwas unternehmen, ich war ja kein eigenständiger Verleger. Und das hat manchmal doch zu ziemlichen Verspannungen geführt. Und sein Verhältnis zum Verlag war später ein sehr distanziertes. Er hat sich nicht so wohlgefühlt.

Die veränderte Situation nach dem Tod Vötterles hat sich natürlich auch in dem Verhältnis zu den Autoren niedergeschlagen, also auch zu Krenek. Man war nicht mehr mit all dem einverstanden, was ich gemacht habe – man konnte es mir aber nicht verbieten –, und ich habe es gemacht. Es war immer schwierig, Ernst zu erklären, in welcher Situation ich war. Ich verstehe das ja, er hat seine Interessen verfolgt, und er wollte seine Situation darstellen. Ich sage nochmal: Die Korrespondenz war nicht immer frei von Ressentiments. Auch er hat manchmal mir gegenüber sehr, sehr heftig reagiert, zum Teil auch sehr wohl begründet, was ich verstanden habe, aber ich musste ja irgendwie auch wiederum die Interessen meines Arbeitgebers vertreten, und da lagen die Positionen manch-

35 Der Pass in Graubünden am Ostrand der Schweiz verbindet Zernez im Engadin mit dem Val Müstar unterhalb der Sevenna-Gruppe. Vermutlich fand die Begegnung Ende August/Anfang September 1960 statt, aber das Treffen könnte sich auch am Brennerpass abgespielt haben, da die Familie Timaeus auf der Rückfahrt von Bozen war.

mal weit auseinander, waren die Diskrepanzen sehr stark. Wir haben das aber dann, wenn wir zusammenkamen, mündlich sehr schnell bereinigt, da ist nie etwas hängen geblieben. Und im Gegenteil, die Freundschaft, die persönliche Bindung wurde am Schluss immer enger, immer persönlicher und immer direkter.

Mir fallen manchmal spontan Dinge ein, die ich aus ganz persönlichem Empfinden aufschreibe und bei E. K. war das so: Für mich war er ein völlig zerrissener Mensch, durch die Umstände (NS-Zeit etc.). Die Zerrissenheit, die ihn ein ganzes Leben lang begleitete, rührt sicher nicht zuletzt von der Entwurzelung her, für die die Nazis verantwortlich waren. Plötzlich stand er da ohne Heimat, ohne Freunde und ohne eine Perspektive. Ich möchte meinen, er hat unter der Situation mehr gelitten als viele andere Zeitgenossen, die ein ähnliches Schicksal hatten. Sicher war er besonders empfindsam. Und er fühlte sich beschmutzt. Die Ehrenbürgerschaft in Wien und die späte „Wiedergutmachung" mit der Wohnung in Mödling konnten daran nichts ändern.

Wann immer wir uns trafen, umgab ihn so eine Aura von Traurigkeit. Sein Blick ging dann in die Ferne. Das erste Mal in Lugano – Kreneks hatten sich den Sommer über dort eine Wohnung genommen – hatte ich Gelegenheit, Ernst Krenek privat zu erleben. Damals (Ende der '70er, Anfang der '80er Jahre?) trugen sie sich mit dem Gedanken, sich dort niederzulassen, aber ein regenreicher Sommer hielt sie davon ab!

Ernst K. konnte sehr pessimistisch sein und manchmal auch recht hilflos. Es gab aber auch durchaus eine andere Seite. Man sagt so schön, der Wein löst die Zunge: Bei einem Glas Wein konnte er aus sich herausgehen und stundenlang erzählen, immer wieder auch von seinen ersten Aufenthalten und Ferien in der Schweiz, die er besonders liebte.

Alles in allem gesehen muss ich aber sagen, er hielt die Menschen auf Distanz. Dabei spielte wohl ein tiefes Misstrauen eine Rolle. Wir kamen uns in den späten Jahren seines Lebens nahe, spürte er doch, dass besonders Wolfgang sich immer wieder für ihn einsetzte.

Ich habe Ernst Krenek immer – ich bitte mich richtig zu verstehen – als Emigranten vor sich selbst empfunden. Er hat Zeit seines Lebens versucht, die aktuellen Stile entsprechend in sich zu verarbeiten und etwas Eigenes zu schaffen, was ihm meist gelungen ist. Aber das war auch im Grunde genommen sein Schicksal, er hat selten aus sich heraus etwas geschaffen. Es war außerdem für mich immer die Frage, was bei Krenek dominiert: die Sprache, also das Wort, oder die Musik. Aber im Grunde ergab das eine das andere. Also um ein Beispiel zu sagen: Wenn Ernst Krenek *einen* Satz über den Komponisten Franz Schubert sagte, dann wog dieser eine Satz mehr als ein ganzes Buch über Franz Schubert. Insofern war er ungeheuer sprachlich konzentriert und diszipliniert, und das geht aus all seinen schriftlichen Äußerungen und persönlichen Unterredungen hervor.

Er ist ein Mensch gewesen, der einen ungeheuren Intellekt hatte, einen geradezu philosophischen Intellekt, und die Möglichkeit, das auch in irgendeiner Form sprachlich zu äußern. Seine Äußerungen, seine Briefe und alles, was er vom Wort her von sich gab, war für mich eine Faszination, weil sie so exakt und so ehrlich vor allem waren, das war unglaublich.

Insofern ist für mich der Briefwechsel zwischen Adorno und Krenek interessant. Man kann den ja nur abschnittsweise lesen. Der sachliche Partner vom Denken her war Krenek, Adorno, den ich auch gekannt habe, war mehr emotional und war auch sehr wendisch, das muss ich leider sagen. Mich hat überrascht, dass die beiden überhaupt so viele Briefe ausgetauscht haben. Wie Krenek argumentiert hat, das hat mich fasziniert, und das entspricht seinem Wesen.

Er war immer sehr kritisch, hat das aber nie auf eine unschöne Weise ausgedrückt. Nur wenn man ihn danach fragte, hat er sich dann doch schon geäußert. Ein Beispiel: Ich hatte hier zu Hause bei mir Benjamin Britten und Ernst Krenek (andere Komponisten übrigens auch), und die hatten dann Gespräche geführt. Und als Britten dann weg war, hat Krenek zu verstehen gegeben, dass er ihn als Komponisten wenig schätzte. So hat er sich auch über andere Kollegen geäußert, aber auf eine sehr inhaltliche Weise und nie irgendwie emphatisch, sondern sehr sachlich. Das wäre ihm Britten gegenüber aber nie über die Lippen gekommen. (Auch gegenüber seinem Lehrer Schreker war er sehr, sehr negativ kritisch, den hat er völlig abgelehnt.)

Und in Ossiach, da war Krenek zweimal (1985 und 1986), ging es um das Verhältnis zu Gottfried von Einem[36] – da war er auch sehr kritisch, hinter vorgehaltener Hand im Grunde genommen, und das ist die ihm eigene Ehrlichkeit. Er hat das nie so deutlich zum Ausdruck gebracht, aber er war nie hundertprozentig einverstanden mit dem, was Einem geschrieben hat und was er auch geäußert hat, und zwar nie.

Krenek war gläubiger Katholik, und – wie mir Gladys am Telefon sagte – er ist im Glauben verstorben. (Ich weiß noch, als dann die Trauerfeier stattfand am Zentralfriedhof, da haben Claus Helmut Drese und ich, wir waren eng befreundet, uns gegenseitig abgesprochen, wer zu sprechen hat. Und da habe ich es vorgezogen, dass Drese die Rede hielt, weil er natürlich eine größere Kompetenz von der Aufführung her hatte, und das hat er auch sehr, sehr schön gemacht.) Er war ein sehr gläubiger Mensch, das sollte man von Krenek gar nicht vermuten.

Zu Weihnachten hat er mir immer geschrieben. Ich hatte ihm einmal eine Karte mit einem weihnachtlichen Text geschickt, das Gedicht *Weihe der Nacht* von Friedrich Hebbel. Darin hieß es, dass der Herr, gemeint war Gott, so weit fortschreitet, wie er kann – „Und aus seinen Finsternissen / Tritt der Herr, so weit er kann" –, und darauf hat er sofort reagiert: Der Herr kann doch so weit schreiten, wie er *will*. Dass Hebbel geschrieben hat, soweit er *kann*, hat ihn gestört.

Ich kenne kaum eine Persönlichkeit unter den Komponisten, aber auch sonst, die so exakt und so klar denkt und auch so konsequent dann weiterdenkt. Das ist für mich beinahe eine Frage des Charakters, des ethischen Charakters, den er ganz bestimmt gehabt hat. Ich meine,

---

36 Gottfried von Einem kam seit Anfang der 1980er Jahre jedes Jahr zum Carinthischen Sommer nach Ossiach und galt dort quasi als Hauskomponist. Er war der dort am meisten aufgeführte zeitgenössische österreichische Komponist.

Krenek war eine lustige Person, und er war ein Mensch wie jeder Mensch ein Mensch ist. Aber er war für mich irgendwie eine besondere Erscheinung, vom Wissen her, vom Denken her, von der Art und Weise, wie er sich ausdrücken und wie er auch bewerten konnte. Das war, im Vergleich zu anderen Komponisten, alles singulär bei ihm.

Anhang

Eva Timaeus

Für Ernst Krenek

Hellwach der Blick aus ernstem Auge,
Aber die Gefühle gleichsam vertäut –
Nicht bereit, sich preiszugeben.
Wer löst die Knoten?

Dennoch – manchmal, wenn
Ein Lichtstrahl trifft,
Teilst Du zögernd Erinnerungen.
Und hochgehoben fühl ich mich
Auf einen andren Stern.

Du bist mir wohl vertraut seit damals,
Ich weiß nicht wann.
Was ist Dir diese Welt?
Blieb Dir noch eine Sehnsucht? –
Du, den nichts mehr treffen kann,
Wer schleudert Dich noch aus der Bahn?

Zerbrechlich, wie feinstes Porzellan, die Hülle nun.
Ich möchte meinen Arm um Dich legen
Und Dir Heimat sein.

Salzburg, 30. 7. 1988
nach einem Beisammensein in der
Schmederer Villa

Ende Oktober 1969, Kassel, Bärenreiter Verlag: Wolfgang Timaeus und Ernst Krenek, Foto: Bärenreiter Verlag

Bernhard Batschelet

Die Basel Connection. Gedankenskizze[1]

Die kleine, aber feine Ausstellung *Ernst Krenek – Swiss Connections*, die ich eröffnen darf, gibt einen guten Einstieg in Kreneks Beziehung zur Schweiz und zur „Musikstadt" Basel, die sich wieder einmal des Werkes Ernst Kreneks, eines der wichtigen Komponisten und Musikschriftsteller des zwanzigsten Jahrhunderts, annimmt. Das Zentrum dieser Initiative, die Gare du Nord, hätte er geliebt, da es so aktiv, innovativ und dabei so unprätentiös ist.

Ich selbst bin kein besonderer Kenner von Kreneks musikalischem und literarischem Schaffen und noch weniger ein Krenekianer. Noch nie habe ich öffentlich über Krenek gesprochen noch je etwas über ihn publiziert. Ich hoffe trotzdem, dass meine Gedanken und Erinnerungen anlässlich der transatlantischen „Basel Connection" von Interesse sein werden.

Erinnerungen umgeben uns, mit jedem Lebensmoment unaufhörlich anwachsend, wie eine zauberische Aura. Sie betten uns gleichzeitig in unsere Geschichte ein und lenken im Spiegel vergangener Zeit unser gegenwärtiges Leben in die unbekannte Zukunft – ein reicher Fundus von Erfahrungen, aus dem wir, bewusst oder unbewusst, schöpfen können: auswählen, gewichten, über-

1 Vorgetragen am 1. Oktober 2015 in der Vera Oeri Bibliothek der Musik-Akademie Basel zur Vernissage der genannten Ausstellung, die vom 1. Oktober bis zum 28. November 2015 gezeigt wurde. Sie war verbunden mit einer Reihe von Konzerten mit Werken Kreneks und Gesprächen über sein Œuvre, die vom 18. Oktober bis 17. November 2015 im Kulturzentrum Gare du Nord stattfanden, das Désirée Meiser 2002 gegründet hatte und 22 Jahre leitete. Gleichzeitig wurde *Wirklichkeitsgefühl. Ernst Krenek und die Schweiz*, hrsg. von Matthias Schmidt und Julia Beier, Badenweiler 2015, publiziert. – Der Vortragstext wurde dankenswerterweise von Sebastian Meyer zur Verfügung gestellt und an einigen wenigen Stellen von der Hg. für die Druckfassung leicht bearbeitet.

höhen, aber natürlich auch ausblenden. Doch wann sind persönliche Erinnerungen interessant für Außenstehende? Nun, vor drei Jahren, beim Symposion *Ernst Krenek und Thomas Mann* im Krenek-Institut im niederösterreichischen Krems, habe ich mit Schrecken feststellen müssen, dass die deutsche Musikwissenschaftlerin Claudia Maurer Zenck und ich wohl die letzten noch lebenden Zeitzeugen sind, welche mit Krenek und seiner Frau über eine längere Zeitspanne enger befreundet waren.

Das offene Gelehrtenhaus des Ehepaars Batschelet

Ernst und Gladys Krenek verband mit meinen Eltern seit den 1950er Jahren eine beidseits äußerst fruchtbare Freundschaft. Diese Beziehung hat unser Familienleben prägend begleitet.

Meine Eltern haben unabhängig voneinander und noch vor ihrer Hochzeit die damals unerhört moderne Musik des berühmten Ernst Krenek für sich entdeckt. Das war um 1940. Meine Mutter Annegret Massini war Cellistin im Basler Kammerorchester, mein Vater Werner Batschelet Altphilologe und Latein- und Griechischlehrer am Humanistischen Gymnasium in Basel,[2] außerdem ein ausgezeichneter Amateurpianist. Das Interesse an Musik und Kunst, alter und ganz neuer, sollte sie zeitlebens verbinden.

Gleichermaßen verband die Eltern eine Affinität zu gescheiten Menschen. Mein Vater, der wegen seiner privaten wissenschaftlichen Studien[3] in ganz Europa herumkam, hatte die erstaunliche Gabe, solche interessanten Menschen, manchmal recht unbekümmert, zu uns in die Elisabethenstraße einzuladen. Oft hat mich als Junge gewundert, dass so offensichtlich wichtige Leute sich in unserer recht einfachen Wohnung wohlfühlten. Später begriff ich,

2 Annegret Massini wurde 1918, Werner Batschelet 1915 geboren.

3 Er veröffentlichte eine Reihe von Artikeln, von denen er einen über „Labyrinthzeichnungen in Handschriften" (in: *Codices manuscripti* 4, S. 33–65) Ernst Krenek widmete und 1978 auch als Sonderdruck publizierte.

dass interessante Menschen sich gegenseitig anziehen und dass meine Eltern gewissermaßen die Tradition des musikalischen Salons, wie er bei unseren Vorfahren, den Speisers und den Sarasins,[4] früher üblich war, weiterführten – allerdings eher als „Gelehrtenhaus". Denn meinen Eltern war ausschließlich der geistig-kulturelle Austausch wichtig und nicht das gesellschaftliche Renommee.

Wir hatten regelmäßig Persönlichkeiten aus aller Welt bei uns zu Gast. Archäologen, Altphilologen, sonstige Wissenschaftler, Professoren, Studenten, Dichter, Maler, sogar hohe Jesuiten und Rosenkreuzler – auch einige Hochstapler – und eben auch Musiker. Und meine Eltern ließen keine Gelegenheit aus, junge Geiger oder Bratscher, die sich auf der Durchreise befanden, zu gemeinsamem Musizieren einzuladen. Bei dieser Hausmusik durfte ich jeweils auf der Couch im Musikzimmer einschlafen. So habe ich alle klassischen Klaviertrios, Quartette, Sonaten und Lieder (meine Mutter sang auch sehr gut) im Schlaf mitbekommen, auch die Songs aus *My Fair Lady*. Ebenso sind mir der *Jonny*, die *Fiedel-Lieder* (op. 64) und das ganze *Reisebuch* von Krenek von daher noch voll im Ohr. Ich bekam also meine erste und wohl wichtigste musikalische Bildung ohne jegliche eigene Anstrengung – alles im Schlaf!

Die Freundschaft mit dem Ehepaar Krenek ging auf solch eine spontane Einladung zurück, Mitte der fünfziger Jahre.[5] Die Kreneks machten auf ihren Europareisen später oft Halt hier in Basel. Manchmal besuchten sie uns auch in Vitznau (im Speiser'schen Ferienhaus am Vierwaldstättersee) oder bei unseren Familienferien im Unterengadin (in Sent, in Scharl) und im Wallis.

Einen ganz wichtigen Anteil an dieser Freundschaft hatte Kreneks Gattin Gladys, die eine in jeder Hinsicht phantastische Frau

---

4 Annegret Massinis Großeltern waren der Notar, Juraprofessor und Präsident des Nationalrats Paul Speiser und seine Frau Elisabeth Sarasin.

5 Gladys Krenek erinnerte sich 2015 in ihren „Rückblicken" auf die Schweiz (s. den in Anm. 1 genannten Band, S. 5–7) daran, dass das erste Treffen der beiden Ehepaare 1956 bei den Darmstädter Ferienkursen stattfand. Sie beschrieb auch die „außerordentliche Freundschaft" zwischen ihnen (ebd., S. 6) und einige Details, an die sich Batschelet im Folgenden erinnert.

war – und es noch heute ist![6] Sie war für uns alle der Inbegriff einer eleganten amerikanischen Schönheit, ein bisschen wie Jackie Kennedy, nur gescheit und gebildet. Gladys Krenek (oder Gladys Nordenstrom, wie sie als Komponistin heißt[7]) strahlt die große Würde von früher noch heute, neunzigjährig, aus.

Krenek in der IGNM, *Basler Massarbeit*

Kreneks Musik wurde bis in die siebziger Jahre hier recht viel gespielt. In der Basler IGNM-Ortsgruppe war er der meistgespielte Komponist (was einigen Basler Größen alles andere als gefiel und wogegen sie einiges unternahmen, mit Erfolg). Im Rahmen der IGNM bildete sich sogar ein kleiner Krenek-Fanclub, bestehend aus einigen gebildeten und kunstaffinen Ehepaaren, wozu auch meine Eltern gehörten.

Mein Vater vertrat seine Überzeugungen in Kunst, Musik und allem, worin er bewandert war – und er war in vielem bewandert –, schon damals offen, ungehindert durch irgendeine Zugehörigkeit oder Parteinahme für eine der verschiedenen, sich gegenseitig befeindenden Schweizer Musikrichtungen. Als die hiesige Universität ihr 500-jähriges Jubiläum im Jahre 1960 plante und sich mit Mozart als (von Paul Sacher dirigierte) Festmusik und mit ein paar lokalen Auftragswerken begnügen wollte, hat mein Vater laut Einspruch erhoben. Doch sein Argument, die Universität müsse sich international und nicht nur lokal ausrichten, blieb erfolglos. Zum eigenen Trost, quasi als private Wiedergutmachung, entstand dann mit seinem befreundeten Klavierduo-Partner Werner Bosshard (er arbeitete bei der Ciba AG) 1959 die Idee, Ernst Krenek den Auftrag zu einem Klavierwerk für ihr Duo zu geben. Das Resultat: die *Bas-*

6 Gladys Krenek starb im Juli 2016 im Alter von 92 Jahren.

7 Am 24. Oktober 2015 wurde in einem der Konzerte in dem Zyklus in Basel Gladys Nordenstroms *Zeit XXIV* im Gare du Nord aufgeführt. Sie musste ihre Teilnahme am Festival infolge ihrer Erkrankung absagen.

ler Massarbeit op. 173 für zwei Klaviere. Neben den großen Auftragswerken von Paul Sacher[8] und jenen für Heinz Holliger[9] ist dieses Werk ein kleines, reales Beispiel von Kreneks „Basel Connection".

Es gibt schöne Briefe zwischen meinem Vater und Krenek darüber, wie eine solche Komposition für zwei Amateurpianisten beschaffen sein könnte: nicht allzu schwierig für die Finger, aber umso anspruchsvoller fürs Gehirn.[10] (Über die *Basler Massarbeit* findet sich ein ausführlicher Artikel vom hier wirkenden Musikwissenschaftler Thomas Ahrend im hier gerade erschienenen Buch über Krenek und die Schweiz.[11])

Die *Basler Massarbeit* bringt eine neue, bis dahin unbekannte Koordination zwischen dem absoluten Tempo (der real vergangenen Zeit) und der Verteilung der Töne in einem bestimmten Zeitabschnitt. Um die schwierige Koordination der beiden Parts zu gewährleisten, baute Werner Bosshards Sohn eigens ein Licht-Metronom, an welchem sich die beiden Pianisten orientieren konnten. Die Uraufführung am 19. Januar 1961 fand in der IGNM statt, durch den Komponisten und den in Schopfheim lebenden und in

8 Paul Sacher hatte bereits als 20-Jähriger das Basler Kammerorchester gegründet, das er auch leitete, und war nach seiner Heirat 1934 mit der Erbin des Pharmaziekonzerns Hoffmann-La Roche, ebenso wie seine Frau Maja, mäzenatisch tätig. Er gab 1938 dem gerade ins Exil gehenden Krenek den Auftrag für das *Symphonische Stück* für Streichorchester op. 86, nach dem Krieg für *Kette, Kreis und Spiegel, sinfonische Zeichnung* für Orchester op. 160 (1956/1957) und für *Statisch und ekstatisch/Static and ecstatic* op. 214 (1971/1972). Die Werke wurden unter seiner Leitung vom Basler Kammerorchester 1940 und 1958 bzw. vom Zürcher Kammerorchester, das Sacher 1971 gegründet hatte, 1973 uraufgeführt.

9 *Stücke* für Oboe und Klavier op. 193 (1966), *Kitharaulos* für Oboe und Harfe, Klavier, Schlagzeug und Streicher op. 213 (1971) bzw. *Aulokithara* für Oboe, Harfe und elektronisches Tonband op. 213a (1971/1972). Heinz Holliger spielte die UA am 21.5.1967 und, zusammen mit Ursula Holliger (Harfe), am 20.6. bzw. 11.10.1972. Op. 213 ist beiden Holligers gewidmet.

10 Die Noten der *Basler Massarbeit* op. 173 und Kreneks Brief darüber waren Teil der Ausstellung. Der Brief ist abgedr. in: *Wirklichkeitsgefühl* (Anm. 1), S. 84.

11 Thomas Ahrend, „Labyrinthische Verbindungen. Werner Batschelet-Massini und Ernst Kreneks *Basler Maßarbeit* (1960/61)", ebd., S. 79–88.

Basel lehrenden, universal begabten Wolfgang Neininger, Geiger, Pianist, Komponist und intimster Kenner der westlichen Musik; er kennt einfach alles auswendig. (Er hat riesige Verdienste, auch hier in Basel in der Ausbildung junger Musiker.[12]) Neininger verblüffte den ihm am anderen Flügel gegenübersitzenden Komponisten sehr: Er konnte auch die *Basler Massarbeit* auswendig.

Die langen Gelehrtengespräche

Ich erinnere mich, wie mein Vater und Ernst sich nach dem Essen oft in die Studierstube verzogen (die Wände von unten bis oben voller Bücher) und lange Gespräche führten, meist über Themen, die Krenek für seine Arbeiten interessierten und über die mein Vater viel wusste oder bei denen er sonst weiterhelfen konnte. Ein Detail ist mir noch in Erinnerung: In der Diskussion über *Karl V.*, Kreneks Oper von 1933, hat er Krenek offenbar auf einen Irrtum hingewiesen, worauf dieser in seiner üblichen Sprache grummelte: „Hätte ich das damals gewusst, hätte ich das anders geschrieben." Leider war ich noch zu jung, um zu verstehen, worum es ging.

Die Korrespondenz meiner Eltern mit den Kreneks umfasst mehrere hundert Briefe – eine wichtige Quelle zum Verständnis von Kreneks Arbeit und Denken in seiner zweiten, weniger gut dokumentierten Lebenshälfte. Sie harrt noch ihrer Entdeckung,[13] und Musikwissenschaftler werden darüber gewiss noch viele gescheite Artikel schreiben: „Krenek und die Antike", „Krenek und Zahl, Maß und Zeit", „Ordnung und Zufall bei Krenek", „Krenek und die Har-

---

12 Neininger, geb. 1926, hatte Diplome in Komposition, Klavier und Violine erworben und unterrichtete auf Veranlassung Paul Sachers seit Ende der 1940er Jahre an der Basler Musikhochschule. Er war 1954 und 1962 Gründungsmitglied der Capella Coloniensis und des Collegium Aureum, unterrichtete 40 Jahre lang in Basel und starb 2020 in Rheinfelden.

13 Die vor einigen Jahren geplante Ausgabe der Korrespondenz konnte nicht verwirklicht werden. (Kreneks Briefe an die Batschelets liegen in einem Basler Privatarchiv, die Briefe Werner Batschelets an Krenek im Archiv des EKI.)

monia Mundi“ etc. etc. Zwei große Themen spiegeln sich und kreisen in Kreneks Werken: „Das Suchen und die Sehnsucht“ und „Maß, Zahl, Zeit und Zu-Fall“ – und natürlich ein drittes Thema: der Wein. Dazu Stichworte:

Die Kreneks tranken immer Wein, auch in Palm Springs (gute Kalifornier!). Eine Erinnerung: An unserem Familientisch hat Ernst Krenek immer unsere schönen, alten Weingläser bemäkelt: „Liebe Freunde, warum habt's ihr denn so kleine Gläser?“ (Die geraden Gläser beim Heurigen, den Ernst Krenek so liebte, fassen das Doppelte.)

Maß, Zahl, Zeit, Zufall: wichtig in seinen späteren seriellen und aleatorischen Werken! also „die Organisation der Welt“ (*harmonia mundi*) und die Konstruktion in der Musik. Gab die strenge Ordnung, die Konstruktion Krenek vielleicht Halt? Unter seinen besten Werken finden sich meines Erachtens jene mit der strengsten kompositorischen Ordnung, wie die zwölftönige *Lamentatio Jeremiae Prophetae*, ein langes a-cappella-Chorwerk, eines der großen Werke des 20. Jahrhunderts, und die dichte serielle *Sestina* (für Stimme mit acht Instrumenten), ein Stück, das noch wenig gespielt ist.

Das Suchen ist Kreneks Lebensthema: nach Heimat, Freiheit und Wahrheit; im *Reisebuch* romantisch: „… und suchen uns selbst und die Heimat“. Krenek ist nach eigenen Worten nie angekommen, hat „die Heimat“ nie mehr gefunden.[14] Die Suche nach Wahrheit z. B. in der Oper *Karl V.* Die Sehnsucht über die Grenzen hinweg: Was kommt nach dem Gletscher, hinter dem (unbezwingbaren) „Gebirge“? Die Sehnsucht nach Freiheit, denn im Grunde genommen ist alles verloren, hoffnungslos – Ernst Krenek, der Pessimist.

Für mich war eine besondere Erfahrung, dass meine eigene Freiheit, die in meinem Naturell liegt, Krenek offenbar sehr interessierte. Er wollte alles wissen: über Klettern, Bergsteigen, meine Abenteuer mit meinem alten VW-Bus in Mexiko, mein zweiwöchiges wegloses Hiking im Yosemite und im Kings Canyon National Parc … auch über meine Freiheit – vielleicht auch nur Unbeküm-

---

14 Der 3. Band der *Ernst Krenek Studien* ist dem Thema Heimat gewidmet.

mertheit – in meinen Konzerten, Performances und in den Kompositionen, die ich ihm zeigen durfte. Er beneidete mich wohl darum. Doch im Grunde genommen war er dieser Freiheit gegenüber skeptisch, wenn nicht ablehnend. Sie lag nicht in seiner Natur.

Zu Kreneks Sehnsucht und Ängstlichkeit eine schöne persönliche Erinnerung: Die große Sehnsucht waren ihm „die Berge", „das Gebirge" und, als Sinnbild für die letzte Grenze und Inbegriff des Unzugänglichen, Magischen: „der Gletscher" (er erscheint personifiziert auch im *Jonny*). Anlässlich eines Besuchs der Kreneks in der Schweiz trafen wir uns mit ihnen in Grindelwald.[15] Ich glaube, es war die Idee meines Vaters, Krenek einen veritablen Schweizer Gletscher zu zeigen. Der Weg zum oberen Grindelwald-Gletscher war leicht, aber ungewohnt steil für zwei unsportliche, autogewohnte Leute aus Kalifornien. Nach ein paar hundert Metern der Gletscher: riesig, zerborstene Gewalt, erschreckende Spalten und haushohe Eistürme, leuchtendes Türkis. Ernst Krenek, beeindruckt, wollte aber keinesfalls näher herangehen. Es war dann an mir, dem 15- oder 16-Jährigen, ihn zu überzeugen, dass ich als (damals schon geübter) Bergsteiger ihn sicher den schmalen Weg zum Gletschertor hinab und wieder zurück führen würde. Unten beim offenen Gletschertor war er offensichtlich sehr berührt. Und ich war mächtig stolz.

Krenek in Palm Springs

Später in meinen Kalifornien-Jahren besuchte ich Gladys und Ernst dann in Palm Springs, mitten in der heißen kalifornische Wüste, in ihrem schönen offenen „spanish style cottage", umgeben von Kakteen, Zitronen- und Orangenbäumen. Auch wenn Krenek oft betonte, dass er nirgendwo wirklich zuhause sei, sah ich ihn und Gladys dort doch sehr zufrieden. In der prallen Sonne saß er glücklich

---

15 Es könnte im Sommer 1969 gewesen sein, als die Kreneks von 23. August bis zum 5. September in Vitznau Ferien machten. (In Grindelwald selbst verbrachten sie zwei Wochen im Juli 1982.)

wirkend am Swimmingpool, bei einem Glas Rotwein, aber ohne Sonnenschirm, und las oder diskutierte mit mir. Zum Nachtessen grillierte Gladys ihre „Hamburgers“ : amerikanisches Wattenbrot,[16] aber mit selbstgemachter Sauce und mit dem erlesensten Filetfleisch, das man sich vorstellen kann.

Als damals wahrscheinlich noch etwas verklemmter Schweizer hat mich bei meinen Besuchen erstaunt, dass der Gastgeber (immer ängstlich, ob ich mit meinem etwas pannenanfälligen riesigen Lincoln Mercury auch wirklich ankäme) mich am Swimmingpool stehend empfing, nur mit einem knappen roten Badeslip bekleidet, natürlich voll kalifornisch gebräunt. Mit meinen Eltern hat er das auch so gehalten, ob mit allen seinen Gästen, weiß ich nicht.

Von Kreneks Anwesen aus sah man ein scheußliches, palastähnliches Gebäude, mit falschen römischen Säulen, Bögen und viel Kitsch. Krenek sarkastisch : „Das da hinten gehört Loewe.[17] Ich hätte doch andere Musik schreiben sollen.“

Krenek reiste 40 Jahre lang hin und her zwischen Kalifornien und der kosmopolitischen Kulturstadt Wien, fast 25 Jahre vom heißen Palm Springs aus, wo das neonbeleuchtete Cinema „die Kultur“ bedeutete. Er lernte zwar das Reisen lieben, flog jahrelang mit der Concord und leistete sich auch in Europa immer ein sehr komfortables Auto. Doch innerlich blieb der Reisende ein Suchender : „suchend sich selbst und die Heimat“. Die letzten Briefe an meine Eltern sind anrührend. Geistig präsent, aber körperlich fragil, konnte er nicht mehr reisen, um seine Musik zu hören – und um gescheite Leute zu treffen.

Gladys hat mir einmal in Krems erzählt, wie ihr Mann gestorben sei : mit den leisen, klaren Worten „Nun sterbe ich.“[18] Das war ty-

16 Weißbrot.

17 Frederick Loewe, in Berlin geborener, bereits 1924 in die USA ausgewanderter Komponist, berühmt geworden durch sein *My Fair Lady.* Die Kreneks hatten losen Kontakt mit ihm.

18 Gladys übertrug Kreneks englische Worte „I am dying“ in der Erzählung ins Deutsche.

pisch für diesen bis zum Ende hellwachen, sein ganzes Leben lang gedanken- und sprachbewussten Menschen.

Wie habe ich Krenek erlebt?

Immer als sehr ruhigen, langsam-bedächtigen und auf gute Sprache bedachten älteren Herrn; oft etwas ängstlich. Hinter seiner philosophisch wirkenden Art hatte Krenek einen feinen, blitzgescheiten, oft sarkastischen Humor. Den Humor sah man nur in seinen Augen und in einem leichten Verziehen seiner Mundwinkel. Nie habe ich Krenek laut lachen, laut sprechen oder gar einen Witz erzählen hören! Das Laute, äußerlich Sinnliche oder gar Körperliche war nicht sein Naturell. Seine Dirigierweise war auch trocken und sachlich, vielleicht vergleichbar mit jener von Paul Sacher, wenn auch wesentlich musikalischer.

Auf gesellschaftlichen Events hat er sich nie wohl gefühlt – umso mehr aber im gescheiten Gespräch! Von der ersten Begegnung an musste Krenek in meinem Vater deshalb einen Geistesverwandten erkannt haben: dicht denkend, breit gebildet (mit dem alten humanistischen Anspruch), interessiert an allem Geistigen, sei es alt oder neu, anerkannt oder spekulativ.

Kreneks Musik

Fehlt noch eine Einschätzung der Krenek'schen Musik aus meiner Sicht.[19] Ich bin überzeugt, dass die Zeit für diese oft spröd wirkende und noch öfter asketisch gesetzte Musik kommen wird. Mit dem Abstand von einigen Jahrzehnten scheinen mir Kreneks Kompositionen, bis in die spätesten Werke hinein, aus einem immanent klassisch-romantischen Geiste heraus gefühlt zu sein. Ähnliches

19 1978 spielte Bernhard Batschelet Kreneks *Flötenstück neunphasig* op. 171 mit dem Komponisten am Klavier auf Orion Records (ORS 78295) ein.

Etwa 1977, vor dem Haus der Kreneks in Palm Springs: Bernhard Batschelet mit den Kreneks

lässt sich ja auch von der Musik Anton Weberns sagen, dessen Stücke sich durchaus sinnlich-„romantisch“, wenn auch in extrem verdichteter Form, anhören.

So ließe sich Kreneks Unverständnis für die wichtigen Neuerungen der zweiten Hälfte des Jahrhunderts, die Emanzipation des Geräuschs (z. B. John Cage) und die Errungenschaft der Komposition mit dynamischen, sich verändernden Klangmassen (z. B. Iannis Xenakis, Karlheinz Stockhausen), welche in letzter Konsequenz die Weiterführung von Mahlers überdichtem Kontrapunkt darstellen, erklären.

Krenek hat das Prinzip Melodie, die lineare Tonfolge mit erkennbarer Gestik, sowie das Konzept des durchhörbaren Kontrapunkts, der durchhörbaren Mehrstimmigkeit, auch das der „Begleitung“ nie fallenlassen können. Vielleicht war das einer der Fallstricke, die es jüngeren Komponisten so schwer gemacht hat, seine Musik zu akzeptieren als das, was sie ist: nämlich gut gemacht.

Ähnlich wie ein flaches, gleichmäßiges Musizieren mit stereotypem Vibrato heute in der Aufführung von Barockmusik nicht mehr denkbar ist, bräuchte die spröde wirkende, vordergründig wenig sinnliche Musik von Komponisten wie Krenek meines Erachtens eine „neue Sinnlichkeit“ der Aufführungspraxis: in freierer Behandlung der bei Krenek oft (zu) sparsam angegebenen Dynamik wie auch im spielerischen „Zugriff“.

Franz Willnauer

„Geehrt, doch unbegehrt“

Meine Erinnerungen an Ernst Krenek

Meine Erinnerungen an Ernst Krenek reichen über fast vierzig Jahre und beginnen – mit „Mammi Křenek“, der Mutter von Ernst Krenek. Ich lernte sie – zunächst nicht persönlich, aber sogleich unvergesslich – in den Konzerten mit auch nur einigermaßen Neuer Musik kennen, die im Wien der 1950er Jahre stattfanden. Die kleine alte Dame mit dem ausdrucksvollen Gesicht saß grundsätzlich in der fußfreien Reihe des Mozart-Saals im Wiener Konzerthaus, wenn Friedrich Cerha die Konzerte seines gerade neu gegründeten Ensembles die reihe dirigierte oder Paul Angerer ein „modernes“ Werk auf das Programm seiner Konzerte mit dem Wiener Kammerorchester gesetzt hatte, von den häufigen Kammermusikabenden, die von der Österreich-Sektion der Internationalen Gesellschaft für Neue Musik im Vortragssaal der Musikakademie – in denen wir an ihrer Seite, nebst ungezählten Werken der jungen Wiener Avantgarde, 1959 Kreneks Violin-Klavier-Sonate op. 99 von 1944/1945 und die drei frühen Rilke-Gesänge *O Lacrymosa* op. 48 von 1926 kennenlernten – ganz abgesehen.

Von ihrem Sohn wussten wir, die knapp zwanzigjährigen Studenten der Musik- oder Theaterwissenschaften an der Wiener Universität, reichlich wenig. Dass seine „Jazz-Oper“ *Jonny spielt auf* einen sensationellen Anfangserfolg erzielt und in den dreißiger Jahren heftige Skandale ausgelöst hatte, war uns bekannt – auf die Begegnung mit dem legendären Werk mussten wir allerdings warten, bis es die Grazer Oper in einer Koproduktion mit den Wiener Festwochen und dem Steirischen Herbst zunächst im Juni 1980 im Theater an der Wien und Ende Oktober in Graz auf die Bühne brachte – mehr als fünfzig Jahre nach der Erstaufführung an der Wiener Staatsoper, die damals schon massiv gestört wurde, ehe die

Oper durch die Nationalsozialisten zur „entarteten Musik" erklärt und schließlich verboten wurde.

Am 14. Dezember 1951 stand Ernst Krenek endlich selbst am Pult des Wiener Konzerthauses und leitete ein Konzert der Wiener Symphoniker mit den Erstaufführungen zweier eigener Werke, seiner für Donaueschingen geschriebenen *Symphonischen Musik für neun Soloinstrumente* op. 11 von 1922 und seines 1950 komponierten, „brandneuen" *Vierten Klavierkonzerts* op. 123. In großen Abständen lernten wir einige weitere seiner in großer Zahl entstandenen „amerikanischen" Werke kennen, am konzentriertesten wohl in dem vom Komponisten geleiteten Konzert der Wiener Symphoniker am 3. November 1954, bei dem die Erstaufführungen seiner „In memoriam Anton Webern" komponierten *Symphonic Elegy* op. 105 von 1946, das *Konzert für Harfe und Kammerorchester* op. 126 (1951) und die zwischen 1952 und 1954 entstandene *Symphonie Pallas Athene* op. 137 auf dem Programm standen. Schon am 14. Juni dieses Jahres hatte Heinrich Hollreiser mit den Wiener Symphonikern und der Solistin Blanche Thebom den „dramatischen Monolog" *Medea* op. 129 aus dem Jahr 1951 aufgeführt; Hans Swarowsky leitete dann mit dem gleichen Orchester am 9. Jänner 1958, neben Werken von Theodor Berger, Wolfgang Fortner und Hans Werner Henze, eine erneute Aufführung der *Symphonie Pallas Athene*. Das waren alles Werke, die für mich jugendlichen Musikkritiker neue, spannende Hörerfahrungen brachten und mir die Bedeutung des uns ferngerückten Komponisten deutlich machten.

Aber wie weit der Weg den Komponisten Krenek inzwischen geführt hatte, wurde mir erst ein Jahr später durch ein denkwürdiges Konzert bewusst, das, vom Komponisten selbst geleitet, mit Teilen seines gewaltigen Chorwerks *Lamentatio Jeremiae Prophetae* und dem ersten seiner Werke in serieller Kompositionstechnik, der 1957 entstandenen *Sestina* op. 161, bekannt machte. Das war nun wahrlich Neue Musik, und entsprechend schwer zu hören und noch schwerer zu begreifen. Was „Mammi Křenek" – deren Namen wir in Österreich fälschlich „Kschrenek" aussprechen und nicht korrekt, dem ursprünglichen Hatschek über dem „r" des Namens entsprechend „Krschenek" – von der Neuen Musik ihres Sohnes gehalten hat: Ich weiß es nicht.

Zur Premiere seiner Oper *Pallas Athene weint* op. 144 in Hamburg 1955 bin ich in jenem uraufführungsfreudigen Jahrzehnt nach 1950 als pflichtbewusster Musikkritiker ebenso gereist wie zu Schönbergs *Moses und Aron* nach Zürich (1957), Carl Orffs *Oedipus der Tyrann* nach Stuttgart (1959) oder Hans Werner Henzes *König Hirsch* nach Berlin (1956) und Rolf Liebermanns *Penelope* nach Salzburg (1954). Kreneks Oper *Pallas Athene weint*, deren Uraufführung von Leopold Ludwig und Günther Rennert zur Wiedereröffnung der Hamburgischen Staatsoper glanzvoll in Szene gesetzt wurde, beeindruckte mich, damals 22 Jahre alt, in ihrer – ungeachtet der kompositorischen Strenge – musikdramatischen Ausdruckskraft und gedanklichen Tiefe ungemein.

Einen besonderen Platz in meinen Erinnerungen nehmen die Begegnungen mit Kreneks „Bühnenwerk mit Musik" *Karl V.* op. 73 ein, das ich für seine bedeutendste Arbeit für die Opernbühne halte. Von der konzertanten Wiener Erstaufführung der Oper an, die Karl Halusa, der Leiter der Musikabteilung der RAVAG (wie der Österreichische Rundfunk damals hieß), 1951 bei einem Musikfest der IGNM im Großen Sendesaal in der Argentinierstraße ins Werk setzte, über die ebenfalls dem ORF zu verdankenden Aufführungen der *Fragmente aus dem Bühnenwerk Karl V.* op. 73a 1970 in Wien und 1976 bei den Salzburger Festspielen bis zur glanzvoll besetzten, wenn auch wieder nur konzertant dargebotenen Aufführung des „Bühnenwerkes" bei den Salzburger Festspielen 1980 begleitete mich diese Musik über drei Jahrzehnte, ehe ich sie als Intendant des Bonner Beethovenfestes selbst zum hundertsten Geburtstag Kreneks auf das Festival-Programm setzen konnte. Die frühe und intensive Kenntnis dieses Werks ermutigte mich später, in einigen Städten sogar Einführungsvorträge vor der Erstaufführung des Werks zu halten oder (wie zuletzt für Bonn) den Programmhefttext zu schreiben.

Denn inzwischen war ich, unmittelbar nach meiner Promotion, im „Musikgeschäft" gelandet. Schuld daran war Ernst Hartmann,

Direktor des Musikverlags Universal Edition, Kreneks bis 1938 einzigem, nach 1950 immer noch wichtigem Wiener Verlagshaus, auch wenn seine im amerikanischen Exil entstandenen Werke in amerikanischen Verlagen publiziert worden waren und jetzt mehr und mehr bei Bärenreiter in Kassel erschienen. Dass ich Ernst Hartmann kannte – besser: dass er mich kannte –, verdanke ich den Alpbacher Hochschulwochen, die nach dem Zweiten Weltkrieg in dem kleinen Tiroler Bergdorf gegründet worden waren und über Jahrzehnte eine bedeutende Rolle im Geistesleben Österreichs spielten.

Ernst Hartmann kannte mich als „Veranstalter“ und Vortragenden der Schallplattenkonzerte mit Musik des 20. Jahrhunderts, die ich in der Mittagspause der Alpbacher Hochschulwochen abhalten durfte; musikalische Neigung und unbändiges Interesse, gefördert durch nahezu täglichen Konzert- und Opernbesuch in Wien, der verbunden war mit schon bald regelmäßig verfassten Musikkritiken für ein österreichisches Provinzblatt, verliehen mir offensichtlich jenen Anschein von Professionalität, der Hartmann veranlasste, mich zu fragen, ob ich nicht als Nachfolger des zum WDR abgewanderten Otto Tomek Leiter der Propagandaabteilung (so hieß sie wirklich!) der Universal Edition werden möchte. Ich mochte – und war damit endgültig im Dunstkreis Ernst Kreneks gelandet.

Dass Krenek in den Jahren zwischen 1957 und 1960, die ich in der Universal Edition tätig war – es waren spannende Jahre, in denen sich das Werk der Wiener Schule endgültig im Musikleben etablierte und zugleich mit Stockhausen, Boulez und Nono eine wahrhaft neue Zeit anbrach –, mehrfach den Verlag in Wien besucht hat, ist verbürgt; ich nehme an, dass ich ihn bei seinem langen Aufenthalt während des Winters 1958/1959 persönlich kennen gelernt habe.

Meine zunächst bescheidenen Aktivitäten als Musikkritiker – neben der Tätigkeit als Werbechef der UE – weiteten sich rasch aus. Zunächst durfte ich regelmäßig an das *Linzer Tagblatt* über das Wiener Musikleben berichten, dann einen verhinderten Kollegen vom *Neuen Österreich* vertreten, allmählich wurde ich zum ständigen Korrespondenten gleich dreier Tageszeitungen: der *Salzburger Nachrichten*, der in Graz erscheinenden *Neuen Zeit* und zuletzt der

Süddeutschen Zeitung. Endlich gab es feste „Dienstsitze“ für die Kritikerriege in allen Sälen im Musikverein und Konzerthaus. Nur die Philharmoniker vergaben für ihre Konzerte lediglich einen kostenlosen Zutritt zum Stehparterre, und in der Staatsoper gab Karajans Privatsekretär André von Mattoni die Genehmigung zur Berichterstattung großmütig auf der Basis von Generalprobenbesuchen ihrer Premieren.

Den „Dienstsitz“ neben mir hatte der verehrungswürdige Legationsrat Hanns Winter, ein universell gebildeter und hochmusikalischer Grandseigneur, der in diplomatischen Diensten in Moskau und Paris gewesen war und nun den regelmäßigen Musikbericht für die vom legendären Friedrich Torberg gegründete und geleitete Monatszeitschrift *FORVM* lieferte. Altersmüde geworden, bot er mir an, sein Amt zu übernehmen, und so wurde ich, von Torberg gefordert und gefördert, zum Musikkritiker und bald zum Kulturredakteur dieser damals hochrenommierten Zeitschrift, ein Amt, das ich von 1960 bis 1963 ausübte.

Gleich in mein erstes *FORVM*-Jahr fiel nicht nur Ernst Kreneks sechzigster, sondern auch Gustav Mahlers hundertster Geburtstag, und so war es meine erste Aufgabe – und mein erster Erfolg –, Krenek für einen großen Aufsatz über Mahler für die Zeitschrift zu gewinnen. *Zeit und Ewigkeit. Zum 100. Geburtstag Gustav Mahlers*, erschienen in der Juli/August-Nummer 1960 des *FORVM*, behauptet sich, heute wiedergelesen, eindrucksvoll neben der berühmten *Wiener Gedenkrede* Adornos aus gleichem Anlass (veröffentlicht 1963 in *Quasi una fantasia*, seinen *Musikalischen Schriften II*) – wenn auch mit einem völlig anderen, streng theoretisierenden Blick auf Mahler aus Kreneks eigener damaliger serieller Position als Komponist heraus.

Damit war mein Ehrgeiz geweckt, Ernst Krenek auch für eine weitere Mitarbeit im *FORVM* zu gewinnen, und in der Tat schrieb er mir Mitte Januar 1962, dass er „schon seit längerer Zeit an zwei mögliche Beiträge gedacht“ habe: einmal „eine Art Entgegnung“ auf einen im Juli/August-Heft 1961 der Schott-Zeitschrift *Melos* erschienenen Artikel von Ernst Thomas „betreffend das ‚Aleatorische'", zum anderen „etwas über die Beziehung des Komponisten zu seinem Verleger, einschließend die ganze Frage der ‚Aufträge', der Tantiemen usw.". Der zuletzt genannte Beitrag ist denn auch erschienen in der April-Nummer 1962 des *FORVM*, eine sarkastische und erbarmungslose Abrechnung mit den „Erfahrungen eines Komponisten mit seinen Verlegern" unter dem provokanten Titel *Verlegen, verlegt, verlogen*.

Auch für einen Beitrag zur Würdigung Igor Strawinskys, der zwei Monate später anlässlich dessen 80. Geburtstag erschien, konnte ich Krenek gewinnen, und dank der Uraufführung seiner „Fernsehoper" *Ausgerechnet und verspielt*, die der ORF am 25. Juli des gleichen Jahres ausstrahlte und über die ich in drei österreichischen Zeitungen und in der *Süddeutschen* berichten konnte, intensivierte sich unser brieflicher und persönlicher Kontakt erheblich.

Ich war (und bin bis heute) beeindruckt und beglückt von Kreneks Persönlichkeit, von der Klarheit seiner Gedanken und der Präzision seiner Sprache, von seiner – bei aller Weltläufigkeit – bodenständigen, ja hermetischen, oft wenig verbindlichen Art, die gleichzeitig die Weite und Tiefe seines schöpferischen Geistes beschützt und doch erahnen lässt. So sind mir, nicht zuletzt dank seiner zahlreichen freundschaftlichen Briefe, viele eindrucksvolle und schöne Begegnungen mit Person und Werk Ernst Kreneks im Gedächtnis geblieben, die zu den kostbaren Besitztümern meines Berufslebens gehören.

In besonderer Erinnerung habe ich den Sommer 1960 behalten, den Krenek aus Anlass seines sechzigsten Geburtstags in Europa verbrachte und diesen sogar bei den Alpbacher Hochschulwochen feierte. Er leitete dort zusammen mit den beiden Soziologen René König und Alphons Silbermann die Arbeitsgemeinschaft „Sprache – Gesellschaft – Musik" und nahm am Europäischen Gespräch zum Thema „Kunst: Aussage oder Ausdruck" teil. Und er begleitete am Klavier den Tenor Julius Patzak bei der Aufführung seines *Reisebuchs aus den österreichischen Alpen* op. 62 am 23. August, seinem Geburtstag – und ich durfte umblättern! Der niederländischen Pianistin Gertrud Spat, die seit 1955 in Innsbruck lebte, verdanken wir einen ausführlichen Erinnerungsbericht über Kreneks Alpbacher Aufenthalte, der unter dem Titel *Ernst Krenek und Tirol* 2000 in der halbjährlich erscheinenden Tiroler Kulturzeitschrift *Das Fenster* veröffentlicht wurde.

Mit meinem Wechsel von Wien an die Stuttgarter Staatsoper im Herbst 1962 endete allmählich meine Kritikertätigkeit. Ein letztes Mal konnte ich dem Komponisten Krenek Aufmerksamkeit in der Presse verschaffen durch die erwähnte Besprechung seiner ungewöhnlichen Fernsehoper *Ausgerechnet und verspielt*; ich bescheinigte ihr, dass sie „innerhalb der seriellen Musik etwa jenen Platz beanspruchen“ darf, „den Schönbergs heitere Oper ‚Von heute auf morgen‘ innerhalb der Zwölftonmusik besitzt“.

Danach gab es eine längere Zeit nur bescheidene Möglichkeiten, mich aktiv für das Werk Ernst Kreneks einzusetzen. Als Operndramaturg und Persönlicher Referent des Generalintendanten, des wunderbaren und unvergessenen Walter Erich Schäfer, oblag mir auch die Konzertplanung für den Stuttgarter Generalmusikdirektor Ferdinand Leitner. Es gelang, ein Werk Kreneks – die Unterlagen darüber sind leider verloren – auf das Programm eines seiner Symphoniekonzerte mit dem Württembergischen Staatsorchester zu setzen, und Krenek, der im Umkreis seines 65. Geburtstages auch nach Stuttgart gekommen war, saß bei der Aufführung neben mir in der Stuttgarter Liederhalle – und war zufrieden und dankbar.

An meinen beiden nächsten Theaterstationen, Münster in Westfalen (1968–1970) und Freiburg im Breisgau (1970–1972), konnte ich nur ein einziges Mal – mit dem Aufsatz *Der unzeitgemäße Zeitgenosse* anlässlich seines siebzigsten Geburtstags in der *Musica* (Juli/August-Heft 1970) – für Ernst Kreneks Werk tätig werden. Die beiden Intendanten, Horst Gnekow und Volker von Collande, setzten andere Schwerpunkte im Opernspielplan, und die beiden Generalmusikdirektoren Reinhard Peters in Münster und Thomas Ungar in Freiburg waren der „modernen“ Musik insgesamt nicht sehr zugetan.

Erst als ich nach zehn Theaterjahren 1972 Leiter der Kulturabteilung der Bayer AG in Leverkusen wurde, eröffneten sich wieder

Möglichkeiten, für Kreneks Musik zu werben. Seinen fünfundsiebzigsten Geburtstag konnte ich allerdings nicht zum Anlass dafür nehmen, die verwöhnten Leverkusener Musikfreunde mit seinem Werk bekannt zu machen, da die Bühne des „Erholungshauses", des Bayer-eigenen Konzert- und Theatersaals, durch einen Brand unbespielbar geworden war und erst ein Jahr später, moderner und leistungsfähiger geworden, wieder in Betrieb genommen werden konnte. Er musste fünf Jahre warten.

Kreneks achtzigster Geburtstag 1980 wurde vielerorts und vielfach gefeiert, am eindrucksvollsten wohl mit einer (leider auch nur konzertanten) Aufführung von *Karl V.* bei den Salzburger Festspielen. Den Geburtstag selbst am 23. August verbrachte der Komponist wieder in Alpbach, wo er beim Europäischen Forum – gemeinsam mit dem Komponisten Dieter Schnebel – das Musikseminar mit dem Thema „Musikalische Tendenzen im 20. Jahrhundert: Von der Atonalität zur neuen Einfachheit" leitete. Auch hier gab es ein Geburtstagskonzert für Krenek, zu dem ich eine Laudatio beitragen durfte, die ich mit einem seiner schönsten Gedichte aus dem Zyklus *Spätlese* op. 218 einleitete:

> Ein später Gast tritt ein.
> Die Jungen hocken wild beim neuen Wein.
> Das edle Nass ist ausgeschenkt,
> heut muss man sich betrinken.
> Wer sich die Gurgel nicht verrenkt,
> dem wird kein Lorbeer winken.
>
> Der späte Gast ist eingetreten,
> geachtet wohl, doch ungebeten.
> Die Jungen stieren in das Glas.
> Er ist geehrt, doch unbegehrt.
> Er sitzt allein beim alten Wein.

„Geehrt, doch unbegehrt", „geachtet wohl, doch ungebeten" erschien mir Ernst Krenek – ungeachtet der Huldigungen von Freunden und

Kollegen, der Respektsbezeugungen von Musikwissenschaftlern und Kritikern, der Glückwünsche der Konzert- und Opernhäuser, Verlage und Rundfunkanstalten, ja selbst der Anerkennung höchster offizieller Stellen seines Heimatlandes Österreich, die er aus diesem Anlass erhielt und eher skeptisch-versonnen als generösselbstzufrieden entgegennahm. Diese Betriebsamkeit im Feiern hatte meiner Meinung nach, die ich in meiner Laudatio nicht unterschlagen wollte, etwas von schlechtem Gewissen an sich, sie schien mir „eher beflissene Wiedergutmachung des Unrechts, das durch fünfzigjährige Nichtbeachtung an ihm begangen wurde“.

Einige Wochen später, Anfang Oktober 1980, kam Krenek dann endlich auch persönlich für eine ganze Woche nach Leverkusen, und ich konnte für ihn und mit ihm ein Lecture Recital veranstalten (und in der Universität Bonn wiederholen), bei dem der gesamte Liederzyklus *Spätlese* zur Aufführung kam und Krenek selbst über „Meine 80 Jahre“ sprach. Für eine Ausstrahlung der Salzburger Festspiel-Aufführung von *Karl V.* durch den Hessischen Rundfunk im März 1981 lieferte ich damals – das waren noch Zeiten! – einen umfangreichen Einführungstext, der für meine frühe Begeisterung über das Werk neue Beweismittel lieferte.

In die Zeit meiner Tätigkeit bei den Salzburger Festspielen – ich war anschließend an meine fünfzehn Bayer-Jahre von 1985 bis 1991 Festspiel-„Generalsekretär“, eine Funktionsbezeichnung, die erst Gérard Mortier in den zutreffenden Titel „Intendant“ zu ändern vermochte – fielen zwei Ereignisse, die es mir ermöglichten, für Kreneks Werk tätig zu werden: das „Bedenkjahr“ 1988, mit dem Österreich an den Überfall Hitlers und den „Anschluss“ ans Deutsche Reich 1938 zu erinnern versuchte, und, zwei Jahre später, Kreneks neunzigster Geburtstag.

Den Salzburger Festspielen, die 1937 und 1938 mit der Vertreibung Arturo Toscaninis und Bruno Walters eine unrühmliche Rolle bei der Kapitulation Österreichs vor dem Nationalsozialismus gespielt hatten, kam in der künstlerischen Gestaltung des „Bedenkjahres“ eine besonders wichtige und damit heikle Rolle zu. Meine Absicht war, die drei wichtigsten Künstlerpersönlichkeiten, die

Österreich 1938 hatten verlassen müssen und bis dahin nicht wieder „heimgekehrt" waren, mit zentralen Werken zu präsentieren: Anna Mahler, Elias Canetti, Ernst Krenek. Es schien mir zugleich als willkommene Gelegenheit, die drei biographisch eng miteinander verflochtenen Emigranten im hohen Alter noch einmal in ihrer Heimat zusammenzubringen.

Anna Mahler, die Tochter des Wiener Hofoperndirektors Gustav Mahler, war Bildhauerin und hatte nach der Scheidung ihrer Ehe mit Paul Zsolnay 1929 (es war schon ihre dritte Ehe) ein Atelier im Haus Operngasse 4 bezogen, um von dort auf die Fenster des Opernhauses blicken zu können, hinter denen einst der Schreibtisch ihres Vaters gestanden hatte. Elias Canetti hatte mit seinem Erstlingsroman *Die Blendung* 1936 einen Sensationserfolg erzielt und gelangte später mit seinem bedeutenden Romanwerk und dem anthropologischen Essay *Masse und Macht* zu Nobelpreis-Ehren. Er saß, wie in seiner Autobiographie *Das Augenspiel* nachzulesen, fasziniert von Anna Mahlers Wesen wie von ihren Skulpturen, stundenlang in ihrem Atelier, doch blieb seine Liebe unerwidert. Auch er musste, wie Anna, 1938 wegen seiner jüdischen Abstammung nach London emigrieren.

Ernst Krenek schließlich, der zweite Ehemann Anna Mahlers (diese Ehe, 1924 geschlossen, scheiterte schon nach zehn Monaten), erfuhr die Auswirkungen des NS-Terrors sogar als Erster: Nachdem seine Musik nach 1933 im Deutschen Reich nicht mehr gespielt werden durfte, musste auch die Wiener Staatsoper die für 1934 geplante Uraufführung der bei ihm in Auftrag gegebenen Oper *Karl V.* „auf höhere Weisung" vom Spielplan absetzen. Diese fand erst 1938 in Prag statt – da war Ernst Krenek schon auf dem Weg ins US-amerikanische Exil. (Die Wiener Staatsoper spielte das Werk erst 1984 – in einer Inszenierung, die dem Komponisten wenig Freude bereitete.)

Schon im Juli 1933, wenige Monate nach Hitlers Machtergreifung in Berlin, hatte sich Krenek unmissverständlich von allen Versuchen distanziert, ihn mit dem neuen „völkischen" Kulturverständnis der Nazis in Verbindung zu bringen, wie aus einem Schreiben

Kreneks an den „Radiopionier“ und Musikschriftsteller César Saerchinger hervorgeht, das erst kürzlich im Autographenhandel aufgetaucht ist und mir vom Besitzer freundlicherweise zur Veröffentlichung überlassen wurde. In dem Brief vom 21. Juli 1933 an Saerchinger, der damals Redakteur der England-Ausgabe des *Musical Courier* war, heißt es:

> In der Nummer des M. C. [*Musical Courier*] vom 1. Juli habe ich leider eine ziemlich dumme Rezension meiner „Gesänge des späten Jahres“ gefunden. Daß sie dem Herrn nicht gefallen, ist sein bestes Recht, dagegen habe ich gar nichts. Aber was soll die Frage bedeuten, wie ich zu den „Nazis“ stehe? Was hat das damit zu tun? Ich lege doch großen Wert auf die Feststellung, daß ich weder ein „neogermanischer“ Autor bin noch mit dem „wiedergeborenen Deutschtum“ etwas zu tun habe, sondern nach wie vor ein österreichischer Autor bin und bleiben will.

Im Zentrum des Programms der Salzburger Festspiele 1988 standen demgemäß Werke dieser drei ins Exil gezwungenen Künstler: zum einen eine Ausstellung der seit 1938 entstandenen Skulpturen und Porträts von Anna Mahler in den Foyers der beiden Festspielhäuser, zum anderen eine Aufführung von Elias Canettis schon 1932 entstandenem Schauspiel *Hochzeit*, eine beißende Groteske über den bevorstehenden Untergang der zivilisierten Welt, vorgeführt an den Bewohnern eines schließlich durch ein Erdbeben einstürzenden Hauses, deutbar schon damals jedoch als „Prophetie über das selbstverschuldete Ende der Wiener Bourgeoisie durch den Faschismus“, wie ein Kritiker der Aufführung urteilte, als hochbesetzte Premiere im Salzburger Landestheater.

Der dritte Beitrag war die Uraufführung des 1935/1936 in Wien entstandenen Oratoriums *Symeon der Stylit* (WoO 84) von Ernst Krenek in der Kollegienkirche durch das Ensemble Modern unter Lothar Zagrosek – ein auf den Psalmen, der Bergpredigt und Texten von Hugo Ball basierendes hochexpressives Werk, dessen Komposition Krenek abgebrochen hatte, als die existenzielle Bedrohung durch den Nationalsozialismus in Österreich zu groß geworden war, eine eindrucksvolle Musik als doppeltes Symbol der Standhaftigkeit: sowohl des Christentums gegen die menschenverachtenden Ideologien der Zeit als auch der persönlichen Tapferkeit angesichts der drohenden Vertreibung. Auf die Ankündigung dieser Aufführung und die Einladung, ihr als Gast der Salzburger Festspiele beizuwohnen, bekam ich ein dreiseitiges Schreiben von Kreneks Gattin Gladys Nordenstrom, in dem sie den Blick über das „Bedenkjahr" hinaus schon auf Kreneks neunzigsten Geburtstag richtete und die aus ihrer Sicht skandalöse Nichtbeachtung seines Werks durch sein Heimatland Österreich anprangerte. Nur wenige Sätze seien aus ihrem erschütternden Brief vom 13. März 1987 zitiert – mit dem Eingeständnis, dass auch die Salzburger Festspiele seinen Herzenswunsch zum Neunzigsten, eine szenische Aufführung seiner Oper *Chrysomallos* (*Der goldene Bock*), nicht erfüllt haben:

> Vienna did nothing to celebrate his 85th birthday (just as little as Salzburg). Hilmar and Burwick arranged a „Begegnung mit EK – Musik und Dialog" in three meetings in which several later chamber works were presented. [...] Not one single Viennese critic found it worth their while to attend the „EK Begegnung" – not a single line was written about these works – some of which had never been played in Vienna before. [...]
>
> It was my idea that we should have an apt. [apartment] in Austria. I thought for EK to be there in his homeland would be important in order to develop a presence and become more appreciated. But now, we are wondering why we stay there. [...] In fact it is embarrassing to be there (painful) when so little takes place. He feels like he does not belong – like an outsider. [...]
>
> I feel after all these years he is really a composer without a country. [...] I care for him, and it makes me extremely sad to see him (at this age in his life after he has written so much extraordinary music) to feel rejected, be depressed about his status in the present day musical life – and feel that he belongs nowhere.

Ein „Gipfeltreffen" dreier hochbetagter Künstler in dem Heimatland, aus dem sie vertrieben worden waren, war also geplant, ein

Stück Wiedergutmachung sollte geleistet werden mit den Mitteln der Kunst und auf der repräsentativsten Bühne Österreichs – doch es kam anders. Zunächst erreichte mich unmittelbar vor Weihnachten 1987, also kurz vor dem offiziellen Start ins „Bedenkjahr“, eine Botschaft von Canetti, die mich in höchsten Schrecken versetzte: Er müsse die Aufführung seiner *Hochzeit* bei den Salzburger Festspielen verbieten, weil dank dem Einsatz Michail Gorbatschows zum allerersten Mal die Aussicht bestehe, dass die Welt (anders als in seinem Stück prophezeit) doch nicht untergehen werde. In einem Brief beschwor ich Canetti, diese Entscheidung zu widerrufen, zumal die mit Vilma Degischer, Traugott Buhre, Hannelore Hoger und Peter Simonischek hochbesetzten fünf Vorstellungen schon im Verkauf seien. Mein Argument, dass ein Kunstwerk durch die Realität, auch wenn diese dessen Aussagen widerspricht, nicht zerstört werden könne, hat Canetti wohl beeindruckt, denn schon am 10. Januar 1988 bekam ich eine Antwort von ihm, in der es hieß:

> Meine Bedenken über eine Aufführung von „Hochzeit“ gerade in diesem Jahr, in dem die wichtigsten Verhandlungen vor sich gehen sollen und während sich auf der ganzen Erde, in allen Ländern eine Art „Masse der Erwartung“ gebildet hat, sind auch durch Ihr gewichtiges Argument für mich nicht ausgeräumt. Was ich eigentlich fürchte, ist in diesem Weltaugenblick eine Verbreitung von „Hochzeit“ über Fernsehen und Rundfunk. Wenn Sie mir eine bindende Zusage geben können, dass das auf keinen Fall geschieht, würde ich mich mit einer Bühnen-Aufführung während der Salzburger Festspiele einverstanden erklären. Schließlich handelt es sich da um eine begrenzte Art von Publikum, das sich von den Schrecken einer ernsthaft gespielten „Hochzeit“ beim abgedroschenen „Jedermann“ erholen kann.

Der Nachsatz „Sie begreifen, dass dieser Entschluss mir nicht leicht fällt. Ich glaube kaum, dass ich mich dazu gekriegt hätte, wenn ein anderer an Ihrer Stelle wäre“ ermutigte mich, Canetti umgehend in Zürich aufzusuchen und die endgültige Vereinbarung über eine funk- und fernsehfreie Aufführung seines Stücks zu treffen. Doch der Sieg, den ich errungen, wurde arg getrübt: Mitte August 1988, als die fünf glanzvollen Vorstellungen von einem begeisterten Publikum gefeiert wurden, war Elias Canetti so schwer erkrankt, dass er seinen Besuch in Salzburg absagen musste – er hat sein Stück nicht gesehen.

Aber das Schicksal traf uns noch härter: Anna Mahler, die den Aufbau ihrer Ausstellung selbst vornehmen wollte und vorsorglich schon Ende Mai aus Los Angeles anreiste, erkrankte auf der Zwischenstation London und starb in der Nacht vom 2. auf den 3. Juni. So wurde ihr geplanter erster „Wiederauftritt" als Künstlerin in Europa nach dem Zweiten Weltkrieg zur Gedächtnisausstellung.

Kein „Gipfeltreffen" also – der Einzige, der in Salzburg erschien und nach der bewegenden Aufführung seines Werks (mit Maßen) Hof hielt, war der 88-jährige Ernst Krenek. Natürlich war der tragische Tod Anna Mahlers vor der gedachten Wiederauferstehung ihrer Kunst ein Thema meiner Gespräche mit ihm; ich wusste, dass Anna – obwohl inzwischen zum fünften Mal verheiratet – im Exil in den USA den Kontakt mit ihm aufrechterhalten hatte, denn während meines Besuches bei ihr in Los Angeles zur Auswahl der für Salzburg bestimmten Skulpturen ging das Telefon – und Krenek war am Apparat. Beim Festessen, das der Verein der Freunde der Salzburger Festspiele im Anschluss an die Uraufführung seines Oratoriums in der Schmederer-Villa gab, riskierte ich daher (ohne die in seinen erst postum erschienenen Memoiren veröffentlichte eigene Darstellung dieser doch hochproblematischen Beziehung zu kennen) die Frage an den Komponisten, wie seine Erinnerungen an die Ehe mit Anna Mahler seien: „Oh, es war eine angenehme Zeit", antwortete er lächelnd.

Auch seinen neunzigsten Geburtstag zwei Jahre später feierten die Salzburger Festspiele zur vollen Zufriedenheit des Meisters, nachdem er mir in ausführlichen Briefen seine präzisen Programm- und Besetzungswünsche mitgeteilt hatte: am Vorabend mit einem Konzert des Ensemble Modern unter Ingo Metzmacher, in dem frühe – *Durch die Nacht* op. 67a und *Kleine Symphonie* op. 58 – und späte Werke – *Arc of Life* op. 234 und *The Dissembler* op. 229 – zur

Aufführung gelangten, am Geburtstag selbst mit einer konzertanten Aufführung der 1923 entstandenen Oper *Orpheus und Eurydike*, die sich Krenek schon 1986 von den Festspielen gewünscht hatte und die nun eingebettet war in einen dem Orpheus-Mythos gewidmeten Musiktheater-Zyklus (Monteverdi, Gluck, Joseph Haydn).

> Das große Fest ist vorüber, und sein Gelingen haben wir Ihnen zu verdanken, dem großen Chef, der die tausende von Rädchen vor und hinter der Bühne richtig zu bewegen verstand, und seinen liebenswürdigen Mitarbeitern und -innen. Jedenfalls waren die Wiedergaben meiner Werke vortrefflich. Ich wollte nur, ich hätte mich selbst besser vorbereitet, da ich die Stücke weitgehend vergessen hatte,

schrieb mir Krenek am 9. September 1990 nach seiner Rückkehr. Es sollte sein letzter, sicherlich schon seiner Frau Gladys diktierter Brief an mich sein, so wie die beiden Salzburger Festspiel-Abende meine letzte Ehrung Ernst Kreneks zu seinen Lebzeiten werden sollten. Am 22. Dezember 1991 starb der Komponist im kalifornischen Palm Springs.

Kreneks hundertsten Geburtstag im Jahr 2000 nahm ich, inzwischen Intendant des Bonner Beethovenfestes, zum Anlass, um das Festival – nach Auftritten der Wiener und der St. Petersburger Philharmoniker, von Jessye Norman, Giuseppe Sinopoli, Nikolaus Harnoncourt und Rudolf Buchbinder – am 14. und 15. Oktober mit zwei Aufführungen von *Karl V.* in der Bonner Beethovenhalle und in der Kölner Philharmonie zu beenden, begleitet von nicht ganz neuen „Gedanken zum 100. Geburtstag von Ernst Krenek" mit dem Titel *Geehrt – doch unbegehrt* in einem von Thomas Daniel Schlee exzellent gestalteten Festivalalmanach. Das Lob der Universal Edition blieb nicht aus: „Es war sicherlich eine mutige Entscheidung, man konnte wohl nicht mit sehr großem Publikumszuspruch rechnen: Krenek ist noch kein populärer Komponist, und ‚Karl V.' hat keine pfeifbare Melodie ... Wir sind sehr glücklich, dass das hohe Niveau der Interpretation und der Erfolg Ihre Entscheidung durchaus bestätigten", hieß es in einem Schreiben vom 25. Oktober 2000.

23.8.1960, Europäisches Forum Alpbach, Konzertabend: v. r. n. l.: Julius Patzak singt das *Reisebuch aus den österreichischen Alpen*, Franz Willnauer blättert Krenek um

Einmal noch, Ende November 2002, beschäftigte mich Kreneks Musik bei dem Symposium, welches das Ernst Krenek Institut, an dessen Gründung ich mich beteiligt hatte, unter dem Titel *Der zauberhafte, aber schwierige Beruf des Opernschreibens* über das Musiktheater Ernst Kreneks in Wien veranstaltete – für mich auch eine späte Gelegenheit, endlich wieder mit meinem Freund und Kritikerkollegen aus frühen Tagen Lothar Knessl, der inzwischen Krenek-Experte und Autor einer 1967 erschienenen Studie über den Komponisten geworden war, zusammenzutreffen.

Damit endete mein Wirken für Ernst Krenek, und damit enden auch die persönlichen Erinnerungen eines inzwischen mehr als Neunzigjährigen an den großen Komponisten, die sich immerhin über einen Zeitraum von fast vierzig Jahren erstrecken. Die Arbeit für und mit Ernst Krenek hat mir nicht nur zwei Dutzend hand- und maschinschriftliche Briefe und Postkarten eingebracht, die inzwischen im Ernst Krenek Institut in Krems aufbewahrt werden, sondern vor allem die beglückende und unvergessliche Begegnung mit einem der bedeutendsten Musiker des 20. Jahrhunderts.

John Norman

My Association With Ernst Krenek

I met Ernst Krenek in 1966. He was introduced to me by Mimi Rudolph[1] after a speech he had given as a part of the Sunday Afternoon Concert Series held in the Palm Springs Art Museum. I had studied Krenek along with Schoenberg, Berg and Webern in my doctoral studies,[2] but had no idea I would ever have the privilege of meeting him. I found him to be a very warm and accessible person.

At this time, I was Chair of the Music Department of the College of the Desert in Palm Desert, California and Choral Director. It occurred to me that I should attempt to perform some of Krenek's music. Krenek was delighted with the idea and suggested I do *O Holy Ghost* op. 186a. This work is not 12 tone, but is very atonal. The personnel in my groups were predominantly from the local public schools and had no experience with such challenging music. I began to question whether I had overrated the ability of my singers. To add to my situation Ernst asked if he might attend one of my rehearsals. I said "yes", but dreading the inevitable embarrassment of the inadequacy of my singers and the consequential disrespect of Ernst Krenek. To my absolute delight he was very pleased and complimented my handling of the work. I subsequently conducted all of his choral works which are recorded on Orion Records (ORS). Ernst also wrote a setting of two poems by William Blake expressly for my Ensemble, which are included on this recording.[3]

1 Mimi Rudolph war eine Mäzenin. Sie schrieb das Gedicht *Two silent watchers*, das Krenek 1976 in op. 222 für Gesang und Klavier vertonte.

2 PhD 1968 in Piano Pedagogy from Michigan State University, Titel: *The Historical Study of the Changes in Attitude in Teaching Piano Technique from 1800 to the Present Time.*

3 Auf ORS 75204: *The Santa Fe Timetable* op. 102; auf ORS 80377: *Die Jahreszeiten*

In 1975, I, with the assistance of Krenek, held a Krenek Festival on the College of the Desert campus with performances by many of Krenek's former students at UCSD. Also participating were concert artists James Ostryniec, oboist, and Karen Lundquist, harpist, playing *Aulokithara* for oboe, harp and electronic tape. Ernst played his *Echoes from Austria.* Through my contact with Ed Korn, the Administrator of the performing art of the San Francisco Opera, they performed Krenek's *What Price Confidence* to the delight of the audience. Ernst also spoke at a session. This event was well attended and received.[4]

Throughout the years my Vocal Ensemble performed Krenek's works all over California at state conferences of the Music Teachers Association and the Music Association of California Community Colleges. We once performed at a Music Teachers National Association's (MTNA's) South West/North West Division Conference in Honolulu. Wherever we performed, both Ernst and Gladys Krenek were in attendance, always commending me on our performances.

In 1979, Joanna Hodges of the piano faculty of the College established an International Piano Competition of significant stature,[5] funded by her mother. Her judges were internationally known. She established a Krenek category for the Junior & Intermediate Contestants, in which they would perform works from Krenek's

---

op. 35, *Drei gemischte Chöre* op. 61, *O Holy Ghost* op. 186a, *Three Sacred Pieces* und *Three Lessons* op. 210 sowie *Settings of Poems by William Blake* op. 226; dieses war ein Auftrag der MTNA und "written for the College of the Desert Vocal Ensemble."

4 Das Festival fand vom 19. bis 26. Januar 1975 statt und enthielt nicht nur Konzerte mit Gesang, Kammer-, Orgel- und Klaviermusik, sondern am 25. Januar auch ein Konzert des Los Angeles Philharmonic Orchestra. Hinzu kamen eine Ausstellung von Autographen, eine Konferenz über Kreneks geistliche Musik und ein Vortrag von Krenek selbst.

5 Für die Fortführung des alle zwei Jahre stattfindenden Wettbewerbs „Joanna Hodges International Piano Competition" konnte Norman, als die Gründerin nach Vancouver umzog, die Pianistin Virginia Waring gewinnen. Der Wettbewerb wurde 2001 reorganisiert und in „The Virginia Waring International Piano Competition" umbenannt.

"Kinderszenen" (*Twelve short piano pieces written in the twelve-tone technique*, op. 83). He would invite them to his home in Palm Springs to see his studio. They were very appreciative of this gesture. In later years all Advanced Contestants were required to perform one work from his advanced works, including the seven sonatas. The winner performed in concert at the McCallum Theater in Palm Desert, CA and a Concert Hall in Vienna. I attended one recital given by Mikhail Kordchev,[6] a very talented young man from Russia, which was well attended and received. When Ernst was awarded the title of Composer of the Year by the MTNA I attended that presentation in Portland, Oregon. Once again, the West Coast Opera performed his *What Price Confidence* to a very receptive audience.[7] Marilyn Mason, Organist from the School of Music at the University of Michigan, performed his Sonata op 92, no.1 on our campus, and she contracted Krenek to write two works for organ and electronic tape and for organ solo.[8] The Vocal Ensemble that I directed was invited to perform at a Krenek Festival at the University of California, Santa Barbara[9] and a Krenek Festival in Ossiach, Austria, and I considered it a great honor to perform in Krenek's native country.

---

6 Mikhail Korzhev gewann diesen Wettbewerb 2005 und damit als Preis einen Klavierabend im Wiener Konzerthaus im Jahre 2006. Sein erstes CD-Album (2008 Phoenix Edition 129, 52700535) enthält Kreneks 2. und 4. Klaviersonate op. 59 und op. 114, seine *George Washington Variations* op. 120, die *Echoes from Austria* op. 166 und den *Foxtrott* aus op. 13a. 2016 und 2017 spielte er auf zwei Alben von Toccata Classics Kreneks vier Klavierkonzerte op. 18, 81, 107 und 123 sowie das Konzert für 2 Klaviere op. 127, das Doppelkonzert für Violine und Klavier op. 124 und das *Little Concerto* für Klavier und Orgel op. 88 ein (TOCC 323 und 392). 2023 kamen Kreneks frühe Klavierwerke auf Centaur Records heraus (CRC 3968).

7 Krenek wurde im März 1972 von der MTNA zum „Distinguished Composer of the Year" ernannt; bei der National Conference der MTNA in Portland wurde am 23.3. die Kammeroper aufgeführt, und Krenek hielt einen Vortrag.

8 *Orga-nastro* op. 212 für Orgel und Tonband und *Four Winds Suite* op. 223.

9 Während des Krenek Festivals an der UCSB vom 8. bis 15. April 1979 (vgl. den Beitrag der Herausgeberin) trug das Vocal Ensemble of the College of the Desert unter John Norman am 14. April *Die Jahreszeiten* op. 35, Drei gemischte Chöre op. 61 und *Two Settings of Poems by William Blake* op. 226a vor.

1979, Palm Desert, College of the Desert: Ernst Krenek, John Norman, Virginia Waring (Pianistin), Joanna Hodges (Pianistin), Marjorie Hodges (Mäzenin)

After Krenek passed away, Gladys established the Krenek Society in California. Garret Bowles, then Librarian from the University of California, San Diego was appointed President, I was Secretary, and she was Treasurer. The Society supported performances of his works in the United States.

Most certainly I was aware of who Krenek was from my Graduate Studies, never thinking I would have the privilege of meeting him, but we moved from a casual relationship to a very close personal friendship.

James Ostryniec

He Got What He Wanted

When Krenek stepped off his plane to arrive in Honolulu, his reputation had preceded him. Arriving for a six-week guest composer residence at the University of Hawaii in 1967, he had already been dubbed "the most tanned composer in all of Palm Springs" by his graduate students. Here was Ernst, with a stellar reputation as one of the great serial composers, being razzed for his bronzed suntan. It just proves how crass university students can be. Nevertheless, Krenek valued his tan. It gave him an accessibility most students could relate to. These students could drop by and ask about the weather—without taking a lesson. Everyone, regardless of how fatuous the questions, was given suggestions, and Krenek pointed out several possible solutions.

Ernst was an accessible teacher, responding with his time as much as was needed. His ability to read a score at the piano was phenomenal. He never wrote anything he couldn't conduct, and his ability to transcribe his lessons to us was unparalleled. One time at a playthrough, I thought I would be Till Eulenspiegel. I arranged a woodwind quintet and, instead of notes, I drew a rock, a feather, a steel plate, and two pieces of wood; these were the inspirations for the first piece of music I composed and played for Krenek. When I had finished playing, there was a pause. Krenek glanced at my score, scribbled with my verbal instructions, and said I might want to add a few more notes. We all laughed. Krenek's comment was not a criticism. Emblematic of his teaching style, he took my work as my own method of composing, not imposing his techniques. But I understood, and thus began three weeks of affirming lessons, rehearsals, and performances, as well as a life-long mentorship and, more profoundly, friendship.

A favorite study composition was Carter's *Double Concerto*.[1] Ernst delighted in finding where one voice was slowing down while the other voice was speeding up. Difficult for a graduate student, but not for Ernst. He would delight with this type of game. Not to prove a betterness, but to assist the student to find and explore. Class with Ernst was a joy. He often brought in notes from his latest composition and asked for our opinion. This was special. Not for being included, but for the respect it gave everyone in his class. It also gave an insight into his compositional methodology.[2]

Standing over Ernst all the time was Gladys. Gladys was a fine composer in her own right and had taken up the role of being Ernst's protector. And she did it well. She was always at his side, she was Ernst's gatekeeper. Nothing escaped her watchful glances. If a compositional session became too intense, Gladys was there to make sure that nothing happened to Ernst. She knew when to stop and let Ernst reset. She controlled exposure to Ernst, but never bossed him. She was a guiding hand in the compositional process; it was Gladys who allowed Ernst the freedom to complete his works.

Recording Krenek's compositions with him was a distinct pleasure. The majority of our work together was completed before the recording sessions. Ernst and I spent many hours talking on the phone discussing the particulars of each composition. Ernst took for granted that everyone he worked with on his recording was a professional who knew what had to be done in service of the work. This did not predispose a lack of collaboration or artistic independence.

On *They Knew What They Wanted* Op. 227, 1976/77, recorded on September 4, 1979, in Washington, DC, I was the production supervisor as well as a member of the ensemble that included Rheda Becker, narrator; Paul Hoffmann, piano; and Mark Goldstein, per-

1 Elliott Carter komponierte sein Doppelkonzert für Cembalo und Klavier mit zwei Kammerorchestern 1961.

2 Zu Kreneks Unterricht vgl. auch den Beitrag von Gösta Neuwirth in diesem Band.

cussion.[3] Ernst was there to listen, attuned to every note, every nuance of playing. He knew the exact sounds necessary to convey the ideas behind his composition. The text weaves together three stories of women who get what they want. I've often thought about this as a metaphor for working with Ernst. He always got what he wanted.

The five of us had presented the world premiere of *They Knew What They Wanted* the year before. I would not consider our first performance, a live performance, any different from our recorded performance. None of us would. With Ernst, one always played precisely, exactly as the music demanded—with immediacy and engagement—the same on the stage as in the recording studio. In the presentation of his music, whether for the duration of a live performance or in the perpetuity of a recording, Krenek asked one thing: only connect.

The real work was done individually. Rheda, Paul, Mark, and I shared similar stories. Multiple phone calls with Ernst detailing the pitches, timbres, and range of notes, and in Rheda's case the cadence of her voice. Ernst gave way only occasionally. The sharp intake of a breath before the chord, the extension of a breath to elongate the chord, sounds Krenek wanted mastered to bring life to his experimental techniques, his unique compositions.

Once we were in the recording studio, the real work had been done. We were free to bring Krenek's musical story, the words, the extravagant interludes for our instruments, to fruition. The process was the same for other recordings with Krenek. His *Four Pieces for*

3 Rheda Becker trat als Sprecherin mit zahlreichen Symphonieorchestern auf und war seit 1974 als Erzählerin und Moderatorin bei Familien- und Kinderkonzerten am Baltimore Symphony Orchestra tätig. Am Peabody Conservatory lehrte sie englische Aussprache für SängerInnen. – Der Pianist Paul Hoffmann hatte an der Eastman School of Music an der University of Rochester studiert und trat als Solist und Begleiter auf. – Mark Goldstein hatte nach Quantitative Studies an der Johns Hopkins University in Baltimore am Peabody Conservatory Schlagzeug studiert und arbeitete danach in beiden Bereichen (u.a. zusammen mit Don Buchla und bei Google).

Oboe and Piano Op. 193, 1966, recorded on March 7, 1977, in Washington, DC, furthered the techniques of the oboe and my playing through harmonics, trills, double trills, glissandi, and double stops without the use of dodecaphonic or serial techniques. Their atonal idiom was discussed, noted, practiced, and played to sound just as Ernst intended: the free articulation of his composition.

Only a composer of such varied work, from operas, ballets, symphonies, piano concertos, string quartets, and incidental music for plays, could convey exactly what he wanted from his compositions with such forethought, discussion, and collaboration, all produced before the recording. The recordings that we have are mere documents of a composer restless to experiment to produce music not heard before and to push his musicians to the edge, and often over the edge, of the abilities of their instruments and their musicianship. This is what I value in Krenek's work and in our friendship: the distinction of the new.

There were letters, back when we wrote letters; phone conversations, back when we didn't have to make an appointment to call someone; even visits, though I wouldn't just drop by, but if I were forward enough to, I know I would have been welcomed into their home. I have many photos of Ernst and Gladys together, but only one of Ernst alone, looking slightly lost.

Krenek, a composer of serious music, was a man of humor. He was set apart because he wasn't from New York and wasn't Ivy League – that was part of my attraction to him. Ernst was underestimated, but I estimated him correctly. And I am forever glad that I did.

Vermutlich 13.4.1979, Santa Barbara, Krenek-Festival: James Ostryniec, Ernst und Gladys Krenek

Discography[4]

Aulokithara op. 213a for oboe & harp solo, tape (+ *Wechselrahmen* op. 189, *Three Sacred Pieces* op. 210, *Echoes from Austria* op. 166) – ORS 76246 (1976)

Four Pieces op. 193 for oboe and piano (+ Charles Wuorinen, Lawrence Moss) – ORS 78288 (1978)

Kitharaulos op. 213 for oboe & harp solo, piano, percussion, strings (+ *Static and Ecstatic* op. 214) – AVRS 6506 + VR 81200 (1979)

They Knew What They Wanted op. 227 for narrator with oboe, piano, percussion, tape (+ *Quintina* op. 191) – ORS 80380 (1979)

Die wußten, was sie wollten op. 227 für Sprecherin, Oboe, Klavier, Schlagzeug, Tonband (+ *Fünffache Verschränkung* op. 205, *Auf- und Ablehnung* op. 220) – ORF 120423 (1980) (Ernst Krenek Personale, Steirischer Herbst, Musikprotokoll 1980)

4 Auswahl (s. auch das CV) mit Werken Kreneks, bei denen der Komponist am Klavier oder als Dirigent beteiligt war.

Katherine Arthur

A Meaningful Summer Afternoon of Music and Food

Memories are both clear and vague. They take on a life of their own, transform into a cinematic narrative and flood the mind with associated emotions and thoughts. My memories are fleetingly changeable, and the sequence of events is almost never clear. Certain events, however, are as clear as a photograph.

I got to know Ernst and his music through my husband and mentor Michael Ingham.[1] Michael's knowledge, love and deep respect for Ernst were powerful influences, and led me to study, perform, and record many of his works. I was, by association, invited into the "inner circle" of his home and close friends. Ernst loved Michael like a son and trusted him as a confidant with whom he could share his intimate thoughts and feelings. He saw me not only as the new love of Michael's life, but also as the protegee of whom Michael was proud. I was in my early-to-mid-twenties. I was naïve, energetic, and enthusiastic.

The first time I met Ernst and Gladys was in their home in Palm Springs on a hot summer afternoon in 1988. Ernst was wearing

1 Krenek schrieb 1978 für Michael Ingham den „Monologue" für Bariton and Ensemble *The Dissembler* op. 229, er sang am 11. März 1979 die Uraufführung in Baltimore. Ingham interpretierte Kreneks Gesangswerke für Bariton und nahm sie auf Platten auf (*Spätlese* op. 218 und *Drei Gesänge* op. 56 sowie *Gesänge des späten Jahres* op. 71, am Klavier seine damalige Frau Carolyn Horn; ORS 78298 bzw. 78308). Er konzertierte auch mit dem Ensemble Wiener Collage unter René Staar in Europa, Japan und China und sang Werke von Arnold Schönberg, Luigi Dallapiccola und Staar. An der University of California at Santa Barbara (UCSB) war er 1972–2006 Leiter der Musikabteilung und der Opernschule und organisierte dort 1979 ein großes Krenek-Festival (vgl. die Beiträge von Geringas und der Hg. in diesem Band).

shorts and a short-sleeved shirt. He had a dark brown tan on his arms, legs, and head. At 5'6", I was much taller than him. What I remember most about Ernst is the intensity of his eyes. The directness of his gaze was piercing, as though he was taking in everything with acute awareness and hunger. When I was the object of his gaze, it was both flattering and overwhelming.

After we had all shared a Campari aperitif, I sang the *Ballad of the Railroads* in his living room.[2] Charlotte Zelka[3] accompanied me on the piano. Michael was chatting in the kitchen with Gladys and helping her prepare our lunch. Ernst sat on the sofa not far from me. He seemed for the most part immersed in the score which he held in one hand and occasionally "conducted" a bit with the other hand. The Ballad is approximately 20 minutes in length. We performed the entire piece without pause. I was nervous to perform this difficult piece in front of the composer whom I had just met, but since he was clearly more intent on hearing his music rather than judging my "performance", I relaxed as I sang, and I, too, was able to concentrate more on the music than on myself. Afterward he seemed very pleased with the "performance", and his comments centered on slight tempi corrections. He also complimented my musical expression. He did not seem concerned about obvious mu-

2 Katherine Arthur sang die *Ballad of the Railroad* op. 98 durch Kreneks Vermittlung 1989 im ORF und nahm sie 1998, initiiert von Gladys Krenek und als Co-Produktion mit dem DLF, mit Reinhard Schmiedel am Klavier auf CD auf, zusammen mit *Italian Ballads* op. 77b, *Durch die Nacht* op. 67, *Two Silent Watchers* op, 222, *Albumblatt* op, 228, *An die Verstummten* W.o.O. 126 und *Vier Gesänge nach alten Gedichten* op. 53 (ORFEO C 383991 A). Die Kopie eines live-Mitschnitts der *Sestina* op. 161 und der *Quintina über die fünf Vokale* op. 191 ist im EKI archiviert.

3 Die Pianistin Charlotte Zelka (1930–2001) hatte 1987/1988 Michael Ingham auf einer Europa-Tournee begleitet. Sie war seit den 1940er Jahren mit Gladys Nordenstrom Krenek befreundet und hatte 1950 Krenek den Auftrag zu seiner 5. Klaviersonate op. 121 gegeben, die er ihr auch widmete. Sie lebte danach lange in Wien, konzertierte u.a. mit dem Ensemble die reihe und heiratete den Philosophen Günther Anders. 1972 kehrte sie nach Kalifornien zurück. Sie wird auch im Beitrag Friedrich Cerhas genannt.

Mai (?) 1988, im Wohnzimmer in Kreneks Haus in Palm Springs: Probe Katherine Arthur, Ernst Krenek, Charlotte Zelka, Gladys Krenek

sical/vocal errors, and when I apologized for my mistakes, he smiled and made a gesture with his hand as if to say, "don't worry about it". His enjoyment of his music overrode any criticism regarding performance mistakes. This made it very easy and enjoyable to sing for him.

We then sat down and enjoyed a lovely meal that Gladys prepared. During the meal Gladys, Charlotte and I chatted while Ernst and Michael were immersed in a deep and lively conversation. Because Ernst had a very soft voice weakened by his age, I caught nothing except the facial expressions and body language of their two heads leaning in toward each other and moments of both joyful laughter and somber nodding. Ernst loved to drink wine, and went through several glasses, but the alcohol didn't seem to affect him. At one point, when Michael offered him some more, he placed his hand over the glass and shook his head. Michael later explained that Ernst had the uncanny ability to know exactly when he had had enough, no matter how much he consumed. As we were leaving, I drummed up the courage to express how much Ernst's music meant to me. The sentence came out something like "I just want you to know what a great composer I think you are!" He smiled and answered "Well, I'm certainly glad *you* feel that way." I turned bright red with embarrassment as everyone laughed. Later I told Michael how foolish I felt and that I hoped I hadn't insulted this great man. He told me not to worry and that this was just Ernst's wry sense of humor at my naiveté. That moment stuck with me, and it taught me a valuable lesson.

It was a deep honor and privilege to have had the opportunity to sing this great composer's music in the intimacy of his home and with him as the listener. I shall always treasure this memory.

Peter Burwik

Und nicht am Rande ...[1]

Ich kann mich nicht erinnern, wann genau ich Krenek zum ersten Mal getroffen habe, ich weiß auch nicht, ob ich über Ernst Hilmar[2] mit ihm bekannt wurde. Aber es muss um 1972/1973 gewesen sein, denn ich habe von 1972 bis 1976 die Geschäfte der IGNM in Österreich geführt und während dieser Zeit, also wohl 1974, vorgeschlagen, Ernst Krenek zum Ehrenmitglied der IGNM Österreich zu ernennen. Dieser Vorschlag hatte intern kein allzu positives Echo, aber er wurde akzeptiert. Die Ehrenmitgliedschaft wurde durch eine Art Urkunde verliehen,[3] eine größere Zeremonie war nicht gewünscht. Dass Krenek – nachdem schon Ligeti nach seiner Wienstation weiter gen Westen gezogen war[4] – jetzt als zeitweise hier Ansässiger dann vielleicht eine wesentlichere Rolle gespielt hätte, war damals nicht drin: Die österreichische Sektion der IGNM war, bevor ich mit meiner Tätigkeit anfing, ein reiner reihe[5]-Verein, die

1 Interview vom 18. Oktober 2023 in Wien.

2 Ernst Hilmar war damals der Leiter der Musiksammlung der Wiener Stadt- und Landesbibliothek (heute: Wienbibliothek), an die Krenek einen Teil seines Vorlasses gegeben hatte. Er betreute die Kreneks, wenn sie in Wien waren.

3 Burwik teilte Krenek in seinem Schreiben vom 5.2.1974 mit, dass „die Generalversammlung der österreichischen Sektion der IGNM vom 23.1.1974 [...] Sie einmütig in Würdigung Ihres kompositorischen Schaffens zu ihrem Ehrenmitglied ernannt" habe (EKI-Archiv, Sign. 43/15/40).

4 György Ligeti, der nach dem Volksaufstand 1956 aus Ungarn nach Wien geflohen war, hatte 1961–1971 eine Gastprofessur in Stockholm inne, lebte 1969–1973 in Berlin und seitdem in Hamburg, wo er 1973–1989 an der Musikhochschule eine Professur für Komposition innehatte.

5 Das Ensemble die reihe war 1958 in Wien von Friedrich Cerha und Kurt Schwertsik gegründet worden und veranstaltete eine eigene Konzertreihe mit zeitgenössischer Musik. Cerha war von 1968 bis 1975 Präsident der IGNM Österreich. Er dirigierte 1974 die Uraufführung von Kreneks *Von vorn herein* op. 219 für Kammerorchester. Vgl. auch seinen Beitrag in diesem Band.

Posten des Vereins waren von reihe-Mitgliedern besetzt. Ich habe das alles ein bisschen geändert, habe es in der damaligen Situation als notwendig erachtet, den Verein zu öffnen und z. B. auch Free-Jazz-Musiker einzubeziehen; das war alles nicht sehr opportun. Aber ich dachte, wenn das eine internationale Gesellschaft ist, zumindest wenn sie so heißt, dann braucht sie eine ganz andere und breitere Repräsentanz von dem, was in Österreich passiert. Und so habe ich natürlich auch an Krenek gedacht, von dem damals in Wien, wo ich (zuerst als Student bei Verwandten) seit 1962 lebte, nicht viel zu hören war; Werke von ihm habe ich erst in den 1970er Jahren kennengelernt. Jedenfalls: Krenek hat sich mit einer Postkarte bei mir für meine Initiative zu seiner Ehrenmitgliedschaft bedankt.

Meine quasi letzte Begegnung mit ihm war am Flughafen in Schwechat, als der Sarg am späten Nachmittag des 31. Dezember 1991 aus den USA – mit einem verspäteten Anschlussflug von Frankfurt am Main – in Wien ankam, kurz bevor meine Silvesterparty startete. Gladys hatte mich angerufen, ob ich nicht hinfahren könne, um nach dem Rechten zu sehen. Ich war bereits zur geplanten Ankunftszeit am Vormittag zum Cargo-Terminal gefahren und hatte dort den Leiter der Kulturabteilung der Stadt Wien Bernhard Denscher getroffen. Am Nachmittag war ich allein mit Krenek …

Diese etwa 20 Jahre waren jene Zeitspanne, in der ich mehr oder weniger Kontakt mit den beiden Kreneks hatte. Gladys war zwar nicht immer, aber meistens dabei, wenn wir uns in Wien getroffen haben, auch in meinem Büro- und Probenraum in der Weihburggasse – wir haben hier auch Doppler[6] geleert – oder später in Mödling in seiner Wohnung im Schönberg-Haus.[7]

---

6 Zwei-Liter-Flaschen mit Landwein, die vor allem im nördlich von Wien gelegenen Weinviertel abgefüllt wurden.

7 Als Krenek 1980 zum Ehrenbürger der Stadt Wien ernannt wurde, bat er darum, ihm eine Wohnung in Wien zur Verfügung zu stellen. 1983 zog er, durch Vermittlung von Elisabeth Lafite, damals im Vorstand der Internationalen Schönberg-Gesellschaft (ISG), in die im ersten Stock gelegene Wohnung der Villa in der Bernhardgasse 6 in Mödling ein (seit 1974 Schönberg-Haus ge-

Ich habe Krenek als jemanden wahrgenommen, der sich in seinem Denken und seinem Habitus ganz international orientiert fühlte und es wohl auch war, und nicht als einen österreichischen Komponisten, der mit Vereinsmeierei oder Klüngelei zu tun haben konnte. Aber auf der anderen Seite wurde er wohl deswegen auch in Wien selten aufgeführt. Das erste Mal habe ich selbst 1978 ein Krenek-Werk dirigiert, im Wiener Konzerthaus mit dem ensemble XX. jahrhundert. Es war die *Symphonische Musik* op. 11, die ich dann ziemlich häufig dirigiert habe – 1981 in Linz etwa, 1984 im Parlament im Rahmen einer Gedenkstunde an den Februar 1934, 1987 im Wiener Musiksommer –, weil sie unter dem Aspekt der Besetzung eines der wenigen Stücke von ihm war, die ich mit dem Ensemble aufführen konnte.[8] Ich habe auch gern und öfter *Arc of Life* op. 234 dirigiert – und 1991 sogar zum Festival de Paris bringen können –, ein Opus, das vergleichsweise vielschichtiger und ziemlich komplex ist. *Von vorn herein* op. 219 habe ich ebenfalls einige Male aufgeführt, es ist wohl das noch stringentere Stück.

Es brauchte ja auch damals immer einen sogenannten Aufhänger, um die Werke in ein Programm einzubauen, denn die Programmierung von Krenek-Stücken war kein Selbstläufer, ich habe die Konstellation schaffen müssen. Und ich habe mir gedacht, Krenek ist nun einmal ein österreichischer Komponist, und ich als österreichischer Dirigent – meine Mutter stammte aus einer Wiener Familie – sah darin zumindest eine vordergründige Verbindung zu Krenek. Dass er in den USA lebte, hat mich gar nicht interessiert, für mich war er ein Österreicher, ein österreichischer Weltbürger – so habe ich ihn eingeschätzt –, immerhin: ein *österreichischer* Welt-

---

nannt). Von 1918 bis 1925 hatte Schönberg dort mit seiner Familie im Hochparterre gewohnt. Das Haus war 1972 von der ISG vor dem Abriss bewahrt und aufgekauft worden.

8 Die *Symphonische Musik* op. 11 für 4 Holzbläser und Streichquintett von 1922 wurde vom Ensemble zum ersten Mal am 25.10.1078 im Mozart-Saal des Konzerthauses Wien gespielt; zu dieser und weiteren Aufführungen vgl. Peter Burwik, *50 Jahre ensemble XX. jahrhundert 1971–2021*, Wien 2021, und hier den Anhang.

bürger; so viele gab es davon in meinem Arbeitsbereich ja nicht. Und das war sicherlich für mich auch ein Beweggrund, ihm mit meiner Arbeit und mit meinen Möglichkeiten mehr Präsenz zu vermitteln. Und deswegen sind in der Broschüre[9] im Vergleich zu anderen Komponisten eben relativ viele Krenek-Aufführungen verzeichnet; Kammermusik von ihm auch noch im Jahr 2000 in Mexico City und 2006 in New York.

1985 – zu seinem 85. Geburtstag – gab es auch finanzielle Möglichkeiten für umfangreichere Projekte, und so habe ich mich entschlossen, in Wien im ORF unter dem Titel *Begegnung mit Ernst Krenek* ein kleines Krenek-Festival in Zusammenarbeit mit Ernst Hilmar zu organisieren. Wir haben dann mit der Musikwissenschaftlerin Margareta Saary auch jemanden für die Organisation und die Verteilung der Kosten auf mehrere Schultern dazugenommen. So hatten wir an drei Tagen zwei Konzerte im Sendesaal – der ORF hat ja damals noch produziert und verschiedene Anliegen wirklich unterstützt – sowie im Café Wortner,[10] in dem seit einem Jahr auch Veranstaltungen stattfanden, und im Sendesaal auch noch zwei „Dialoge"-Veranstaltungen mit einschlägig ausgewiesenen Gesprächspartnern für Ernst Krenek. Krenek war bei der Planung mit Begeisterung dabei: Er stellte einen erstaunlich vielfältigen Themenkatalog für die geplanten Diskussionen zusammen, entwarf auch eine Graphik für die Aussendungen und verfasste Einführungstexte für die vorgesehenen Werke.[11] Und da er immer sehr interessiert daran war, dass besonders seine späten Werke aufgeführt wurden, waren die ihm auch bei diesem kleinen Krenek-Festival am wichtigsten – diese hat meiner Erinnerung nach damals in Wien überhaupt kaum jemand gespielt; ich weiß nicht, wie das in den USA war.

---

9 Vgl. ebd. und den Anhang.

10 Das damals schon mehr als 100 Jahre alte Café im 4. Wiener Bezirk Wieden esistiert auch heute noch.

11 Auch die Einführungstexte für das Programmbuch des Krenek-Festivals 1979 an UCSB in Santa Barbara/CA hatte Krenek selbst verfasst.

Dieses kleine Festival war für mich ein typisches Krenek-Projekt: Die Realisation von zwei komplexen Krenek-Programmen erforderte eine wirklich große Kraftanstrengung. Wir hatten die Programme zwar zusammen besprochen, aber das Ganze zu finanzieren und durchzusetzen war schwierig und blieb bei mir. Jedenfalls hat er dann, als alles vorbei war – es war, glaube ich, die erste wirklich komplexe Krenek-Manifestation in Wien –, hinterher geraunzt: „Na ja, das war ganz hübsch." Da wurde ich dann doch ärgerlich: „Wissen Sie, es hat einige Kraft gekostet, das zu machen. Sie schauen wohlwollend zu, es wird dann eine schöne Sache, und hinterher glauben Sie meckern zu müssen, als wäre alles sowieso zu wenig. Die Qualität der Aufführungen können Sie von mir aus noch einmal auf dem ORF-Mitschnitt nachhören." Und da fühlte er sich dann wohl doch etwas schlecht und hat eingelenkt und mir dann geschrieben, es sei mehr als ein großes Vergnügen gewesen, jedem einzelnen Mitwirkenden wie auch dem Ensemble als Ganzem zuzuhören. Er war immer nicht nur ein bisschen kritisch, sondern einfach auch ein Griesgram.

Zuvor hatte auch bereits der Carinthische Sommer zwei Konzerte anlässlich des 85. Geburtstags von Krenek mit dem ensemble XX. jahrhundert angesetzt, die ich beide vorbereitete. Das zweite aber dirigierte Krenek selbst – ich glaube, es war überhaupt das letzte Konzert, das er selbst dirigierte.

Ich war ja öfter bei den Kreneks in Mödling, und dann haben wir immer überlegt: Fahren wir die 5 Kilometer rüber nach Gumpoldskirchen, oder bleiben wir in Mödling? Selbst beim Heurigen brauchte er oft Zeit, um entspannen zu können. Wir haben zu seinem 85. Geburtstag auch in Mödling ein Geburtstagsfest für ihn organisiert.[12] Ich hatte mir gedacht, einen bunten Nachmittag auf der Wiese vor dem Schönberg-Haus zusammenzustellen und Krenek mit der Aufführung von Nummern aus seinen alten Operetten

12 Es fand am 28. August statt, Burwik hatte es wieder mit Ernst Hilmar zusammen organisiert.

und irgendwelchen Songs[13] zu überraschen, verbunden mit einer Grillparty, dem geselligen Charakter entsprechend. Ich bin nicht sicher, ob Krenek gern an diese alten Sachen erinnert wurde, aber sie haben natürlich zu solch einer Party gepasst, sie waren sehr amüsant und haben ihn auch einmal von einer ganz anderen Seite gezeigt.

Und zu dieser, seiner anderen Seite – wir hatten darüber gesprochen, aber als es dazu kam, da war er schon nicht mehr unter uns: Am 17. März 1995 habe ich in Linz im Brucknerhaus einen Großteil von *Kehraus um St. Stephan* konzertant erstaufgeführt.[14] Wir konnten mit dem ensemble XX. jahrhundert aus Besetzungsgründen natürlich nicht die ganze Oper aufführen, aber es war doch einiges mehr als die Hälfte möglich – ein anderer Krenek als der, mit dem ich bisher als Komponist zu tun hatte, und Texte, an die ich mich lange erinnert habe, und nicht nur an jene spezielle Szene in der Weihburggasse;[15] sie spielt vielleicht just vor dem Haus, in dem ich mein Atelier habe?

Mit dem Radio-Sinfonieorchester Stuttgart habe ich u. a. die *Symphonische Elegie* op. 105 aufgenommen.[16] Für mich ist das nach wie vor ein wunderbar berührendes Stück, und schon in der Probe

---

13 Gemeint sind die drei Einakter, von denen vor allem die „burleske Operette" *Schwergewicht oder Die Ehre der Nation* op. 55 in Frage kam, sowie einzelne Teile aus *Jonny spielt auf* op. 45 wie der Blues, die Hymne und die Fantasie, die schon kurz nach der Uraufführung 1927 für Unterhaltungszwecke bearbeitet, gespielt und publiziert worden waren. Vgl. auch die im Anhang genannte Aufführung der Fantasie am 22.11.1990 bei Wien Modern, zu der Blues vgl. die folgende Anm.

14 Die szenische UA hatte am 6.12.1990 im Ronacher in Wien stattgefunden. – In Linz wurden in dem Konzert zuerst *Durch die Nacht* op. 67a und *Arc of Life* op. 234 gespielt und nach den Szenen aus *Kehraus* noch der Blues aus *Jonny spielt auf.*

15 Die 12. Szene spielt im Modesalon „Robes Modes Ria" in einer „Straße in der Inneren Stadt, etwa Weihburggasse".

16 Am 20.5.1988 dirigierte Burwik in der Reihe *Musik unserer Zeit* außer Kreneks *Symphonischer Elegie/Symphonic Elegy* Kompositionen von Fredrik Zeller, Wolfgang Rihm und Peter Ruzicka. Das Konzert wurde mitgeschnitten.

hat das Orchester so beeindruckend gespielt, dass ich gleich dem Aufnahmeleiter sagte: „Hören Sie, das ist doch ein tolles Werk, das sollte man doch produzieren und gleich mitschneiden." Darauf hat er nur gesagt: „Nein, das geht nicht, es gibt dafür keinen Budgetantrag." Das war administrativ einfach nicht möglich. Den Mitschnitt von der Aufführung habe ich wenigstens bekommen, den haben wir auf der Homepage,[17] da ist er mit Genehmigung des Südwestfunks veröffentlicht. Als ich von Stuttgart zurückkam und den Kreneks den Mitschnitt in Mödling vorspielte, habe ich mich gewundert: Die beiden waren wirklich zu Tränen gerührt. Eine solche Reaktion hätte ich ihnen nicht zugetraut – vielleicht im stillen Kämmerlein, aber nicht *coram publico*, vor mir – obwohl wir untereinander sehr offen in unseren Äußerungen waren. Ich halte die *Symphonic Elegy* für eines seiner überzeugendsten Stücke.

Ich habe Krenek als einen sehr korrekten Menschen geschätzt und nie den Eindruck gehabt, dass er sich mit Intrigen aufhielt. Er war geradeaus. Er war vielleicht manchmal griesgrämig, aber dass er jemand anderem mit miesen Tricks etwas abgegraben hätte, das war unter seinem Niveau. Wohl auch deswegen haben wir eigentlich immer ein recht gutes Verhältnis zueinander gehabt. Wir haben uns beide nicht verbogen.

Wenn ich etwas von Krenek aufgeführt habe und er war vor Ort, habe ich ihm vorgeschlagen, in die Proben zu kommen. Wir haben keine Probleme gehabt, er hat sich immer positiv verhalten. Ich habe mich im Vorhinein mit ihm besprochen, ihm mein Konzept erläutert, wir sind die Partitur zusammen durchgegangen und dann habe ich ihn in die Proben eingeladen. So konnte ich sicher sein, dass die Aufführungen per se eine gewisse Authentizität hatten. Nicht so bei der *Symphonischen Elegie*, da habe ich vorher überhaupt nichts mit ihm besprochen, dieses Ergebnis verantwortete ich ganz allein. Und umso mehr hat es mich natürlich gefreut, dass ihn die Aufnahme des Stücks beim Anhören so berührt hat. Grund-

17 https://soundcloud.com/peter-burwik/ernst-krenek-symphonische-elegie-fur-streichorchester [14.1.2025].

sätzlich bin ich froh, wenn ein Komponist, dessen Werk ich aufführe, involviert ist, umso mehr, wenn er dann auch selbst Freude an der Aufführung hat. Ich begreife mich ja eigentlich als Anwalt der Komponisten – und nicht nur der lebenden.

Natürlich wusste ich, dass Gladys Krenek auch Komponistin war, wir haben 1987 einmal in einem Konzert ein sehr schönes Werk für Gesang und Klavier von ihr aufgeführt,[18] als Geste der Verbundenheit, aber mehrere ihrer Werke zu programmieren, war in unserem Rahmen schlicht nicht möglich.

Für Ensembleförderung änderten sich die Richtlinien mehrmals, und es war schon schwer genug, Programme, die damals innovativ und unbedingt wichtig waren, von den Subventionsgebern finanziert zu bekommen. Es gab Perioden, da wurde überhaupt nur österreichische zeitgenössische Musik gefördert; ich habe aber trotzdem immer auch Werke von Ausländern einbezogen. Mit Krenek als Österreicher war es nicht ganz einfach, weil er nicht mehr als junger Zeitgenosse galt; das war die Crux. Er war in seinem späteren Alter zwar Österreicher,[19] aber unter Neuer Musik verstand man inzwischen etwas anderes. Um die Kontinuität seiner Arbeit seit den zwanziger Jahren zu dokumentieren und weiterzuführen, dafür wäre es wenigstens notwendig gewesen, den Namen Krenek andauernd präsent zu halten.

Daran dachte wohl auch Krenek selbst. Als Friedrich Sartor, ehemals bei der UE, danach beim Verlag Amphion in Paris, Anfang der 1980er Jahre einmal in Wien war, saßen wir mit den Kreneks zusammen beim Heurigen in Gumpoldskirchen. Da hat Krenek erwähnt, er überlege, eine Stiftung zu gründen, und hat gefragt, ob, wenn das zustande käme, Sartor und ich uns um die Stiftung kümmern würden – Sartor vom Verlag als jemand, der auch weiß, wie man die Dinge organisiert, und ich als Dirigent, der sowieso seine

---

18 Burwik dirigierte am 2.8.1987 in der Secession im Rahmen des Wiener Musiksommers in einem Konzert mit Werken von Hans Erich Apostel, Ludwig Spinner und Krenek die ÖEA von *Zeit XXIV* von Gladys Nordenstrom.

19 Seit 1945 mit US-amerikanischem Pass.

Werke aufführt und sich wahrscheinlich auch darum kümmern würde, dass diese noch mehr verbreitet werden. Er dachte, wir wären ein ganz gutes Gespann. Damals hatte ich gesagt, ich sei schon interessiert, dass seine Werke in einem größeren Umfang aufgeführt werden und man die Sache in großen Dimensionen betreiben müsste. Aber ich war auch nicht erpicht auf eine solche Arbeit, es war eigentlich für mich als Dirigent nicht meine Angelegenheit. Wenn ich mit an Bord geholt worden wäre, dann hätte ich aber nicht nein gesagt und hätte mich engagiert. Sartor war auch bereit, sich dabei von Paris aus zu engagieren. Amphion hat auch die Universal Edition vertreten und Sartor hat immer mit den Schlees[20] einen sehr guten Kontakt gehabt. Auch wenn er in Paris lebte, waren ihm die Angelegenheiten hier wichtig.

Gladys ist später nicht auf diese Idee zurückgekommen, sie hat mich deswegen nicht kontaktiert. Das ist dann eben ganz andere Wege gegangen, jedenfalls ist die Stiftung zustande gekommen – mit anderer Besetzung im Vorstand.[21] Ob das alles Kreneks Intentionen entsprochen hat, weiß ich nicht. Wenn ich das richtig sehe, dann hat die Krenek-Stiftung sich für die wirkliche Verbreitung der Werke Kreneks nicht so eingesetzt, wie es notwendig und möglich gewesen wäre – und jetzt ist es zu spät. Ich habe zwei- oder dreimal mit der Stiftung Kontakt aufgenommen, um zu erfahren, welche Hilfe sie bei der Herstellung von Kontakten oder bei der Finanzierung von Aufführungen geben könnte – und da kam dann nichts: abgelehnt. Einmal habe ich daher Gladys in Kalifornien angerufen und sie gefragt: „Kannst du da … ?“ Und sie hat gesagt: „Das ist so schwie-

---

20 Alfred Schlee und seine Frau Margarethe Molner. Schlee wurde 1951 zusammen mit Alfred Kalmus und Ernst Hartmann Vorstand der UE und blieb es bis 1985. Er war seit Anfang der 1930er Jahre Repräsentant der UE in Berlin, arbeitete nach der „Arisierung“ des Verlags in Wien und sorgte dafür, dass die Werke jüdischer Komponisten vor dem Zugriff des NS-Staates gerettet wurden.

21 1994 gründete Gladys Krenek die Ernst Krenek Society (vgl. Normans Beitrag in diesem Band) und 1997 in Wien den Verein Ernst Krenek Institut, den sie 2004 auf die Basis der gleichnamigen Privatstiftung (EKIP) stellte. Es ist seitdem in der Donauuniversität Krems in Niederösterreich angesiedelt.

rig, das ist jetzt das Land Niederösterreich, ich habe da eigentlich kaum noch Einfluss." Und dann habe ich gesagt: „Ja, dann tut's mir leid, dann können wir das nicht machen." Sie war offensichtlich nicht mehr in die Arbeit der Stiftung eingebunden. Es gab dann kurzfristig Frau Müller, ich glaube aus Berlin, die professionell arbeitete, Pläne hatte. Als wir uns diesbezüglich treffen wollten, war sie aber plötzlich auch wieder weg.[22] Und die Zeit, in der man Krenek noch als einen der Vorläufer der dann zu konstatierenden Gegenwart hätte behandeln können, ist vorbei, er ist jetzt ein historisch einzuordnender Komponist – was ich sehr bedaure. (Dasselbe ist früher Webern passiert. Bei Schönberg war es anders, weil die Schönberg-Familie die Pflege seines Werks durchgesetzt hat, und bei Berg musste man nichts machen, der wurde sowieso gespielt, aber unter anderen Voraussetzungen. Bei Webern aber war niemand da.)

Mehr Unterstützung hätte ich eigentlich auch schon gebraucht, als Krenek noch lebte. Ich war kein Krenek-Apologet, ich leitete ein Ensemble für zeitgenössische Musik, und so ist mir Krenek natürlich ein wichtiger Komponist gewesen. Einmal kamen diese Kurzopern, die klein besetzt sind, ins Gespräch. Da habe ich gesagt: „Die interessieren mich, aber das ist nicht unbedingt unser Kernmetier. Dabei müssen wir mit jemandem kooperieren." Es ging bei diesen Diskussionen nicht nur um Geld, sondern einfach darum, dass sich die Kreneks nachdrücklich für diskutierte Projekte einsetzen, und das haben sie nicht wirklich gemacht. Es wäre mehr möglich gewesen, wenn von seiner Seite aus hier und da mal initiativ etwas in die Wege geleitet und angesprochen worden wäre. Beim Heurigen waren wir uns immer einig in Bezug auf wünschenswerte Projekte und notwendige Schritte für die Realisierung und es bestand große Vertrautheit, aber wenn's ums Arbeiten ging ... Aber vielleicht waren die Kreneks einfach nicht vertraut genug mit den hiesigen Ge-

22 Die Musikwissenschaftlerin Antje Müller war 2014–2018 Generalsekretärin der EKIP. Sie war es auch, die im Frühsommer 2016 mit Gladys Krenek kurz vor deren Tod den noch im Haus in Palm Springs befindlichen Nachlass durchging und seine Übergabe an die EKIP vorbereitete.

gebenheiten. Ich fühlte mich immer als der Einzige; da war dann nur noch der Hilmar, der war dann natürlich eine große Stütze für alle Aktivitäten in Verbindung mit Krenek. Wenn ich auch heute das machen kann, was mir wichtig ist – in dieser Situation war ich damals nicht.

Auf der einen Seite war Krenek sicherlich loyal und dankbar, aber auf der anderen hatte er an jedem etwas auszusetzen und das hintenherum auch wissen lassen. Wenn er so über irgendjemanden Vorbehalte geäußert hatte, habe ich daraus geschlossen, dass er das hinter meinem Rücken sicher genauso gemacht hat. Meiner Erfahrung nach gab es niemanden, der bei Krenek ungeschoren davonkam. Auch wenn er jemanden für kompetent und sympathisch gehalten hat – er war nicht der Mensch, der einfach sagen konnte: Wunderbar!, sondern einer, der dann bei einer anderen Gelegenheit zweifelte: Ist das wirklich so toll? Als wären da ein Element von Unsicherheit und die Befürchtung, in der zunächst positiven Beurteilung vielleicht einen Rückzieher machen zu müssen.

Einmal waren wir mit einigen Leuten in Maria Enzersdorf bei einem Heurigen, er saß neben Gladys, und sie war ganz happy. Und plötzlich nahm er ein Glas und drehte es um: „Sperrstund'." Und da haben alle gedacht: Wieso ist er jetzt so negativ? Natürlich meinte er damit, es geht zu Ende, mit ihm, mit allem. Das haben auch die anderen Anwesenden so empfunden: „Es ist aus, i drah zua." Es gibt Leute, die können durchaus positiv sein, und dann gibt es welche, die sind positiv, aber trauen sich nicht, ihre positive Einstellung durchzuhalten, und machen einen Rückzieher ins Negative, um sich keine Blöße zu geben.

Auch wenn es mit ihm immer sehr angenehm war – egal, bei welchem Heurigen oder worüber wir uns auch immer geärgert haben, ich hatte nie den Eindruck, neben einem tollen Kumpel oder jemandem zu sitzen, mit dem ich Pferde stehlen kann. Er gehörte natürlich zu einer anderen Generation, und er war vorsichtig und empfindlich, und deswegen war da immer diese Bereitschaft, doch einen Rückzieher zu machen. Das habe ich so empfunden und damals in meinem Journal registriert. Ich habe mir aber auch gleich

August 1985, Ossiach, Carinthischer Sommer, vor dem Konzert am 20. August: Peter Burwik und Ernst Krenek an der Partitur des *Doppelkonzerts* für Flöte, Violine und Kammerorchester op. 124

gesagt: „Na ja, ich lass mich deswegen von meinem Tun nicht abhalten." Aber es hätte mich manchmal gefreut, eine substantiellere Rückendeckung von ihm zu bekommen. Dass die Bekanntschaft mit Kreneks mein Leben bereichert hat, ist dadurch nicht berührt ...

Anhang

Aufführungen von Werken Kreneks durch das ensemble XX. jahrhundert unter der Leitung von Peter Burwik[23]

25.10.1978 Wien, Konzerthaus, Mozart-Saal: *Symphonische Musik* op. 11 (sowie Olivier Messiaen: *Quatuor pour la Fin du Temps*)

12.9.1981 Linz, Brucknerhaus: *Symphonische Musik* op. 11 (sowie Anton Webern: op. 24 und Franz Schreker: *Kammersymphonie*

---

23 Größtenteils Auszüge aus der in Anm. 8 genannten Broschüre mit Aufführungen von 1971 bis 2021. Eines der Ensemblekonzerte fand unter Kreneks Leitung statt.

15.9.1981 Wien, ORF, Produktionsaufnahme: *Symphonische Musik* op. 11

11.2.1984 Wien, Parlament, Säulenhalle: *Symphonische Musik* op. 11 (sowie Mozart: Divertimento KV 251 und Webern: op. 24)

4.7.1984 Wien, Palais Liechtenstein, Wiener Musiksommer: *Symphonische Musik* op. 11 (sowie Gottfried von Einem: *Steinbeis-Serenade* op. 61, Josef Matthias Hauer: *Quartett* op. 26, Kurt Rapf: *7 Epigramme* (UA))

20.8.1985 Ossiach, Stiftskirche, Carinthischer Sommer: Zum 85. Geburtstag von Ernst Krenek: *Doppelkonzert für Violine, Klavier und Kammerorchester* op. 124 (mit Ernst Kovacic und Martin Haselböck)

21.8.1985 Ossiach, Stiftskirche, Carinthischer Sommer: Zum 85. Geburtstag von Ernst Krenek: *Konzert für Orgel und Streichorchester* op. 230, *Opus 231* für Violine und Orgel (mit Ernst Kovacic und Martin Haselböck, Leitung: Ernst Krenek)

26.8.1985 Wien, ÖNB, Hoboken-Saal, Wiener Musiksommer: *Trio* op. 138 (sowie Egon Wellesz: *Suite für Violine und Kammerorchester* op. 38, Alban Berg: *Adagio aus dem Kammerkonzert* (Trio-Fassung), Roman Haubenstock-Ramati: *Cantando*, Heinz Karl Gruber: *3 MOB-Stücke*)

13.10.1985 Wien, ORF-Sendesaal: Begegnung mit Ernst Krenek I: *Arc of Life* op. 234, *Wechselrahmen* op. 189, 6 *Lieder*, *Doppelkonzert* op. 124, *Five Pieces* op. 198, *Sestina* op. 161

15.10.1985 Wien, ORF-Sendesaal: Begegnung mit Ernst Krenek II: *Exercises of a late hour* op. 200, *Drei Lieder* op. 216, *Quintina* op. 191, *Flötenstück neunphasig* für Flöte und Klavier op. 171, *Von vorn herein* op. 219

8.11.1986 Wien, Konzerthaus, ORF, Neue Musik aus der Nähe: *Streichquartett* 1920 (UA) (sowie Gerhard Lampersberg: *Pfeffer und Salz*, René Staar: *Trauermusik*, Robert Schollum: 5. Symphonie *Venezianische Ergebnisse* op. 77, Gerhard Schedl: *Der Totentanz von anno neun* op. 14, Paul Kont: *Strohkoffer*)

2.8.1987 Wien, Sezession, Wiener Musiksommer: *Symphonische Musik* op. 11 (sowie Hans Erich Apostel: *Fischerhaus-Serenade* op. 45, Leopold Spinner: *Sonatine für vier Bläser* op. 23, Gladys Nordenstrom: *Zeit XXIV* (ÖEA))

27.10.1987 Wien, ORF-Sendesaal: *Von vorn herein* op. 219 (sowie Luigi Dallapiccola: *Due liriche di Anacreonte*, Claude Vivier: *Samarkand* (ÖEA), Nigel Osborne: *Zansa* (ÖEA))

23.6.1988	St. Pölten, Stadtsäle, Donaufestival: *Von vorn herein* op. 219 (sowie Mozart: *Serenade* KV 388, Leoš Janáček: *Concertino*, Schönberg: *Kammersymphonie* op. 9)
15.3.1989	Wien, Museum für angewandte Kunst, Eröffnung der Aktionisten-Ausstellung: *Marginal sounds* op. 162
20.8.1990	Wien, Museum für angewandte Kunst, Wiener Musiksommer: Geburtstags-Session anlässlich des 90. Geburtstages von Ernst Krenek, des 85. Geburtstages von Marcel Rubin und des 70. Geburtstages von Paul Kont: *Symphonische Musik* op. 11 (sowie Kont: *Septett in gemischter Manier* op. 61/3, Rubin: *Variationen über ein französisches Revolutionslied*, Igor Strawinsky: *Dumbarton Oaks*)
22.11.1990	Wien, Musikverein, Wien Modern: *Fantasie aus der Oper „Jonny spielt auf"*, *Arc of Life* op. 234 (sowie Elliott Carter: *Three Poems of Robert Frost*, Luciano Berio: *Sequenza III*, *Agnus*, *Folk Songs*)
15.6.1991	Paris, Musée d'Art Moderne, Festival de Paris: *Arc of Life* op. 234 (sowie Karl Schiske: *Divertimento* op. 49, Francis Burt: *Echoes*, Franz Schreker: *Kammersymphonie*)
17.3.1995	Linz, Brucknerhaus: Ernst Krenek – Literatur und Musik: *Durch die Nacht* op. 67a, *Arc of Life* op. 234, Szenen aus *Kehraus um St. Stephan* op. 66, (konzertante UA), *Blues aus „Jonny spielt auf"*
29.11.1996	Wien, ORF, Großer Sendesaal, Live-Übertragung: *Durch die Nacht* op. 67a (sowie Schreker: *Der Wind*, Karlheinz Stockhausen: *Kontrapunkte*, Mozart: *Serenade* KV 388, 1. Satz, Karlheinz Essl: *Déviation*, Francis Burt: *Echoes*, Heiner Goebbels: *La Jalousie*)
25.5.2000	Mexico City, Centro Nacional de las Artes, Auditorio Blas Galindo, CENART, XX Foro Internacional de Música Nueva Manuel Enríquez: *Trio* op. 108, *Flötenstück neunphasig* für Flöte und Klavier op. 171, *Fantasiestücke* op. 135, *Sonatine* op. 92/2b (sowie Schönberg: *Pierrot lunaire* op. 21)
6.12.2000	Wien, Musikverein, Brahms-Saal: Ernst Krenek zum 100. Geburtstag: *Arc of life* op. 234, *Durch die Nacht* op. 67a, *Von vorn herein* op. 219
6.12.2001	Wien, MICA, CD-Präsentation: *Von vorn herein* op. 219 (sowie Gerd Kühr: *Vierzehn mal eins*, Axel Seidelmann: *Labyrinth*, Francis Burt: *Hommage à Jean-Henri Fabre*)

29.11.2005 Krems, Donau-Universität: *Von vorn herein* op. 219 (sowie Johannes Maria Staud: *Bewegungen, Configurations/Reflet,* Franghiz Ali-Zadeh: *Sabah* (*Set of Parts*), Franz Koglmann: *Streichquintett plus*)

20.9.2006 New York, Austrian Cultural Forum: *Trio* op. 108 (sowie Rainer Bischof: *Trio 89* op. 26, Johannes Maria Staud: *Bewegungen,* Alban Berg: *4 Stücke* op. 5, *Adagio aus dem Kammerkonzert,* Anton Webern: *4 Stücke* op. 7)

12.11.2010 Linz, Anton Bruckner Privatuniversität, Fest Neuer Musik: *Trio* op. 108, 7 von *12 Short Piano Pieces* (sowie Alfred Peschek: *Pastiche II der Täuschende Nachahmung* (UA), Rudolf Jungwirth: *Blake* (UA), Alban Berg: *Adagio aus dem Kammerkonzert* (Trio-Fassung))

Martin Haselböck

„Für Orgel komponieren … ?“

1976: Als junger Organist hatte ich soeben meine Studien in Wien und Paris abgeschlossen, eifrig konzertiert und damals schon die großen Orgelvariationen op. 40 von Arnold Schönberg einstudiert und mehrfach aufgeführt. In meinem Orgelunterricht war die im selben Jahr 1941, ebenfalls in Kalifornien entstandene *Sonata* op. 92 no. 1 von Ernst Krenek erwähnt worden. Und als man mich einlud, Schönbergs *Variations on a Recitative for Organ* für eine Schallplatte aufzunehmen, erschien mir Kreneks Sonate als die ideale Ergänzung des Projekts.[1] Über die Universal Edition hatte ich die Adresse des Komponisten erhalten, also wurde am 12. August 1976 ein erster Brief nach Kalifornien geschickt:

> Verehrter Meister, sehr geehrter Herr Professor, gestatten Sie bitte, daß ich mich als Bewunderer Ihrer Kunst an Sie wende: ich bin Organist und habe die Möglichkeit, Ihre schöne Sonate, op. 92 in der kommenden Saison mehrfach aufzuführen, so in Wien, Paris, Brüssel und beim Helsinki-Festival. Nun habe ich die Einladung bekommen, im Frühjahr '77 das Orgelwerk Arnold Schoenbergs, die Variationen, op. 40 und das Sonatenfragment auf Platte aufzunehmen. Weiters würde ich gerne Ihre Sonate spielen. Da außerdem noch Raum und Zeit für ein weiteres Stück bestehen würde, so möchte ich Sie fragen, ob Sie in Ihrem reichen Oeuvre noch ein weiteres Orgelwerk haben, welches ich dann spielen könnte. […] Im Oktober dieses Jahres werde ich im Rahmen einer Amerika-Tournee auch Californien besuchen können. Ich bin

---

1 Die Plattenaufnahme *Sämtliche Orgelwerke Arnold Schönberg Ernst Krenek* wurde 1980 veröffentlicht (MV 50-1090); sie enthält außer Schönbergs *Variations* op. 40 und Kreneks *Orgelsonate* op. 92 zwei Fragmente einer Orgelsonate von Schönberg (1941) und Kreneks *Orga-nastro* op. 212, *Four Winds Suite* op. 223 und *Opus 231* für Violine und Orgel (mit Ernst Kovacic).

sehr daran interessiert, im Kontakt mit Ihrem und Schönbergs Lebens- und Arbeitsbereich auch mehr über Ihre Musik zu lernen.[2]

Die Antwort per Luftpostbrief kam rasch:

„Sehr verehrter Herr Haselböck,
Ihr Brief vom 12. d. hat mich sehr erfreut. Es ist sehr schön, daß Ihnen meine Orgelsonate so zusagt und daß Sie sie öfter spielen und auf einer Schallplatte aufnehmen wollen. […]

[…] mein neuestes Orgelstück, eine Suite, Die vier Winde […] dauert etwa 11 Minuten, was hoffentlich für Ihre Schallplatte nicht zu lang ist, da sich das Stück dafür sehr gut eignen würde. (Geschrieben 1975.) Es gibt noch ein anderes Stück (geschrieben 1971), Orga-Nastro, für Orgel und elektronisches Tonband. Das ist etwas kürzer, vielleicht 8–9 Minuten. Dieses Stück ist bei Bärenreiter verlegt. Vielleicht würde Sie das auch interessieren. Alle diese Stücke (außer der Sonate) sind nur in Facsimiles meiner Handschrift erhältlich, also gerade das, was Sie wünschen.

Ich freue mich sehr auf Ihr Kommen im Oktober. Inzwischen aber hoffe ich, Sie in Wien zu sehen. Ich plane, von 19. bis 25. September im Hotel Europa in Wien zu sein. Friedrich Sartor (UE) weiß Näheres.

Inzwischen bin ich mit den freundlichsten Grüßen und besten Wünschen

Ihr
Ernst Krenek

26. 8. 1976

PS Es gibt noch ein Stück, von 1962, auch ungedruckt, Organologia. Das ist freilich sehr problematisch – vielleicht danebengelungen. Sie können es hier anschauen. Die vier Winde bringe ich mit."

Die Orgelwerke waren nun bekannt, ein Treffen in Wien leider unmöglich:

---

2 Die Originale der Briefe des Autors an Krenek liegen im EKI, die der Briefe von Krenek an ihn beim Autor.

> Leider wird es mir unmöglich sein, Sie schon in Wien zu sehen, da ich schon am 7. September für zwei Monate nach Amerika gehe. […] Zwischen dem 29.9. und dem 10. Oktober werde ich an der Westküste sein, […] vielleicht ließe sich auch ein persönlicher Kontakt ermöglichen.

Die Kreneks waren aber noch auf Reisen, als ich im Oktober 1976 erstmals für ein Konzert nach Los Angeles kam. So konnte kein Treffen stattfinden. Die besprochenen Noten der *Four Winds Suite* op. 223 wurden nach Wien geschickt. Noch in Amerika hatte ich Krenek brieflich einige Fragen zu seiner eigenen Erfahrung als Orgelkomponist und zu seinen Kontakten mit Schönberg gestellt. Seine Sonate war wie auch Schönbergs *Variations* in einer vom jungen New Yorker Organisten und Dirigenten William Strickland (1914–1991) initiierten Editionsreihe erschienen, der um 1940 für die H. W. Gray Company zahlreiche Orgelwerke bei Komponisten außerhalb der Orgelszene, wie Darius Milhaud, Mario Castelnuovo-Tedesco, Virgil Thomson, Krenek und Schönberg, in Auftrag gegeben und so unser Repertoire entscheidend bereichert hatte. Die Antwort war ausführlich:

> Lieber Herr Haselböck,
> haben Sie vielen Dank für Ihren Brief vom 13. d. aus Pittsburgh. Schade, daß wir einander nicht treffen konnten. Wir waren von 1.–3. in Washington, 4.–7. in New York, seit 8. d. wieder hier. Ich nehme an, daß Sie jetzt wieder in Wien sind und meine Suite schon anschauen konnten. Ich bin neugierig, was Sie dazu sagen. Wie Sie sehen, habe ich keine Registrierung angegeben, sondern nur die Klangcharaktere, die mir vorschweben, so daß der Spieler eine Idee hat, was ich im Sinn hatte. Mir scheint das besser, weil die Orgeln doch sehr verschieden sind.
>
> Die Sonate habe ich als Auftrag für H. W. Gray geschrieben, und ich kann mich nicht erinnern, ob ich wußte, wer sonst gefragt worden war. Jedenfalls habe ich die anderen Arbeiten nicht gekannt. Die Registrierung hat dann der Herausgeber, Strickland, vorgenommen. Was für einen Orgeltyp er im Sinn hatte, weiß [ich] nicht. Ich selbst habe damals von Orgeln nicht viel gewußt, aber auf jeden Fall die Barockorgel den

romantischen 19. Jahrhundert-Modellen vorgezogen. Das gilt auch für heute. Möchte Sie das Stück mit Tonband (Orga-Nastro) interessieren? Das hat Bärenreiter, der auch die neue Suite verlegen wird.

Was sich Schönberg über die Orgel gedacht hat, weiß ich leider nicht – habe nie mit ihm darüber gesprochen. Ich erinnere mich nur, daß ich kürzlich irgendwo einen Brief von ihm gelesen habe (vielleicht in Zusammenhang mit dem Strickland-Projekt), wo er sagt, daß er, bevor er etwas schreibt, sicherstellen möchte, daß alles in dem von ihm vorgeschriebenen Oktavregister gespielt wird. Ihn stört, daß sich durch verschiedene Registrierungen die Oktaven verschieben. Das habe ich natürlich auch bemerkt (keine zwei Aufführungen meiner Sonate waren gleich), aber das hat mich nicht so gestört, weil sich manchmal interessante Überraschungen ergaben.

Ich freue mich, daß Sie meine Sachen in Kalamazoo spielen werden. Vielleicht rufen Sie mich von dort an? 714-325-6878 (Unsere Zeit ist 2 Stunden hinter Michigan zurück.)

Alles Gute, und die herzlichsten Grüße,

Ihr

Ernst Krenek

29. 10. 1976

Zwischen Herbst 1976 und Frühjahr 1977 wurden wiederum mehrere Briefe gewechselt, von mir orgelrelevante Fragen gestellt und auch schon über erste Aufführungen der *Four Winds Suite* und von *Orga-nastro* berichtet.[3] Für den Herbst 1977 wurde ich eingeladen, für ein Semester eine Orgelprofessur am durchaus renommierten Luther College in Decorah/Iowa zu übernehmen – meine erste Lehrstelle überhaupt und daher eine neue und spannende Erfahrung. Bald nach meiner Ankunft in Amerika kontaktierte ich Kre-

3 Der Autor spielte *Orga-nasto* zum ersten Mal am 30.3.1977 in Wien und bis Ende 2024 noch dreizehn Mal in Österreich, Deutschland, Japan, den USA und den Niederlanden. Zum ersten Mal führte er die *Four Winds Suite* am 20.11.1977 in Albert Lea/MN auf, nach dem unten geschilderten ersten Treffen mit Krenek. Seitdem spielte er sie noch dreißig Mal in Europa, den USA, Mexiko, Südafrika und Australien.

nek um nun endlich ein persönliches Treffen in die Wege leiten zu können. Auf meine Zuschrift mit Terminvorschlägen erhielt ich alsbald die folgende Antwort:

Lieber Herr Haselböck,
haben Sie vielen Dank für Ihren lieben Brief vom 13. d. Natürlich freue ich mich sehr, wenn Sie auch ohne Konzert in unsere Gegend kommen, obwohl wir ein solches natürlich gern gehört hätten.

Die ersten Dezembertage sind nicht sehr günstig, weil ich am 4. ein Konzert in Oregon dirigiere und dann weiter nach Ann Arbor und Buffalo gehe. Ein Wochenende im November wäre günstiger.

Es gibt hier im Claremont College nicht so weit von hier eine sehr schöne, neue Orgel, auf der z. B. Marilyn Mason[4] sehr gern gespielt hat, und es ist kein Problem, sie Ihnen zugänglich zu machen, wenn Sie mir meine Stücke verspielen wollen. Wenn Ihnen das angenehm wäre, so könnten wir uns über das Datum und auch die Details Ihrer Reise verständigen – von wo Sie wohin fliegen müßten. Wollen Sie mich vielleicht hier anrufen? Die Nummer ist 714-325-1878 (wir sind zeitlich 2 Stunden hinter Ihnen zurück.)

Wir freuen uns sehr auf ihren Besuch und grüßen herzlichst mit besten Wünschen.

Ihr
Ernst Krenek

16. 9. 1977

Meine Unterrichtstätigkeit in Iowa war dicht gefüllt mit zusätzlichen Konzerten an den Wochenenden, wobei jeweils vom kleinen Flugplatz in Rochester/Minnesota in die jeweiligen Konzertorte geflogen wurde. Den Kreneks wurde nun ein Besuchstermin vorgeschlagen:

---

4 Für die Organistin Marilyn Mason, die seit 1962 das Department für Orgel an der School of Music der University of Michigan, Ann Arbor/MI, leitete und seit 1965 dort Professorin war, hatte Krenek 1971 *Orga-nastro* und 1975 die *Four Winds Suite* komponiert. Sie hatte op. 212 1971 in Ann Arbor und op. 223 1977 in Düsseldorf uraufgeführt.

Wenn es für Sie möglich ist, möchte ich gerne vom 3. bis zum (einschließlich) 6. November nach Kalifornien kommen um Ihnen an einem dieser Tage im Claremont College die Sonate, Orga-Nastro und die „Vier Winde" vorzuspielen. Ich werde mir erlauben, Sie diesbezüglich noch anzurufen.

Nun war die Periode für unser erstes Treffen fixiert und ich erhielt alsbald nähere Informationen:

Lieber Herr Haselböck
[...] Gestern habe ich versucht, Sie anzurufen, aber im College waren Sie noch nicht und von Ihrer Privatnummer erfuhren wir, daß Sie zu den Benediktinern nach Collegeville MN abgereist waren.

Ich wollte Ihnen sagen, was ich für Ihren Besuch vorbereitet habe. Der beste Tag für die Orgel-Sitzung ist Sonntag, 6. November. Mein Freund Karl Kohn (ein Wiener), der am Pomona College Komposition unterrichtet,[5] hat die schöne Skinner Orgel für den ganzen Tag reserviert und uns auch zum Lunch eingeladen. Ich habe vorgeschlagen, daß wir uns um 10 Uhr vormittag dort treffen und unsere Arbeit bis Mittag fertig machen. Sollten wir mehr Zeit brauchen, können wir nach dem Essen nochmals hingehen.

Bitte lassen Sie mich wissen, wann und wo Sie hier sein werden (auch Telephonnummer, wenn möglich) so daß wir genau vereinbaren können, wie und wo wir uns treffen. Das College ist in Claremont, circa 1–1½ Stunden von Los Angeles per Auto, je nachdem von wo man kommt.

Auf bald also, herzlichst

Ihr
Ernst Krenek

21. 10. 1977

714-325-1878

5 Zu Karl Kohn vgl. die Daten im *LexM*: https://www.lexm.uni-hamburg.de/object/lexm_lexmperson_00004352 [14.1.2025].

Nun war alles vorbereitet: Ich konnte einen Flug von Rochester nach Los Angeles buchen, gleichzeitig aber auch einen weiteren Termin mit Leonard Stein und Clara Steuermann, dem Direktor und der Archivarin des damals an der University of Southern California (USC) angesiedelten Arnold Schoenberg Institute[6] vereinbaren. Am 4. November flog ich vom schneebedeckten Flughafen in Minnesota ins sommerliche Los Angeles, übernahm einen – wie ich mich erinnere – sehr großen Mietwagen und quartierte mich in einem bescheidenen Motel in der Nähe der USC ein. Am nächsten Tag, es war ein Samstag, traf ich im Schoenberg Institute Leonard Stein, der ab 1939 als Schönbergs persönlicher Assistent dem Komponisten auch bei der Endfassung der Orgelvariationen behilflich gewesen war. Ich konnte die Autographe und Skizzen der *Variations* und der Sonatenfragmente[7] einsehen und bei Clara Steuermann davon Kopien bestellen. Mit Leonard Stein gab es ein Privatissimum mit Informationen zur Entstehung und zu frühen Aufführungen der Orgelwerke Schönbergs. Wiederum angesprochen wurde auch die mir damals wichtig erscheinende Frage der Orgelregistrierungen, der Notwendigkeit, zur Steigerung der Dynamik beim Orgelklang auch sonst verpönte Oktavverdopplungen vorzunehmen, eine Frage, die oftmals in meinem frühen Briefwechsel mit Krenek diskutiert wird.

Am kommenden Sonntagmorgen startete ich früh in Richtung der im Südosten der Stadt gelegenen Claremont Colleges. Pomona College ist eines von mehreren in einem universitären Verbund zu-

6 Das Arnold Schoenberg Institute (ASI) war 1973 an der USC gegründet worden und wurde von Leonard Stein geleitet. Das Archiv unter der Leitung von Clara Silvers Steuermann, der Witwe des Pianisten und Komponisten Eduard Steuermann, war bis 1997 zugänglich. Die Erben des Komponisten hatten den Nachlass an das ASI unter Auflagen gegeben, die die Universität ab 1996 nicht mehr erfüllte, so dass sie 1997 in Wien mit der Arnold Schoenberg Center Privatstiftung die Nachfolgeinstitution gründeten.

7 Die beiden Fragmente einer Sonate für Orgel entstanden 1941, sie sind gedruckt in der Schönberg-Gesamtausgabe, Reihe A, Bd. 5, S. [171]–180; Reihe B, Bd. 5, S. 93–95. Zur Aufnahme vgl. Anm. 1.

sammengefassten Liberal Arts Colleges. Sein Music Department wurde von dem 1926 in Wien geborenen Komponisten Karl Kohn geleitet, der übrigens bis zu seinem Tod mit 98 Jahren noch als „Distinguished Service Professor Emeritus“ in der Fakultät geführt wurde. College Organist war Ennis Fruhauf, ebenfalls Komponist, der von der University of Michigan in Ann Arbor nach Kalifornien gekommen war.

Beide Herren erwarteten mich bereits vor der vereinbarten Zeit. Ich hatte einige Minuten der Vorbereitung an der Orgel, als Gladys und Ernst Krenek pünktlich um 10 Uhr eintrafen. Die Atmosphäre pendelte zwischen respektvoller Distanz und durchaus auch kalifornischer Lässigkeit. Krenek erschien mir kleiner – auch fragiler –, als ich ihn mir vorgestellt hatte, und mir fiel seine indianische „Bolo-Tie“-Krawatte[8] auf. Die Spannung wurde durch eine erste Bemerkung gelockert: Für Orgel zu schreiben sei gar nicht so schwer, meinte Krenek, er habe soeben mit seiner *Akko-Music* ein Akkordeonstück komponiert und dies sei ohnedies „almost the same“. Das Vorspiel begann. Ich erinnere mich, zuallererst dem Komponisten einzelne Stellen der Sonate in unterschiedlichen Registrierungen angeboten zu haben: „Man kann das so spielen“ – „sehr schön“. „Man kann es aber auch so registrieren“ – „auch sehr schön“. Nach der dritten Variante kam die Order: „You are the organist – you have to decide.“ Eine angeregte Diskussion über die Freiheit der Organisten, Klänge zu wählen und zu mischen, mündete in das Ergebnis, dass komponierende Organisten (z. B. Messiaen) genaue Registriervorschriften machten, die aber nicht an allen Orgeln umgesetzt werden könnten, während „orgelferne“ Komponisten wie Krenek gut daran täten, in ihren Partituren bloße Klangcharaktere („brassy“, „Flutes“ etc.) anzugeben, um die Umsetzung dann den Organisten zu überlassen. Die Stücke wurden genau durchgegangen, in einem benachbarten Studio konnte ich dem Komponisten

8 Eine um den Hals gelegte Schnur, deren beide langen Enden unter dem Hals durch eine Spange zusammengehalten werden. Krenek trug sie ebenso gern wie eine seiner langen Ketten mit Anhängern.

vorbereitete Tonbandaufnahmen der Werke vorspielen. Jahre später schrieb der College-Organist Ennis Fruhauf an mich:

> I recall well our mutual visit with Mr. Krenek and the subsequent gathering with the Kohns. I also remember with interest your interpretation of Mr. Krenek's organ works, as well as your use of diverse octave displacements and registrations in his music.

In der Konversation wurde zwischen Deutsch und Englisch gewechselt, beeindruckend für mich war die „altwiener“ Sprachfärbung der beiden Herren Krenek und Kohn mit nicht mehr gebräuchlichen Wörtern („kolossal“) und nicht mehr gebräuchlichen Redewendungen.

Beim Lunch stieß Kohns Gattin Margaret, eine Pianistin, zur Gruppe. Ich erinnere mich, dass über die Kinobesuche der Kreneks an Wochenenden gesprochen wurde, wo sie nach der Fahrt von Palm Springs nach Los Angeles dort an einem Tag zwei oder drei Filme in unterschiedlichen Kinos sahen. Auch die schwierige Aufführungssituation in Los Angeles wurde – mit etwas Verbitterung – angesprochen: das L.A. Philharmonic ignoriere seine Musik, das Schoenberg Institute sei nur auf dessen Musik ausgerichtet, die Verlagssituation sei schwierig etc. Erstmals hörte ich, dass auch Kreneks Frau ein Orgelstück geschrieben habe[9] (ich hatte von ihr eigentlich bis zu unserem Treffen wenig gewusst). Die Konversation mit den beiden exilierten Komponisten und ihren amerikanischen Frauen eröffnete mir einen neuen Blick auf die damals noch reiche Szene alter österreichischer Emigranten in Kalifornien.

Zurück in Iowa erhielt ich sofort weitere Repertoire-Hinweise des Komponisten:

---

9 *Signals from Nowhere* (*Signale aus dem Nichts*) für Orgel und Tonband, komponiert 1973, UA 1975 am Claremont College in Claremont/CA durch Marilyn Mason. Haselböck spielte das Werk an 3.7.1981 in Wien und seitdem noch mehrmals in Österreich und in L.A.

Lieber Herr Haselböck
Ihr Besuch hat uns sehr erfreut, und ich danke Ihnen sehr, daß Sie die weite Reise nicht gescheut haben, um unsere Begegnung zu ermöglichen. Ihre Tonbänder waren sehr eindrucksvoll und unsere Unterhaltung bei der Orgel war informativ und nützlich.

Wäre es Ihnen möglich, mir ein Tonband von Orga-Nastro zu schicken? Ihre Wiedergabe des Stücks war ganz ausgezeichnet und ich hätte das gern in meiner Sammlung. Bisher habe ich noch kein Tonband von diesem Werk.

Kennen Sie übrigens mein Werk La Corona f. Mezzosopr., Bariton, Orgel und (sehr einfaches) Schlagwerk? Das sind 7 Sonette von John Donne (englisch), geschrieben in den vierziger Jahren. Das Stück ist hier und da in Amerika und Europa aufgeführt worden[10] und hat immer großen Eindruck gemacht. Ich könnte mir denken, daß Sie das interessieren würde. Die Noten sind von Bärenreiter zu haben.

Die haben übrigens auch zehn Choralvorspiele von mir in Band IV ihrer Sammlung gedruckt.[11] Haben Sie die gesehen?

Wir sollen am 8. und 9. Dezember in Ann Arbor, MI, und am 11. u. 12. in Buffalo, N.Y. sein. Hoffentlich werden wir den Schnee überstehen.

Nochmals vielen Dank für Ihren Besuch und beste Wünsche von uns beiden

stets Ihr
Ernst Krenek

12. 11. 1977

Nachdem auch über neu zu komponierende Werke und über mögliche Kompositionsaufträge gesprochen wurde, begann ich noch vor meiner Rückkehr nach Europa im Dezember 1977 mit der Propagierung von Kreneks Œuvre in meinem Umfeld. Der Carinthische Sommer Ossiach, bei dem ich alljährlich als Organist auftreten

10 *La Corona* op. 91, 1941 komponiert, wurde zuerst 1958 im Dänischen Rundfunk in Kopenhagen aufgenommen und 1960 in Hannover aufgeführt, ein Jahr später in in Berkeley/CA.

11 Op. 211, 1971 komponiert, gedr. in: *Choralvorspiele für den gottesdienstlichen Gebrauch*, Bd. 4, Kassel 1975.

konnte, besaß in der dortigen Stiftskirche eine wunderschöne neobarocke Metzler-Orgel. Obwohl der Gründungsintendant Helmut Wobisch durch seine Tätigkeit als Vorstand der Wiener Philharmoniker eng mit Leonard Bernstein und Gottfried von Einem verbunden war,[12] konnte ich ihn überzeugen, einen Kompositionsauftrag an Ernst Krenek zu geben, den der Komponist für eine Uraufführung im Sommer 1979 auch annahm. In Vorbereitung dieses Projekts entwickelte sich ein intensiver Briefwechsel. Ein Tonband mit Klangaufnahmen jedes einzelnen Registers der Orgel wurde übersandt, über spezielle Klangmöglichkeiten lange diskutiert. Das Ergebnis, ein 15-minütiges Konzert für Orgel und Streichorchester op. 230, ist ein Meisterwerk, das in der Zwischenzeit seinen Weg ins Repertoire gefunden hat. Gleich nach seiner Entstehung konnte ich es mit Dirigenten wie Claudio Abbado, Leif Segerstam und Lothar Zagrosek mehrfach spielen.[13]

Mit dem Geiger Ernst Kovavic hatte ich schon mehrere Duokonzerte gegeben. Als über einen Abend im Mozart-Saal des Wiener Konzerthauses – mit seiner damals noch existierenden Orgel – gesprochen wurde, bestellte der Intendant Hans Landesmann ein neues Werk bei Ernst Krenek in dieser Kombination für uns beide. *Opus 231* – in direkter Verwandtschaft zum Orgelkonzert op. 230 „als Freundschaftswerk für Martin Haselböck und Ernst Kovacic“ geschrieben – geht gekonnt auf die Klanglichkeit kleinerer Orgeln ein und verwendet die in zahlreichen Briefen diskutierten speziellen Registereffekte. Da ich in der Zwischenzeit gemeinsam mit dem Komponisten Thomas Daniel Schlee mit der Ausgabe einer Univer-

12 Der Trompeter Helmut Wobisch wurde im „Dritten Reich“ Mitglied der Wiener Philharmoniker, war 1954–1968 Geschäftsführer des Orchesters, gründete 1969 das Festival und leitete es bis zu seinem Tod 1980. Er vermittelte mehrfach Kompositionsaufträge an von Einem. – Leonard Bernstein war Ehrenmitglied der Wiener Philharmoniker.

13 UA am 22.7.1979 beim Carinthischen Sommer in Ossiach; weitere Aufführungen u.a. in Ossiach und Wien sowie in Helsinki, unter der Leitung u.a. von Krenek (s. die Liste im Anhang von Burwiks Beitrag) und den genannten Dirigenten.

sal Orgel Edition betraut worden war, konnten die Opera 88, 230, 231 (und später op. 239)[14] gleich in Kreneks altem Verlag, der Universal Edition, erscheinen.

Nicht nur brieflich intensivierten sich unsere Kontakte: Nach Palm Springs war ich erstmals im September 1978 gemeinsam mit dem Hornisten Jeff von der Schmidt gekommen, für den Krenek sein Horn-Orgel-Duo *Opus 239* schreiben sollte.[15] Die Kreneks kamen zu mehreren Aufführungen nach Los Angeles oder Santa Barbara.

Nach meiner Heirat 1979 intensivierten sich die Kontakte zwischen den Familien: Jeder der sommerlichen Wienbesuche wurde für Einladungen genutzt, Kreneks waren bei uns in Wien und in Oberösterreich oftmals zu Gast, zumindest einmal jährlich kamen wir nach Kalifornien – vorerst allein, dann mit der größer werdenden Familie. Unvergessen sind gemeinsame Ausflüge zum Joshua Tree National Monument oder nach Borrego Springs.[16] Krenek kam selbst, um sein Orgelkonzert in Ossiach bei einer Wiederaufnahme zu dirigieren.[17] Der kleine, aber ergebene Freundeskreis versammelte sich bei Musikfesten in Graz oder Santa Barbara, größere Feierlichkeiten zu seinem 80. Geburtstag warfen ihre Schatten voraus.

1977 konnte ich eine neue große Orgel im australischen Adelaide einweihen. Die Zusammenarbeit mit dem australischen Dirigenten John Hopkins und dem Direktor der australischen Musica Viva Philipp Henry ließ das Interesse an einem neuen „großen" Konzert für Orgel und Orchester wach werden. Krenek kam hier bald

---

14 *Little Concerto* für Klavier, Orgel und Kammerorchester sowie die beiden Konzerte mit Orgel und das Horn-Orgel-Duo.

15 Dieses Werk spielte Haselböck mit Jeff von der Schmidt zum ersten Mal 1989 beim Krenek-Symposion in Lübeck. Beide nahmen das Duo später auf CD auf (VMS 115); auf ihr sind auch *Opus 231* (mit Kovacic) sowie die *Orgelsonate*, die *Four Winds Suite*, *Orga-nastro* und *10 Choralvorspiele* op. 211 enthalten.

16 Auf halber Strecke zwischen Palm Springs und San Diego im San Diego County gelegen.

17 Am 21. August 1985 mit dem ensemble XX. jahrhundert.

29.9.1979, Palm Springs, vor dem Haus der Kreneks: Gladys und Ernst Krenek und Barbara und Martin Haselböck, Foto: Jeff von der Schmidt

ins Gespräch. Ein langwieriger Prozess der Vorbereitung wurde nach und nach immer konkreter, so dass Krenek schließlich in der Form eines gemeinsamen Vertrags des Arts Centre Melbourne und des ORF eingeladen wurde, ein großes Orgelkonzert aus Anlass der 70-Jahr-Feier des Wiener Konzerthauses zu schreiben. Das 1982 komponierte *Konzert für Orgel und Orchester* op. 235 wurde schließlich von mir am 17. Mai 1983 mit dem Melbourne Symphony Orchestra unter John Hopkins im Melbourne Arts Centre uraufgeführt, dann am 19. Oktober mit dem ORF-Symphonieorchester unter Lothar Zagrosek im Wiener Konzerthaus wiederholt.[18] In den folgenden Jahren kam dieses Konzert – oft in Gegenwart Kreneks – zu zahlreichen Wiederaufführungen, so in New Orleans, Denver, Haarlem, Odense, Leipzig und Helsinki.

18 Der Mitschnitt dieser Aufführung ist auf CD veröffentlicht (ORFEO C 076001 A). – Weitere Aufführungen von op. 235 u.a. mit den Sinfonieorchestern des MDR und des BR, dem Helsinki Philharmonic Orchestra, der Symphony of New Orleans und dem Odense Symphony Orchestra.

Inmitten all dieser intensiven Begegnungen, Korrespondenzen und Aufführungen wurde in einem der Briefe erstmals ein neuer Plan erwähnt:

> Lieber Haselböck,
> [...] wir beschäftigen uns im Augenblick mit der Aufstellung unserer Testamente, und dabei entstand der Plan, eine E. K. Stiftung mit dem Sitz in Wien zu gründen, die sich mit der Pflege meiner Musik befassen soll (Neudrucke, Aufführungen etc.). Die Stiftung würde der Erbe meiner Tantiemen sein. Sie ist als international gedacht, mit europäischen und amerikanischen Mitgliedern, jedoch einem Exekutivausschuß in Wien. Über diese Details verhandeln wir zur Zeit mit Advokaten hier und dort (in Wien Dr. Michel Walter, Laudongasse 25/6 (1080), Tel. 424500.) Die Frage ist: hätten Sie Lust, als Präsident dieser Stiftung zu fungieren, wenn es so weit ist? Ich brauche Ihnen wohl nicht zu erklären, warum ich an Sie denke – Sie sind ein Musiker, ein Komponist, ein treuer, ergebener Freund, ein junger Mann, der hoffentlich noch viele Jahre nach mir da sein wird, und Sie verstehen und lieben meine Musik. Was mehr kann man sich wünschen?
> Bitte schreiben Sie bald.
> Alles Gute Ihnen und Ihrer Frau von uns beiden,
> herzlichst
> Ihr
> 30. 1. 1981 Ernst Krenek

Für mich war diese direkte Frage höchst ehrenvoll, sie kam aber doch überraschend. Nach und nach wurden die nötigen Schritte durch zahlreiche europäische und amerikanische Freundinnen und Freunde der Kreneks in Angriff genommen und letztlich auch erfolgreich umgesetzt.[19] Aber dieses Kapitel verdient eine eigene Erzählung.

---

19 Zur Gründung des Vereins Ernst Krenek Institut Wien, der 2004 von der Ernst Krenek Institut Privatstiftung abgelöst wurde, vgl. Anm. 21 im Beitrag von Peter Burwik. – Martin Haselböck war von 1997 bis 2000 der Präsident des Vereins.

David Geringas

Meine Begegnungen mit Krenek[1]

In der Spielzeit 1982/1983 hatte man mich gefragt, ob ich bei den Salzburger Festspielen das neue *Cellokonzert Nr.* 2 op. 236 (1982) von Ernst Krenek spielen konnte, einem Komponisten, der Zeuge des ganzen zwanzigsten Jahrhunderts war. Er hatte die Zweite Wiener Schule erlebt, die Zwölftontechnik befürwortet, Alma Mahler und Oskar Kokoschka gekannt. Krenek war das, was man eine „Legende“ nennt. Mir schien es eine unwiederbringliche Chance zu sein, mit ihm zu arbeiten. Ich sollte mich nicht täuschen, denn ich erlebte schon bald – in Salzburg, wo wir uns zu den Proben mit Hans Zender trafen – in ihm einen fesselnden, klugen, scharf formulierenden Gesprächspartner.

Zender war damals Generalmusikdirektor an der Hamburgischen Staatsoper. Bevor wir nach Salzburg gehen sollten, kam er zu mir nach Hause,[2] um das Konzert mit mir durchzugehen. Er kannte Kreneks Musik gut und war selbst Komponist, weshalb er schöpferische Ideen für das Textverständnis entwickelte. Für mich war es anfangs ein Problem, ein zwölftönig konzipiertes Werk so zu spielen, dass es klingt und Sinn bekommt. Doch Zender half mir. Er zeigte mir, wie man in einem dodekaphonen Satz plastische Phrasen bilden kann, machte mich auf die Gesten der Musik aufmerksam, auf rezitativische Aussagen. Mir leuchtete das nicht nur ein, es gefiel mir sogar, und ich übernahm viele seiner Ideen. Außerdem

---

1 Die Erinnerungen an Krenek wurden zuerst veröffentlicht in: David Geringas, *Sag das niemandem. Lebenserinnerungen eines Cellisten*, aufgeschrieben von Jan Brachmann, Hofheim 2023, S. 221–225. Sie wurden für diesen Band leicht überarbeitet und mit Anmerkungen versehen.

2 Seit er 1976 Solocellist des NDR-Orchesters geworden war, lebte Geringas in Hamburg.

hatten wir kurz darauf in Wien und Salzburg mit dem Orchester des ORF mehr Proben als sonst üblich.

Bei der Arbeit stellte sich dann heraus, dass das Konzert nicht nur virtuos, sondern überaus rhetorisch war, aufgeladen mit erzählerischer Gestik, fast dramatisch. An einer Stelle hatte Krenek vorgesehen, dass der Solist auf das Cello schlagen muss. Als ich während der Generalprobe sah, dass Krenek im Saal saß, dachte ich mir, ich müsse jetzt alles geben. Die Stelle kam, und ich schlug zu mit voller Wucht. Starker Eindruck! Der Komponist schien zufrieden zu sein. Es war ein sonniger Tag, wir alle hatten gute Laune und nach der Probe das Gefühl, das Konzert sei wunderbar einstudiert. Ich fühlte mich sicher und ging spazieren.

Als ich zurückkam und den Cellokasten öffnete, sah ich: Mein Cello war kaputt. Es hatte ein Loch in der Zarge. „Sabotage!", dachte ich, „jemand will mein Debüt bei den Salzburger Festspielen torpedieren." Aber wer hätte mir das antun sollen? Und die zweite Frage: Wie und womit würde ich nun spielen? Dann wurde mir klar: Ich war es selbst gewesen. Ich und niemand anderes hatte in Rage so sehr auf die Zarge geschlagen, dass sie gerissen war. Das war mir nun besonders unangenehm, zum einen wegen der Aufführung, zum anderen, weil ich zwei Tage später zu meiner ersten Japanreise aufbrechen musste. Mit einem Loch im Cello fliegt man nicht nach Japan; aber ein anderes Instrument hatte ich nicht. Es blieb nichts anderes übrig: Das Cello musste schleunigst repariert werden.

Wir sausten in Windeseile nach Hamburg, wo Hubert Schnorr, mein Cello-Doktor, mich und mein Instrument rettete, wie es nur ein treuer Freund tun kann – allerdings erst nach dem Krenek-Konzert. In Salzburg behalf ich mich mit Klebeband, damit das Holz nicht schnarrte. Schon in einem Vorbericht hatte es in der Zeitung geheißen: Mal sehen, wie Geringas das meistert. So etwas im Vorfeld eines Konzerts lesen zu müssen, ist nicht angenehm oder gar motivierend. Aber alles ging gut. Nichts Schlimmes passierte, nur der Schlag auf die Zarge fiel zahmer aus als beim letzten Mal. Ich wollte das Cello nicht völlig ruinieren.

Krenek war eine lebende Bibliothek. Er plauderte unaufhörlich: über Schönberg, Berg und Webern. Nur bei einer Person wurde er unwillig: Alma Mahler. Sie war seine Schwiegermutter gewesen, er hatte ihre Tochter Anna Mahler geheiratet. „Die Hexe ist schuld, dass wir so schnell wieder auseinandergegangen sind", knurrte er. Auch sechzig Jahre danach konnte er ihr nicht verzeihen. Seinem Schwiegervater, Gustav Mahler, der schon gestorben war, als Krenek selbst noch nicht einmal elf Jahre alt war, blieb er verbunden, als er aus dessen Skizzen das Scherzo – „Purgatorio" – zur zehnten Symphonie vollendete.[3]

Krenek war im Gespräch schlagfertig und witzig. Seine Musik konnte man beim ersten Eindruck für trocken halten, aber ich begriff nach und nach, wie wichtig Ausdruck und Geste für ihn waren. Ich erlebte ihn selbst dann doch sehr emotional. Das war im Zusammenhang mit seinem letzten Stück: *Dyophonie* op. 241 für zwei Celli. Damals hatte mein Schüler und Freund Emil Klein mit dem Sonare-Quartett alle Streichquartette von Ernst Krenek einstudiert[4] und ihn um ein Stück für uns beide mit Orchester gebeten. Wir spielten oft im Duo zusammen. Krenek antwortete, er meine, für Cello mit Orchester schon genug gesagt zu haben, aber für zwei Celli allein zu komponieren, das reize ihn. Tatsächlich schrieb Krenek dann 1988 seine *Dyophonie* (und widmete sie uns beiden) – ein Stück, so wild, so voller Ausdruck, so ausschweifend emotional, dass man nicht glauben mag, dass es von einem fast Neunzigjährigen stammt!

Unser Hochschulrektor in Lübeck war damals der Sänger Günter Binge.[5] Der Kammermusiksaal auf dem neuen Gelände war ge-

---

3 Vom *Purgatorio* lagen als Partitur nur die ersten ca. 30 Takte in Mahlers Autograph vor. Zusätzlich ergänzte Krenek im Sommer/Herbst 1923 auch das vollständig im Particell vorhandene Adagio zur Partitur. Die beiden Sätze in Kreneks Bearbeitung wurden am 12.10.1924 von den Wiener Philharmonikern unter Franz Schalk uraufgeführt.

4 Sie spielten die Werke von 1987 bis 1989 auf CDs ein.

5 Der Bariton Günter Binge, seit 1986 Professor an der Musikhochschule Lübeck, war dort von 1988 bis 1991 Rektor. Er hatte einige zeitgenössische Werke in

rade eingeweiht worden, es gab viele gute Ideen. Eine davon lautete: Wir laden Krenek nach Lübeck ein, zu einem Festival mit 25 seiner Werke.

In dieser Zeit bereitete ich Kreneks sämtliche Werke für Cello und Orchester für die Aufnahme mit dem Deutschen Symphonie-Orchester Berlin und Hanns-Martin Schneidt[6] vor. Das erste Konzert war nur bei der Uraufführung gespielt worden, danach nie wieder.[7] Bei der Vorbereitung auf das Festival entdeckte ich viele weitere Stücke, die noch gar nicht uraufgeführt waren. Er musste vieles ohne Auftrag, sondern nur aus innerem Antrieb geschrieben haben. So hat unsere Gesangsabteilung einige Lieder und sogar eine ganze Kammeroper aus der Taufe gehoben.[8] Ein Stück für vier Celli führte ich gemeinsam mit meinen Schülern auf, dann seine selten gespielte Solo-Suite,[9] schließlich am 15. Juni die *Dyophonie* als Ur-

---

Erst- und Uraufführungen gesungen. Das von ihm geplante Krenek-Festival *Ernst Krenek in Lübeck* fand vom 14. bis 17.6.1989 statt.

6 Der Dirigent Hanns-Martin Schneidt war 1963–1986 GMD des Sinfonieorchesters Wuppertal, leitete danach den Münchner Bach-Chor und war Professor für Orchesterleitung und Kirchenmusik an der Hochschule für Musik und Theater München. Er war Gastdirigent bei vielen Orchestern, darunter dem RSB. – Die CD erschien 1999 bei Koch-Schwann (3-1078-2).

7 Krenek hatte sein Cello-Konzert Nr. 1 op. 133 (1952/53) für die amerikanische Cellistin Margaret Aue geschrieben, die es 1954 mit dem LA Philharmonic Orchestra unter Alfred Wallenstein uraufführte. Zwei Jahre später spielte sie es noch einmal beim ORF in Wien mit dem Komponisten am Pult.

8 Am 16. Juni wurden die 1924 komponierten sog. *Verhaeren-Lieder* aufgeführt; sie waren noch ungedruckt und wurden selten gesungen. Ihre UA fand 1951 im LA City College mit der Altistin Suzanne Coray unter Kreneks Leitung statt, eine weitere Aufführung im Juni 1965 im Dartmouth College in Hanover/NH, und 1978 spielten Neva Pilgrim, das Madison Quartet und der Klarinettist William Nichols das op. 30a auf Orion ORS 79348 ein. – In der „Opernwerkstatt" brachten am 15. Juni fünf Studierende für Gesang bzw. Klavier unter der Leitung von Ernst R. Barthel den ersten Akt von Kreneks *Vertrauenssache/What Price Confidence* op. 111 (1945) mit großer Begeisterung und Erfolg zu Gehör. Die Kammeroper wird seit der UA 1962 in Saarbrücken oft aufgeführt; ihre kleine Besetzung erlaubt auch die Einstudierung an Hochschulen.

9 Geringas spielte die *Suite* für Cello solo op. 84 und die zweite der beiden *Cello-Studien* op. 184, betitelt *Vorkehrungen zur Rückkehr sind getroffen*, zusam-

aufführung. Sie fand so lauten Beifall, dass wir sie sofort wiederholten. Mitten im Publikum saß Ernst Krenek, überglücklich, dass er das alles erleben durfte.

Es war im Juni 1989, Krenek ging gutgelaunt nach dem Konzert ins Restaurant, trank Weißwein und brach zusammen. Als er wieder zu sich kam, konnte er sich nicht erinnern, im Konzert gewesen zu sein. Man brachte ihn ins Krankenhaus und stabilisierte ihn. Als er zurück in den USA war, rief ich ihn in Palm Springs an, um zu erfahren, wie es ihm ginge. Da konnte er sich wieder an vieles erinnern, an mich, an das Konzert, an die Uraufführung. Wir unterhielten uns sehr nett am Telefon, danach bekam ich noch einen Brief von ihm: in ganz kleinen Buchstaben geschrieben, so klein wie die Noten in seinem Konzert, aber in vollendetem Stil.

In die Handschrift geht tatsächlich viel vom Charakter eines Menschen ein. Pendereckis Handschrift ist raumgreifend, voller Schwung, mit viel Bewegung. Krenek schrieb sehr klein, dafür aber akribisch. Wir spielten in den achtziger Jahren Kreneks Musik tatsächlich noch nach handschriftlichem Material, wie zu Bachs oder Mozarts Zeiten. Drucke lagen uns nicht vor. Aber aus seinem ursprünglichen Manuskript konnte ich, weil alles so klein war, nicht spielen. Ich schrieb meinen Part selbst noch einmal ab. Copyshops, in denen man mit der Zoomtaste das Lesbarkeitsproblem lösen konnte, gab es noch nicht. Das Abschreiben hatte aber einen großen Vorteil: Wenn das Stück einmal durch die eigene Hand und den Kopf gegangen ist, kennt man es besser. Abschreiben hilft beim Lernen.

---

men mit drei seiner Studierenden am 16. Juni in der Instrumentalwerkstatt des Festivals. Krenek hatte die Suite op. 84 Anfang 1939 für den Verlag G. Schirmer komponiert; sie wurde 1939 von Claus Adam (damals im Minneapolis Symphonie Orchestra, später bekannt als Cellist im Juilliard String Quartet) an Kreneks neuen Wirkungsstätte, dem Vassar College in Poughkeepsie/NY, uraufgeführt. 1963 komponierte er auf Anregung des Bärenreiter-Verlags als Beitrag für die dort 1965 von Susanne Hirzel herausgegebene *Violoncello-Schule* die beiden *Cello-Studien*. Sie waren das erste Mal 1968 in Riehen (Basel-Stadt) in einem Privathaus gespielt worden und sind später separat gedruckt worden.

Kreneks zweites Konzert konnte ich nach der Salzburger Uraufführung noch ein paar Mal woanders spielen, darunter auch bei den Berliner Festwochen 1985[10] und im Wiener Konzerthaus 1988. Nach und nach gewann die Musik für mich etwas Selbstverständliches. Natürlich war es schwer, Kreneks Konzert zu lernen, denn es orientiert sich überhaupt nicht an Fragen der Spielbarkeit. Krenek hat absolute Musik notiert, so wie sie in seinem Kopf gereift ist. Die Fragen der Ausführung muss der Spieler selbst lösen. Manchmal kann es da zu Problemen kommen. Ändern konnte man bei Krenek nichts. In zwölftönigen Stücken, die einer so entschiedenen konstruktiven Methode folgen, bleibt kein Raum für Diskussionen. Das System bestimmt jedes Detail. Das Einzige, worüber sich diskutieren ließ, war die Frage, ob man eine Note richtig gelesen hatte. Und manchmal übersah man vielleicht einen Punkt hinter der Note oder der Komponist hatte ihn vergessen hinzuschreiben, weshalb die Metrik des Taktes nicht stimmte. Das war dann nachzurichten.

Doch es lohnt sich, über einen längeren Zeitraum an solch einem Stück zu arbeiten – nicht nur für die Solisten, auch für die Orchester. Mit der Zeit verinnerlicht man ein neues Stück so sehr, dass es einem vertraut wird wie eines der großen Klassiker. Freilich fehlt im Allgemeinen die Zeit für eine wirklich gute Probenarbeit und das Einstudieren neuer Werke. Das Material zum zweiten Cellokonzert von Penderecki beispielsweise kam vom Autor zehn Tage vor der Uraufführung.[11] In dieser kurzen Spanne hat Rostropowitsch das Stück lernen müssen. Das ist nahezu unmöglich. Man kann in einer solch kurzen Frist ein Stück zwar auswendig lernen, aber verinnerlichen kann man es nicht. Es lagert sich nicht in unserem Körpergedächtnis ab wie die Musik von Beethoven oder Schumann, an der wir unser Leben lang arbeiten. Durch meine ausdauernde Beschäftigung mit Kreneks Konzert habe ich selbst gespürt, wie das Spiel sich ändert, wenn die Schwierigkeiten der Textbewälti-

10 Die UA bei den Salzburger Festspielen war am 9. August 1983.

11 Die UA des Auftragswerks der Berliner Philharmoniker zum 100-jährigen Jubiläum des Orchesters fand 1982 statt.

15.6.1989, Musikhochschule Lübeck, zur Uraufführung der *Dyophonie*: Ernst Krenek mit David Geringas und Emil Klein (stehend)

gung erst einmal überwunden sind. Mit einem Mal trat hervor, was diese ungewohnte, akribische, durchkonstruierte Musik in Wahrheit war: witzig, klar und geistreich.

Geoffrey D. Madge

A Masterclass With Ernst Krenek in the Recording Studio

It was a great honor for me to be invited by the WDR to record the piano sonatas by Ernst Krenek with the composer as artistic director.

I had heard rumors of difficulties with performers arising from the fact that he required a manner of performance that had to meet very high standards of accuracy, while at the same time reflecting on the traditional Austrian values of performance style as found in the works of Franz Schubert. Schubert was an important link between Anton Webern, Krenek and the composer/pianist Artur Schnabel.

It was this link/connection that had been the inspiration for a WDR radio document on Schubert, made with the excellent radio producer Martin Zenck. The aim was to demonstrate the style of Schubert performance as can be heard on the unique recording from 1936 with Anton Webern conducting Schubert's *6 German Dances* D820. A similar approach was made with Anton Webern's *Variations* for Piano op 27 with comparisons to the text published by Peter Stadlen, who had studied this work with Webern.

This WDR recording of Schubert was the inspiration for commencing the Krenek project. Zenck invited me to have an audition with Ernst Krenek with the possibility of recording the (then) six sonatas with Krenek as artistic director. As a result, I was invited to Mödling in Austria to practice in Schoenberg's old apartment with Krenek present. (He and his wife Gladys were staying in the apartment above, during the summers of 1983 until 1988.) A meeting was arranged and the first preparations for the recordings had begun.

At that time there were six Krenek sonatas, and I played numbers three and five for him during our three preparatory sessions between the 15th and the 17th of September 1986. It was wonderful to work with him and obvious that we were in agreement as to how he wanted his works to be played. (By chance I was at the time very busy working on the late sonatas by Schubert, and I remember that we had a number of interesting discussions concerning the interpretation of Schubert's works.)

Ernst Krenek was a great listener with great attention for details. He was meticulous and often required more subtle adjustments of rhythm and dynamics than are to be found in the markings in the scores. After some time, I had some ideas on how it may be possible to get deeper into his writing style. I knew that he had conducted orchestras so I asked him if he would like to conduct me during the rehearsal. He agreed. In this way I could follow his sense of rhythm, nuance and phrasing which was very special to him in the Austrian tradition. This was, in my opinion, the best way for him to put his authenticity into the project. I knew he was not very happy with the Glenn Gould recording of his 3rd sonata op 92, no. 4.[1]

Our next step was the planning of recording dates. The team, with producer Harry Vogt, was formed in July 1987. The first rehearsal was on the 9th of July, followed by three recording sessions from the 10th until the 12th of July. Why not ask Krenek to come into the studio with me instead of being with the tone producer in the next studio only listening? Making him directly a part of the recording process? I asked him to repeat the Mödling experience and conduct my playing. He was absolutely delighted with this idea, and accordingly he was seated in my field of vision just behind the microphones so that I could see how he expressed each moment

1 Die Platte mit Kreneks 3. *Klaviersonate* op, 92/4 in der Einspielung von Glenn Gould erschien 1959 zusammen mit Bergs *Klaviersonate* und Schönbergs *Drei Klavierstücken* op. 11 bei Columbia Masterworks (ML 5336); sie wurde vielfach wiederveröffentlicht.

10–12.7.1987, Köln, WDR-Studio: Krenek dirigiert Geoffrey D. Madge bei der CD-Aufnahme, Foto: Klaus Barisch, Köln

while keeping control of the details. His physical conducting style was very economic, with small precise expressive movements, I imagine something like how Gustav Mahler may have conducted!

Prior and during the sessions we discussed the musical details concerning the character of the music and the details of rhythm and phrasing. The atmosphere in the studio was exciting, at times even electrical! The WDR, realizing the importance of the document, made many photos, and I think that a film was made of a part of the sessions.

In May 1988 I received a package from Krenek containing a letter with his thanks and ... a new score: his 7th piano sonata, which he had dedicated to me! I programmed the premiere of the 7th sonata in Aachen during the Rheinisches Musikfest on the 5th of June 1989 with a second performance nine days later at the Krenek Festival in Lubeck. Of course, we had to return to the recording studio to make the project complete and include his 7th sonata in the recordings. This sonata was recorded without his presence as was my later disc, released in 1992, of Krenek's main piano works.[2]

Following the recording sessions I wrote to his wife Gladys: "Ernst has found the possibility to write a style of piano music building strongly on the classical foundation, achieving a unique sense of proportion, structure and sonority."

2 Die CDs der WDR-Produktionen mit den Klaviersonaten erschienen 1991 bei Koch Schwann (310047 HI und 310048 HI, die CD mit der *Toccata und Chaconne* op. 13 mit der *Kleinen Suite* op. 13a, den *Twelve Variations* op. 92/4, den *George Washington Variations* op. 120 und den *Echoes from Austria* op. 166 kam 1992 bei cpo (999 099-2) heraus.

René Staar

Mödlinger Septembertage mit Ernst Krenek

Ich weiß nicht mehr genau, wann ich Ernst Krenek zum ersten Mal traf. Es muss wohl Mitte der 1980er Jahre gewesen sein, als ich in Peter Burwiks ensemble XX. jahrhundert spielte und dabei nicht nur Werke Kreneks, sondern auch eine Komposition seiner Frau Gladys Nordenstrom[1] kennenlernte. Bald wurde ich auch zu den jährlich im September stattfindenden Abschiedsfesten der Kreneks eingeladen. Krenek lebte mit seiner Frau in den Sommermonaten immer im Schönberg-Haus in Mödling und kehrte im Herbst nach Palm Springs zurück.[2] Auf diesen Festen kam es zu einem schönen Gedankenaustausch, meist auf stimmungsvollen Heurigenbänken im Garten des Hauses, denn Krenek liebte den Wein und auch seine Freunde. Ich erinnere mich dabei an manches Gespräch, zu dem ihn diese eigenartige Atmosphäre voller spätsommerlicher Gerüche und sanfter Geräusche verlockte. In ihnen blitzte ein scharfer Geist auf, der auch ironische oder gar sarkastische Pointen setzen konnte. Darin schien sich mir (zumindest damals) ein Fenster in eine geradezu mythische Zeit – das erste Drittel des 20. Jahrhunderts – zu öffnen, in der kreative Geister die Atmosphäre in Wien bestimmt und in der sie ihre großen Gedanken geformt und Werke geschaffen hatten. Dies war damals so viel anziehender für mich als die anscheinend geistig ausgehungerte Gegenwart.

Dabei war sein trockener, ja fast lapidar klingender Humor etwas, mit dem er unerwartete Pointen zu setzen wusste und mit dem

1 Das Lied *Zeit XXIV* für Sopran und Klavier von Gladys Nordenstrom (1976) wurde am 2. 8. 1987 im Rahmen des Wiener Musiksommers vom ensemble XX. jahrhundert und Donna Robin, Sopran, in der Secession aufgeführt (ÖEA); vgl. auch den Beitrag von Peter Burwik zu diesem Band (Anm. 18) und dort den Anhang mit der Zusammenstellung der aufgeführten Krenek-Werke.

2 Von 1983 bis 1988.

er uns immer wieder zu erheitern vermochte. Bei Interviews saß ihm oft der Schalk im Nacken und er musste wohl selbst innerlich ob der Originalität seiner Antworten lachen. Jedenfalls aber schien es ihn geradezu zu amüsieren, dass wir zu seinen Bemerkungen, die er oft mit stoischer Miene vortrug, lachen mussten. Ich kann mich erinnern, wie er 1985 beim Carinthischen Sommer einem Moderator, der wissen wollte, ob er sich denn jetzt als österreichischer oder amerikanischer Komponist fühle, mit – vielleicht gespielter – Entrüstung erklärte, dass, wäre er in Czernowitz geboren, er ein Czernowitzer Komponist wäre, da er aber nun einmal in Wien geboren war, sei er eben ein Wiener Komponist. Und war man sich bewusst, dass Krenek sich in den USA gern als „Palm Springs composer" bezeichnete, musste man zweimal lachen, das erste Mal allein wegen seiner Antwort, das zweite Mal wegen der raffinierten Doppeldeutigkeit, derer man erst gewahr wurde, wenn man sich an seine Äußerungen als „Palm Springs composer" erinnerte.

Oder die Geschichte von seinen Begegnungen mit Arnold Schönberg, der Krenek offensichtlich etwas herablassend-freundlich begegnete: Krenek wollte zunächst den großen berüchtigten Komponisten einfach nur kennenlernen. Er war damals noch Student und fuhr einfach aufs Geratewohl nach Mödling, um nach der Villa zu suchen, in der Schönberg eine Wohnung hatte. Nachdem niemand in Mödling Schönberg zu kennen schien, wollte sich Krenek schon wieder auf den Heimweg machen, als ihn ein Gärtner in einem Anwesen mit einer schönen Villa ansprach und ihn fragte, ob er denn etwas suche. Krenek erwiderte, dass er nach Mödling gekommen sei, um Arnold Schönberg zu suchen, worauf sich der Gärtner als der Gesuchte zu erkennen gab und sich ein mehr als einstündiges Streitgespräch entspann.[3] Laut Krenek liefen sich die beiden danach nur selten über den Weg. Krenek hatte sich inzwischen zum Zwölftonkomponisten entwickelt und traf Schönberg erst im kalifornischen Exil wieder öfter. Krenek fiel aber aus allen

3 Diese Anekdote unterscheidet sich in mehrfacher Hinsicht davon, wie Krenek die erste Begegnung mit Schönberg in seinen Memoiren darstellte.

Wolken, als er irgendwann einmal ein Telefonat erhielt, in dem Schönbergs Stimme Krenek bat, die Patenschaft bei der Firmung seines Sohnes Ronny zu übernehmen,[4] denn leider seien die katholischen Schulen in Kalifornien die besten, und in die dürfe man nur, wenn man auch gefirmt sei. Auf die Frage Kreneks, warum denn ausgerechnet er zu dieser Ehre käme, schnarrte Schönberg zurück: „Ich kenne nur zwei Katholiken im ganzen Land, und Stokowski hat mir gerade abgesagt." Mit verschmitztem Gesicht erzählte mir Krenek aber dann, warum er doch seine „Revanche" erhielt. Beim Abholen der Familie Schönberg zur Firmung wurde nämlich Krenek ein Bild geboten, das ihn für all die Demütigungen in all den Jahrzehnten der Begegnungen entschädigte: Er sah Schönberg, wie er versuchte, seine Kinder vom eben erworbenen Fernseher mit einer Fliegenklatsche wegzujagen.

Mit welcher heimlich-spöttischen Genugtuung Krenek diese Geschichte noch nach Jahrzehnten erzählte, wurde wiederum für uns Nachgeborene zum einmaligen Erlebnis.

Es mag ein Impuls sein, vor dem wir alle nicht gefeit sind: unser Drang, eine erträumte Vergangenheit zu glorifizieren. Mir wurde jedoch schnell bewusst, dass in Krenek ein Meister vor mir stand, der trotz seines Alters immer noch – ich beziehe mich auf die 1980er Jahre – imstande war, bedeutsame Musik zu schaffen, und so wurde ich bald ein großer Verehrer vor allem seines Spätwerks. Aber auch seine Oper *Karl V.* hinterließ bei ihrer Aufführung 1984 an der Wiener Staatsoper einen sehr starken Eindruck und regte mich zu eigenem Schaffen an.

Mein Verhältnis zu Krenek intensivierte sich 1985, als Martin Haselböck mich bat, eine kurze Komposition zu Ehren von Kreneks 85. Geburtstag für die Feier beim Carinthischen Sommer zu schreiben. (Es war übrigens auch der Sommer, in dem ich Michael Ingham[5] kennenlernte, der mir mit seiner Krenek-Begeisterung viele

---

4 Im Mai 1950. Es war auch Kreneks letzte Begegnung mit Schönberg.

5 Zu Michael Ingham vgl. Anm. 1 im Beitrag von Katherine Arthur in diesem Band.

wertvolle Anregungen für das Studium von Kreneks Werken gab.) Ich hatte die Ehre, Krenek mein *Ständchen und Sitzchen* op. 14/1 in Kärnten im Sommer 1985 selbst vortragen zu können. So konnte ich auch sein Interesse für meine eigenen Werke wecken.

In dieser Zeit spielte ich ziemlich oft Kreneks Sonate op. 99 für Violine und Klavier. 1986 weilte ich in den Vereinigten Staaten, da mehrere meiner Werke dort aufgeführt wurden und ich auch einige Violinabende gab. Als ich auf dem Rückweg einige Tage im Österreichischen Kulturinstitut in New York verbrachte, erreichte mich ein Anruf aus Wien: Ich war der erste Empfänger des neuen Ernst-Krenek-Preises.[6] Bei der Preisverleihung im Herbst 1986 hielt Krenek selbst die sehr bewegende Laudatio. Diese Ereignisse brachten mich Krenek noch näher, und so war es nur eine logische Konsequenz, dass ich nach der Gründung meines Ensemble Wiener Collage sofort Werke von ihm in das Programm des Ensembles aufnahm.

Meine Aufführung 1989 von Kreneks *Opus 231* mit Martin Haselböck an der Orgel in Lübeck[7] und die Uraufführung seiner Oper *Kehraus um St. Stephan* op. 66 im Dezember 1990 im Wiener Ronacher waren der Anlass meiner letzten beiden Begegnungen mit Ernst Krenek. Der *Kehraus* hinterließ dabei bei mir einen ähnlich starken Eindruck wie sein *Karl V.*

Im Frühjahr 1991 führten Donna Robin und das Ensemble Wiener Collage unter meiner Leitung Kreneks *Durch die Nacht* op. 67a in Japan auf. Ich ließ Krenek einen Mitschnitt des Konzerts zukom-

6 Der Ernst-Krenek-Preis der Stadt Wien wurde im September 1985 zu Ehren von Ernst Krenek als Preis für KomponistInnen oder MusikschriftstellerInnen gestiftet. Er wird seit 1986 im Abstand von zwei Jahren auf Vorschlag einer unabhängigen Jury durch die Stadträtin bzw. den Stadtrat für Kultur vergeben. Staar erhielt ihn für sein Werk *Just an Accident? A Requiem for Anton Webern and Other Victims of the Absurd.*

7 Am 17. Juni 1989 im Konzert im Lübecker Dom im Rahmen des Krenek-Symposions, das die Musikhochschule Lübeck vom 14. bis 17. Juni 1989 veranstaltete. Krenek konnte nur am Anfang an den Konzerten und Gesprächen teilnehmen, da er am 16. Juni einen Schwächeanfall erlitt. Vgl. dazu die Beiträge von David Geringas und der Hg. in diesem Band.

September 1986, Wien, Verleihung des ersten Ernst-Krenek-Preises der Stadt Wien: René Staar und Ernst Krenek, dahinter Kulturstadtrat Heinz Mrawitzky

men. Einige Zeit nach seinem Tod erhielt ich einen Brief von seiner Witwe Gladys, in dem sie mir mitteilte, dass Krenek wenige Tage vor seinem Ableben unsere Aufnahme gehört und sie als die beste Interpretation bezeichnete hatte, die er davon je gehört habe. Sie hatte ein kleines Dankschreiben an mich beigelegt, das Krenek diktiert hatte. Die Kraft, es zu unterschreiben, hatte er nicht mehr …

Es war wohl diese letzte Geste, die Gladys dazu bewog, mir und dem Ensemble Wiener Collage das Gedenkkonzert anzuvertrauen, das im Juni 1992 im Rahmen der Wiener Festwochen im Musikverein mit einem reinen Krenek-Programm stattfand: ein Ereignis, an das ich mit Stolz, aber auch mit Wehmut zurückdenke.

Aber es gibt keinen Anlass für Sentimentalität. Das hätte nicht nur Krenek missfallen. Vielmehr ist es an der Zeit, sein Werk wiederzuentdecken. Es sollte nicht nur gut dokumentiert, sondern auch im lebendigen Musikbetrieb präsent sein!

Anhang

Liste der in Konzerten des Ensemble Wiener Collage aufgeführten Werke Kreneks

7. Klaviersonate op. 240 (1988)
Acco-Music op. 225 (1976) für Akkordeon*
Arc of Life op. 234 (1981) für Kammerorchester
Durch die Nacht op. 67a (1931) für Gesang und Instrumente
Dyophonie op. 241 (1988) für zwei Violoncelli
Flötenstück neunphasig op. 171 (1959)
Fünf Stücke op. 198 (1967) für Posaune und Klavier
O Lacrymosa op. 48/a (1926) für Sopran und Klavier/Ensemble*
Sonate op. 99 (1944/1945) für Violine und Klavier
Trio op. 108 (1946) für Violine, Klarinette und Klavier

* auch auf der CD *acco music* (EX 252 095-2) bzw. der CD *10 Jahre Ensemble Wiener Collage* (ORF-CD139, Edition Zeitton).

Marion Diederichs-Lafite

Erfüllter Lebensbogen?

Ernst Krenek nimmt in den Biographien meiner Eltern wie auch in meiner eigenen durch viele Jahrzehnte hindurch einen wichtigen Stellenwert ein. Dabei handelt es sich um jeweils unterschiedliche kulturgeschichtliche bzw. kulturpolitische Ausgangssituationen, die auch den jeweiligen Personen zuzuordnen sind und so hier als Gliederungsmerkmal einbezogen werden.

1. Wiederaufbauphase nach 1945

Der mit dem Musikreferat im damals zuständigen Unterrichtsministerium betraute Beamte Peter Lafite gründete als persönliche Initiative unmittelbar nach Kriegsende die *Österreichische Musikzeitschrift* (ÖMZ, 1. Jahrgang 1946). Ziel war es, Österreich als Kultur- und insbesondere Musiknation zu positionieren. Alle Kräfte sollten zu ihrem „Wiederaufbau" herangezogen werden: Nicht nur die Großen der Musikgeschichte und berühmte Interpreten, auch Musikleben und Wissenschaft sollten gleichermaßen berücksichtigt werden, ebenso die zeitgenössischen Kreativen – einschließlich jener, die um 1938 ins Exil gezwungen worden waren. So zählte Ernst Krenek vom ersten Jahrgang an zu den Autoren wie Themen der Zeitschriftenjahrgänge und war somit – wie zahlreiche weitere – von Anbeginn in inhaltlichem, international aktivem Austausch mit seinem Herkunftsland. Die immer knapp und sachlich gehaltenen zahlreichen Beiträge Kreneks, seine in charakteristisch kleingliedriger Schrift gehaltenen Briefe und Karten zählten durchgehend zum Redaktionsleben der Zeitschrift. Dabei war dieses selbstverständliche Miteinbeziehen der Emigranten in den inhaltlichen Radius der Zeitschrift weitestgehend ein Alleinstellungsmerkmal der ÖMZ.[1] Zudem beließ es Peter Lafite nicht beim redaktionellen Kontakt: Auf eigene, private Kontakte mobilisierende Initiative suchte er die wichtigsten Persönlichkeiten (darunter Ernst Krenek, ebenso Arnold Schönberg, Herbert Zipper, Rudolf Bing und andere) während einer USA-Reise im Sommer 1950 auf. So gab es bereits einen persönlichen Bezug, als – nach dem plötzlichen Tod meines Vaters 1951 – meine Mutter nahtlos und in seinem Sinne die Zeitschrift weiterführte und auch Krenek anlässlich des 10. Jahrgangs maßgeblich einbezog: „Dass hier zuerst die im Ausland lebenden Komponisten als Repräsentanten österreichischer Musik angeführt werden, ist ein deutliches Zeichen der Wertschätzung der Emigranten, die hier selbst über ihr Schaffen oder ihre Sicht auf die neue Musik berichten: Es sind Ernst Krenek, Ernst Toch und Egon Wellesz."[2]

2. Erste Phase der Exilforschung: Das Buch *Ernst Krenek – ein Komponist im Exil* (1980)

Im Sinne eines erweiterten Formats der Zeitschrift hatte Elisabeth Lafite 1962 zusätzlich einen Verlag gegründet, der mit einer Monographien-Reihe *Österreichische Komponisten des XX. Jahrhunderts* die inhaltlichen Anliegen vertiefte. Analog zur Zeitschrift wurden auch hier gleichermaßen Komponisten, die im Land ge-

1 Ein deutsches Forschungsprojekt zu den Jahren 1945–1955 (*Kontinuitäten und Brüche im Musikleben der Nachkriegszeit*, Projektteil *Rückkehr der Werke und Ideen*, 2009–2014) hat dies im Vergleich des deutschsprachigen Raumes untersucht, indem primär die entsprechenden Personen sowohl in geringerem Ausmaß herangezogen als auch in Konnex mit ihrem jeweiligen Zielland („US-Amerikaner", „Engländer") apostrophiert werden und nicht mit dem Herkunftsland, das sie unter mehr oder weniger unerträglichen Umständen verlassen mussten.

2 Philine Lautenschläger, „Emigranten als Mitarbeiter an der Österreichischen Musikzeitschrift (ÖMZ)", in: Evelyn Adunka, Primavera Driessen Gruber, Simon Usaty (Hg.): *Exilforschung: Österreich. Leistungen, Defizite & Perspektiven*, Wien 2018, S. 409–427.

wirkt hatten, als auch solche, die weggegangen waren bzw. ins Exil getrieben wurden, berücksichtigt. Allerdings wurde in dieser frühen Phase die Tatsache des Exils kaum oder gar nicht thematisiert, jedoch die künstlerischen Leistungen dargelegt und gewürdigt. So erschien bereits 1967 auch eine Studie über Ernst Krenek, verfasst von einem der qualifiziertesten Kenner seines Œuvres: Lothar Knessl.[3]

1980 ergab sich durch die Kumulation von günstigen Konstellationen die Publikation des „Schlüsselwerk-Buches" (so der kundige Rezensent in der ÖMZ[4]) *Ernst Krenek – ein Komponist im Exil* der Musikhistorikerin Claudia Maurer Zenck im Verlag Lafite. Zum einen ist durch den fachlichen wie persönlichen Konnex mit dem Berliner Professor Rudolf Stephan sowie dessen jüngerem Kollegen Reinhold Brinkmann, die schon in laufendem guten Kontakt mit ÖMZ und Verlag waren (woran die Unterzeichnete zunächst als studierende Tochter, dann als Mitarbeitende und in fließendem Übergang als Mitherausgeberin schon beteiligt war), der Bezug zur Autorin Claudia Maurer Zenck hergestellt worden. Diese arbeitete am ersten Projekt zur Exilforschung im Bereich Musik überhaupt. In ihm ging es um Ernst Krenek. Diese musikwissenschaftliche Schiene des von der DFG geförderten „Schwerpunkts Exilforschung" wurde von Stephan und Brinkmann betreut. Als es dann um die Publikation dieses Bandes ging, schien es naheliegend bei einem Komponisten österreichischer Provenienz, dafür in Wien um Förderung der Druckkosten anzusuchen. Und da gab es zum anderen auf allen hierarchischen Ebenen des zuständigen Ministeriums bzw. dessen Kunstsektion (bis hin zum kurz zuvor eingeführten Beirat und zum Sektionschef) damals Personen, die sachkundig und offen für diesen neuen Ansatz waren. So wurde eine Förderung gewährt, und das Buch erschien zum 80. Geburtstag des Kompo-

3 Zu Knessl vgl. Anm. 5 in Neuwirths Beitrag in diesem Band. Knessls Buch über Krenek erschien als Bd. 12 der Reihe *Österreichische Komponisten des XX. Jahrhunderts* im Verlag Lafite.

4 Friedrich C. Heller, Rezension in der Rubrik „Neue Bücher", in: *ÖMZ* XXXV/12 (Dez. 1980), S. 680 f.

nisten. Es bietet „einfühlsame und kluge Darstellungen“ zu den „komplexen Verflechtungen von Geschichte und individueller Existenz“; „und die kürzlich geäußerte Feststellung Kreneks, die Autorin hätte ihm durch ihr Buch manche Phänomene seines Lebens in einer Weise klargemacht, wie es ihm allein nicht möglich gewesen wäre, erläutert den Wert dieser Studie vollends glaubhaft.“ So bringt Friedrich C. Heller, schulebildender Professor an der Wiener Musikhochschule, in seiner Rezension die Qualitäten auf den Punkt. Der Band trug dazu bei, dass die Fragen der historischen Aufarbeitung in Österreich nach und nach in Bewegung kamen, um dann im breiteren Bewusstsein sich verankern zu können. Ein Durchbruch war hier jedoch (erst) im „Bedenkjahr“[5] 1988 zu verzeichnen.

Die Beschäftigung mit dem Exil hatte aber auch zur Folge, dass für Krenek selbst die – immer wieder aufgetretene – Frage nach einer möglichen Rückkehr wieder verstärkt virulent wurde. Und hier ergab sich eine weitere glückliche Konstellation: Arnold Schönbergs Mödlinger Wohnhaus (1918–1925) war nach einer abenteuerlichen Rettungsaktion in den frühen siebziger Jahren – unter tatkräftiger Mithilfe von Elisabeth Lafite – zu einer Forschungs- und Gedenkstätte für Schönberg eingerichtet worden. In diesem Haus wurde das (zusätzliche) obere Stockwerk extern vermietet – und so konnte eine wahrhaft salomonische Lösung für die Exilsituation Kreneks gefunden werden: Ernst Krenek, der sich einen Platz „zwischen den Stühlen“ erst durch die mühevollen und bitteren Erfahrungen des Exils erarbeiten musste, um ihn dann letztlich als den „einzig menschenwürdigen Platz“[6] zu empfinden, konnte seine späte „Teilrückkehr“ nach Österreich in den Sommermonaten 1983–1988 antreten. Als er kurz davor (1980) Ehrenbürger der Stadt Wien geworden war, hatte er einen entsprechenden Wunsch beim Bür-

5 Der Begriff für das Jahr 1988, in dem es in Österreich 50 Jahre nach dem „Anschluss“ zahlreiche einschlägige Veranstaltungen gab, wurde von der Regierung unter Bundeskanzler Franz Vranitzky geprägt.

6 Krenek, „‚Ein ungewöhnliches Exemplar eines Österreichers‘. Autobiographische Skizze“, Vortrag gehalten am 11. Juni 1985 an der Universität Salzburg, publiziert in: *ÖMZ* LV/8–9 (2000), S. 8–15, Zitat S. 15.

germeister von Wien deponiert. Nun war auch das passende Domizil gefunden: Er wohnte – dank der Vermittlung von Elisabeth Lafite (die von ihr und ihren Mitstreitern gegründete Internationale Schönberg-Gesellschaft hatte die Villa übernommen und mithilfe aller zuständigen öffentlichen Hände adaptiert, um sie ihrer neuen Aufgabe zuzuführen) – mit seiner Frau Gladys in diesen Jahren sommers in Mödling.

3. „Teilrückkehr" aus dem US-Exil nach Österreich

Krenek war schon seit den fünfziger Jahren von den USA immer wieder zu Besuchen nach Europa gekommen. Das ergab eine reichhaltige, komplexe Rezeptionsgeschichte auf beiden Kontinenten, die auch im Krenek-Heft der ÖMZ 1990 thematisiert wurde. (Ich war in immer intensiverem Ausmaß, im Sinne eines fließenden Übergangs von der Mutter an die Tochter an der redaktionellen wie organisatorischen Arbeit in Zeitschrift und Verlag beteiligt.) Es ergab sich, dass dies im Jahr 1990 in inhaltlicher Befassung und redaktioneller Tätigkeit wie in eindrucksvoll-prägenden Kunsterlebnissen zu Ernst Krenek kulminierte.

Dadurch, dass nun in den achtziger Jahren die regelmäßigen Wien-Mödling-Sommeraufenthalte die zeitlich begrenzten Europareisen der Kreneks in den 1950er bis 1970er Jahren ablösten, intensivierte sich der Konnex Kreneks zu seiner Heimatstadt auf allen Ebenen: Auf der kulturpolitischen wurde 1985 der Ernst-Krenek-Preis der Stadt Wien zur Förderung von bereits qualifiziertem Musiknachwuchs ins Leben gerufen. Zuvor hatte Krenek schon zwei Teilvorlässe an die Wienbibliothek gegeben, und ihm war die Ehrenbürgerschaft verliehen worden. So lässt sich ein Lebensbogen erkennen, der Krenek in seinem letzten Lebensjahrzehnt wieder stark an seinen Ausgangspunkt Wien band.[7]

---

7 Vgl. auch Kreneks op. 234 *Arc of Life*.

Ich hatte nun mehrfach Gelegenheit, Krenek zu begegnen. Eindrücklich war zunächst die für mich schwer nachvollziehbar scheinende Diskrepanz zwischen der Akribie des Krenek-Buches und der Lockerheit von Kreneks eigenen entsprechenden Äußerungen. Die Faktengestütztheit, mit der Claudia Maurer Zenck die Lebenswege Kreneks dargelegt hat, vor allem beim heiklen Kapitel der ersten Jahre nach dem Zweiten Weltkrieg, als es um Überlegungen ging, Krenek wieder nach Wien (bzw. nach Europa) zurückzuholen, gilt den komplexen Überlagerungen von kulturpolitischen Überlegungen, karrieretechnischen Möglichkeiten, persönlichen Befindlichkeiten zwischen zwei Ehen, praktischer Machbarkeit und vielem anderen. Sie werden im Buch fesselnd zu lesen und durch Quellen belegt ausgeführt. Damit kontrastieren sie drastisch mit der nonchalanten, fast witzig-bissigen Art, mit der er selbst sein Leben erzählte und austriakische Spezifika charakterisierte (etwa die Wiener als „gemütlich, brutal, herzensgut, gemein" bezeichnete u. v. a.) oder feststellte, er habe „vergessen, dass man hier immer noch hinaufgehen und sich's richten"[8] könne. Natürlich gibt es diesen Unterschied zwischen Dokumentieren einerseits und Erleben/Erzählen andrerseits – beides Aspekte des Vorgefallenen. Aber es zeigt das Phänomen, dass der dokumentierend-wissenschaftliche Part (vermeintlich?) über das eigene Leben besser Bescheid weiß als die betroffene Person selbst, die die Dinge in (überlebensnotwendigen) Narrativen darstellt – nur beides zusammen ergibt die Wahrheit.

Eingeprägt als Erinnerungserlebnisse und -bilder haben sich speziell zwei Aufführungen des Jahres 1990 anlässlich des 90. Geburtstags von Krenek: einerseits die konzertante Aufführung von *Orpheus und Eurydike* bei den Salzburger Festspielen (ORF-Orchester unter Pinchas Steinberg), die bei dieser auch „noch im Leisen schreienden Subjektivierung der Liebes-, Lebens- und Todesdialektik […] des Dichter-Malers Oskar Kokoschka […] kaum etwas an Durchschlagskraft, Schattierungswillen und Empfindsamkeit

8 S. o., Anm. 6, S. 11 f.

vermissen" ließ – so war in der Rezension in der ÖMZ zu lesen, wo auch vor der Aufführung die Briefe Kokoschkas an Krenek zur Werkentstehung 1923 veröffentlicht wurden.[9] Nach der Aufführung gab es eine große Geburtstagsfeier, im Zuge derer Krenek auch mit einer Sacher-Geburtstagstorte mit neun Kerzchen erfreut wurde. Das Bild des glücklichen alten Herrn, der – wie in Kindertagen – diese Kerzchen unter herzlich-enormem Applaus auspustete, wird mir einprägsam bleiben.

Noch spektakulärer war einige Monate später die Uraufführung des *Kehraus um St. Stephan* im Ronacher[10] in Wien. Diese Uraufführung, die durch die historischen Ereignisse um 60 (!) Jahre verspätet statt 1930 nun 1990 dank einer gemeinsamen Initiative der Stadt Wien und der Bundestheater realisiert werden konnte, zählt sicherlich zu den bemerkenswertesten Ereignissen der Musiktheatergeschichte: Das „musikuntermalte, historische Schauspiel" (so Krenek),[11] das die Situation im Wien der Nachkriegszeit mit Karl Kraus'scher satirischer Schärfe zeichnet, wurde in einem „geradezu idealen" Rundumbühnenkonzept umgesetzt, zudem mit „hervorragender [...] musikalischer Komponente" dank Peter Keuschnig.[12] Als Zeitpunkt der Uraufführung für das Stück im tonalen Gestus der *Reisebuch*-Zeit war sicherlich der Beginn der 1990er Jahre güns-

9 Peter Cossé, „Orpheus von Monteverdi bis Krenek", in: *ÖMZ* XLV/10 (Okt. 1990), S. 589 f., Zitat S. 590. – Kokoschkas Briefe an Krenek aus den Jahren 1923 bis 1926 wurden abgedr. in: Ernst Krenek, „Meine Zusammenarbeit mit Oskar Kokoschka", in: *ÖMZ* XLV/6 (Juni 1990), S. 337–339.

10 Das Theater, eine der Vereinigten Bühnen Wiens, wurde 1888 im Auftrag von Anton Ronacher von Fellner & Helmer an der Stelle des abgebrannten Stadttheaters gebaut und vielfach als Varieté- und später als Musical-Bühne genutzt.

11 Zit. in Marion Diederichs-Lafite, „Kreneks ‚Kehraus um St. Stephan' im Ronacher", in: *ÖMZ* XLVI/3–4 (1991), S. 165 f., Zitat S. 165, die folgenden Zitate S. 166.

12 Der Dirigent Keuschnig, Gründer u. a. des Ensemble Kontrapunkte, das seit 1974 eine Konzertreihe mit Musik des 20. und 21. Jahrhunderts in der Gesellschaft der Musikfreunde verantwortet, leitete die UA dieser Produktion der Wiener Staatsoper in Zusammenarbeit mit der Stadt Wien im Rahmen des Festivals Wien Modern.

Ende November 2002, Wien, Staatsoper: Gladys Krenek, Elisabeth Lafite und Marion Diederichs-Lafite vor dem Plakat zur Tagung über Kreneks Opernschaffen

tig, als es „weniger virulent geworden“ war, „ob etwas ‚avant‘ oder ‚arrière‘ ist“, sodass als Untertitel „Späte Uraufführung zum rechten Zeitpunkt“ gewählt wurde (und ich diese Gelegenheit ergriff, selbst die Rezension in der ÖMZ zu schreiben).

Ein weiteres Bild der Person Krenek, dessen Vita sich mir als Lebensbogen darstellt, ist Ernst Krenek im Wetterfleck[13] 1980 in den Tiroler Bergen, anlässlich des Europäischen Forums Alpbach. Er hatte sichtlich verschmitzte Freude daran, mittels Zeitreise ein halbes Jahrhundert zurück sich als Reisender in den „österreichischen Alpen“ zu fühlen. Thematisch verwandt war das sommerliche Wohlgefühl in Mödling, das ja als Wein- bzw. Heurigengegend auch sehr passend für ihn war. Dabei spielte das jährliche Geburtstagsfest am 23. August, das passenderweise in diese Zeit fiel, eine wichtige Rolle – vor allem zum Intensivieren der Kontakte zu den wichtigen Persönlichkeiten des Wiener Musiklebens wie zu Friedrich Cerha. Ein

13 Regencape, meist aus Loden.

willkommener Nebeneffekt waren aber auch die von ihm geschätzten, im ÖMZ-Büro hergestellten Schinkenkipferln.[14]

So war gerade das letzte Jahrzehnt von Kreneks langem Leben reich an positiven Momenten der Rezeption seines Lebenswerkes – sowohl auf internationaler Ebene als auch speziell in Österreich. Man könnte daher dem Bild des Lebens „zwischen den Stühlen" auch das des (erfüllten) Lebensbogens an die Seite stellen.

---

14 Ein Foto davon ist abgedr. in: *ÖMZ* XLV/6 (1990), S. 325.

Otto Biba

Ernst Kreneks unerwartete Begegnung mit seiner Jugend

Ernst Krenek habe ich in den frühen 1980er Jahren bei einer Veranstaltung im Schönberg-Haus in Mödling und einem anschließenden Heurigenbesuch in Perchtoldsdorf persönlich kennengelernt. Wir sollten uns im Mödlinger Schönberg-Haus noch öfter sehen. Er kam aber nach diesem ersten persönlichen Kontakt auch immer wieder in das Archiv der Gesellschaft der Musikfreunde, um dies oder jenes nachzusehen. Dabei ergaben sich anregende Gespräche über seine Biographie und sein Schaffen, über Erinnerungen an seine Wiener Zeit und zu Details seines Lebens wie seiner Tätigkeit in den USA, die nicht essentiell Wichtiges oder die bekannten biographischen Informationen Korrigierendes enthielten, aber in ihrem Bausteincharakter doch alle wert gewesen wären, unmittelbar danach niedergeschrieben zu werden. Es waren ja keine Interviews vor dem Mikrophon, die man ganz anders formuliert, sondern private Gespräche, in denen man auch persönliche Details erwähnt. Ich habe mich über den oft vertraulichen Charakter gefreut, aber – vielleicht auch gerade deshalb – nichts niedergeschrieben.

Es ging auch um Fachliches, dessentwegen er in Büchern nachschlug, fast so, als würde er die Bibliothek der Gesellschaft der Musikfreunde in Wien während seines Sommeraufenthalts im Mödlinger Schönberg-Haus als seine Handbibliothek benützen. Als Krenek einmal von einer ihn beschäftigenden Arbeit über Schubert sprach, für die er gern Otto Erich Deutschs *Schubert-Dokumente* entlehnen und nach Mödling mitnehmen wollte, brachte ich ihm mein eigenes Exemplar von daheim mit, weil die Bibliothek der Gesellschaft der Musikfreunde eine Präsenzbibliothek ist. Pünktlich stand er zum angekündigten Termin vor ihrer Tür, um das Buch zurückzustellen.

Als ich 1985 den Nachlass des Musikwissenschaftlers Karl Pfannhauser (1911–1984) für die Bibliothek und das Archiv der Gesellschaft der Musikfreunde in Wien übernehmen konnte, fanden sich darin auch Autographe des jungen Ernst Krenek. Ich lud Ernst Krenek im Sommer ein, sich diese Neuerwerbungen anzusehen, die schon nach meiner ersten Durchsicht aus seiner Wiener Kindheit und Jugendzeit stammen mussten. Erst konnte er gar nicht glauben, dass etwas aus dieser Zeit anderswo als bei ihm erhalten geblieben wäre, und dachte an einen Irrtum oder eine Falschzuschreibung. Am 8. August 1985 kam er jedoch gemeinsam mit seiner Gattin Gladys in das Archiv, und ich legte ihm diese Handschriften vor. Sofort musste er deren Authentizität erkennen; Blatt für Blatt ging er diese Skizzen, Entwürfe, Fragmente wie auch kompletten Werke durch und gab zu einzelnen Manuskripten, soweit es ihm notwendig schien oder möglich war, Kommentare ab, die ich mitschrieb. Sie sollen meinen Notizen gemäß in diese Erinnerungen einfließen. Ausdrücklich sei betont, dass mit der vorliegenden Arbeit Erinnerungen, aber keine Beschreibung und kein Inventar des Krenek-Konvoluts aus dem Nachlass von Karl Pfannhauser im Archiv der Gesellschaft der Musikfreunde in Wien geboten werden; es ist umfangreicher als das, was im Folgenden genannt wird.

Zur *6. Sonatine für Violine und Klavier*[1] (WoO 61) bemerkte Krenek, dass er diese für Jela Preradović geschrieben und sie ihr gewidmet habe. Jela, die jüngere Schwester der Dichterin Paula von Preradović, sei etwa gleich alt mit ihm gewesen, sagte er, und habe in Salmannsdorf (einem Teil des 18. und 19. Wiener Gemeindebezirks) im Haus von Richard Reisch (1866–1938), dem Präsidenten der Oesterreichischen Nationalbank, gewohnt. Bei Reisch – Krenek nannte mir gegenüber den Präsidenten der Oesterreichischen Na-

1 *6. Sonatine für Violine und Klavier/Ernst Křenek*, Partitur und Violinstimme, Autograph, Archiv der Gesellschaft der Musikfreunde in Wien (Wgm), Signatur XVIII 74268.

tionalbank sicher nur irrtümlich Hans von Reisch, doch ist die Identifikation mit dem tatsächlich Richard Reisch heißenden Präsidenten fraglos richtig[2] – sei viel Kammermusik gespielt worden und Krenek sei dort oft zu Gast gewesen. Namentlich erinnerte er sich unter den dort Kammermusik betreibenden Gästen neben Jela Preradović auch an einen Cellisten namens Uhl.[3]

Auf die Frage, wer Jela Preradović war (außer jüngere Schwester der späteren Dichterin des Textes der österreichischen Bundeshymne), ob er viel mit ihr musiziert habe oder wie wichtig für ihn die Bekanntschaft mit ihr gewesen war, antwortete Krenek nicht oder nicht konkret. Zu ihr lässt sich eruieren,[4] dass sie als Gabriele von Preradović 1901 geboren wurde, also ein Jahr jünger als Krenek war, zu einem unbekannten Zeitpunkt den Briten Albert Stanley Sarfas heiratete, der 1940 als U-Boot-Offizier fiel, und 1986 verstarb.

Krenek bemerkte, dass er Sonatinen für Klavier geschrieben habe und für Jela Preradović eine Sonatine für Violine und Klavier, ein

---

2 *Gouverneure und Präsidenten der Oesterreichischen Nationalbank*, Wien 2020, S. 30 f. Richard Reisch war seit 1914 Professor für Finanzrecht an der Universität Wien, 1919/1920 Staatssekretär im Staatsamt für Finanzen, 1918/1919 Abteilungsleiter und 1921/1922 Vizepräsident der Allgemeinen Bodencreditanstalt und 1922–1932 Präsident der Oesterreichischen Nationalbank.

3 Es dürfte sich um Fritz Uhl, den Onkel des späteren Komponisten Alfred Uhl gehandelt haben. – Kreneks Information, dass Jela Preradović im Haus von Reisch in Salmannsdorf gewohnt habe, verlangt eine Präzisierung. Denn zur Wohnadresse Richard Reischs ist nach Wiener Adressbüchern (*Lehmanns Allgemeiner Wohnungs-Anzeiger* […] *für die Stadt Wien*) aus den Jahren 1920 bis 1923 festzustellen, dass er im Sommer in Salmannsdorf an der Adresse Wien 18, Am Dreimarkstein 12 wohnte (Salmannsdorf gehörte damals zum Bezirk Währing, in dem auch Krenek mit seinen Eltern lebte), im Winter in Wien 19, Döblinger Hauptstraße 62. Jela Preradović erscheint nicht in den Adressbüchern, da in diesen nur Hauptmieter oder Hausbesitzer genannt sind.

4 Kurt Eigl „Biographie Paula von Preradović 1887–1951", in: Paula von Preradović, *Wiener Chronik 1945*, Wien 1995, S. 116; Michael Sobczak, *Das christliche Weltbild in der Prosa der österreichischen Dichterin Paula von Preradović* (= Krakauer Studien zur germanistischen Literatur- und Kulturwissenschaft 6), Krakow 2016, S. 10. – Krenek erwähnte sie auch in seinen Memoiren *Im Atem der Zeit. Erinnerungen an die Moderne*, Hamburg 1998, S. 202 f., 330 f.

Werk, das er völlig aus den Augen verloren hatte und nunmehr für sich selbst wiederentdeckte. Erst als er die von ihm geschriebenen Noten mit seiner Unterschrift auf dem Titelblatt sah, kamen ihm das Werk, seine Entstehung und sein Entstehungsanlass wieder in Erinnerung. Aufgeführt wurde sie nach Kreneks Erinnerung in diesem von ihm erwähnten Salmannsdorfer Kammermusikkreis, und er meinte, dass er diese Sonatine vielleicht so sehr mit dem dortigen Milieu verbunden gesehen habe, dass er sie deshalb nicht publiziert und schließlich vergessen habe. Dieses ausdrücklich als *6. Sonatine* bezeichnete Werk muss wohl in irgendeinem Zusammenhang mit den oder in der Folge der aus dem Jahr 1920 stammenden *Fünf Sonatinen* für Klavier op. 5 entstanden sein. Das heißt wohl nach meinem Dafürhalten, es muss die Idee eines Sechserzyklus von Sonatinen im Raum gestanden haben, was Krenek weder bestätigen konnte noch ausschließen wollte. Mein spontaner Vorschlag, eine öffentliche Uraufführung im Musikverein vorzubereiten, wurde von Gladys Krenek umgehend mit der sehr emotional vorgebrachten Begründung abgelehnt, dass es so viele zu selten aufgeführte Werke ihres Mannes aus seinen späteren Schaffensperioden gebe, dass man nicht ein bislang völlig unbekanntes, also nunmehr vom Komponisten selbst wiederentdecktes Jugendwerk an die Öffentlichkeit bringen müsse. Dieser Meinung schloss sich – wie ich zu erkennen meinte: nach kurzem Zögern – Ernst Krenek an. Ich hielt mich an diesen Wunsch, doch ist er unter den ganz anderen nunmehrigen Voraussetzungen für die Krenek-Rezeption vielleicht nicht mehr bindend zu befolgen. Nachgedacht habe ich zwangsläufig über Kreneks Ausweichen auf meine Frage nach der Bedeutung von Jela Preradović für ihn und über Gladys Kreneks sehr emotionale Ablehnung der Idee, dieses Werk an die Öffentlichkeit zu bringen. Heute sehe ich beides als weniger bemerkenswert an, aber ich will ja meine Erinnerungen an diese Stunden mit Krenek wiedergeben.

Weiter identifizierte Krenek im Fragment eines Klavierauszugs in der Handschrift von Anna Mahler[5] die Ouvertüre zu der Oper

5 Wgm, I.N. XVIII 74298.

Der Sprung über den Schatten op. 17.[6] Er erinnerte sich, dass Anna Mahler einen solchen Klavierauszug der Ouvertüre verfasst habe, und datierte ihn auf etwa 1923/1924, denn 1923 schrieb er die Oper und im Jahr darauf wurde sie uraufgeführt.

Bei der Durchsicht der Manuskripte kam Krenek auch auf einen längeren Sommeraufenthalt auf Korsika im Jahr 1924 zu sprechen, als er dort angefertigte Volksliedaufzeichnungen[7] wiedererkannte und Skizzen zur Operette *Bluff* op. 36,[8] die ihn damals auf Korsika beschäftigt habe. Tatsächlich war er erst im Jahr 1925 auf Korsika gewesen, nicht für längere Zeit, sondern nur von Mitte Februar bis Anfang März. Er besuchte damals den Schriftsteller Karl von Levetzow, der für ihn dieses Operettenlibretto verfasste.

Auf Anregung von Paul Bekker, so Krenek, begann er 1927 eine Schauspielmusik zu Frank Wedekinds Stück *Die Kaiserin von Neufundland* zu schreiben. Er habe dazu aber keine große Lust verspürt und die Musik auch nicht fertiggestellt – so Krenek zu einem in seiner Handschrift vorliegenden Entwurffragment für diese Schauspielmusik.[9] Krenek hatte sie im September 1927 komponiert, doch ist sie nicht vollständig als Partitur in der Wienbibliothek erhalten. Die Uraufführung war für Jänner 1928 angesetzt, dann aber abgesagt worden.

Einige unbezeichnete Blätter in seiner Handschrift identifizierte Ernst Krenek als etwa aus der Mitte der Partitur zu *Kehraus um St. Stephan* op. 66 stammend.[10] Er ging davon aus, dass es sich um verworfene Seiten handle. Diese „Satire für Musik" genannte Oper

6 Anna Mahler fertigte während der Zeit ihrer Verbindung mit Krenek für ihn einige Klavierauszüge und Abschriften an. In der Musiksammlung der Wienbibliothek befindet sich unter L1 UE671 ein Klavierauszug dieser Oper in der Handschrift Kreneks. Diesen mit dem fragmentarischen in Anna Mahlers Handschrift zu vergleichen, wäre für die Beschäftigung mit Anna Mahlers musikalischen Ambitionen ein lohnendes Unterfangen.

7 Wgm, I.N. XVIII 74285.

8 Ebd., I.N. XVIII 74291.

9 Ebd., I.N. XVIII 74292.

10 Ebd., I.N. XVIII 74294.

schrieb er 1930. Ich hatte den Eindruck, dass er dieses Werk musikalisch wie seines (von ihm mir gegenüber kurz skizzierten) in Wien spielenden Inhalts wegen – er betonte ausdrücklich, dass das Libretto von ihm selbst stammte – für wichtig hielt und immer noch sehr bedauerte, dass es damals nicht zur geplanten Aufführung in Leipzig kam und es in Wien gar keine Möglichkeit oder kein Interesse für eine Aufführung gab. Auf meine Frage nach den Umständen und Gründen für die Absage der Leipziger Aufführung und die Nichtaufführung in Wien ging er nicht ein. Ich hatte von dieser Oper und ihrem Inhalt zuvor nichts gewusst. Auf meine Bemerkung, ob man 1930 vielleicht nicht und schon gar nicht so, wie er es mir schilderte, an die 1918 virulenten Probleme im Zusammenhang mit der Nachkriegszeit und der Ausrufung der Republik erinnert werden wollte, zuckte Krenek mit den Achseln. In seinen Memoiren, die bei diesem Besuch Kreneks im Archiv noch nicht veröffentlicht waren, äußerte er sich ausführlich zu dieser Oper und der nicht zustande gekommenen Uraufführung in Leipzig.[11] Erst 1990 wurde der *Kehraus um St. Stephan* im Ronacher in Wien uraufgeführt.

Sehr skeptisch stand er einem größeren Bestand an Notenhandschriften in kindlicher Schrift gegenüber, die man nicht als Kinderkompositionen, sondern – wir beide fanden gemeinsam diese Definition – als musikalische Niederschriften eines musikbegeisterten Kindes bezeichnen kann, das Komponist sein möchte. Sie stehen in drei Heften, von denen eines als „1. Heft" betitelt,[12] das offensichtlich zweite nicht gezählt[13] und ein weiteres „3. Heft"[14] genannt wurde. Dem dritten Heft liegt eine Namensliste bei. Sie enthält, wie Krenek sofort erkennen konnte, die Namen seiner Mitschüler aus der Volksschule. Damit war klar, dass diese drei Hefte kindlichen Komponieren-Wollens von ihm stammten. Es sind manchmal nur wenige Takte oder bestenfalls wenige Notenzeilen umfassende „Miniaturen" mit

11 *Im Atem der Zeit*, S. 756–761 (Werk), S. 770–773 (Scheitern der UA).
12 Wgm, I.N. XVIII 74265.
13 Ebd., I.N. XVIII 74266.
14 Ebd., I.N. XVIII 74267.

großartig wirkenden, vielversprechenden Titeln: keine Kompositionen mit Werkcharakter, aber Informationen, woran das Kind Ernst Krenek im Zusammenhang mit Musik dachte, vielleicht sogar was ihm als Gattung oder Titel (nicht als Kunstwerk) Vorbild war.

Vorbilder dieser Art kamen vor allem aus der Salonmusik bzw. aus der von Klavierspielern gepflegten Programm-Musik, wie zwei *Wachtparade*-Stücke, eines mit dem Untertitel „Großes militärisches Tongemälde". Vorbild für diesen Titel und Charakter kann nicht die heute noch so populäre *Heinzelmännchens Wachtparade* von Emil Noack (1893–1945) gewesen sein, weil dieses Stück erst 1912 komponiert wurde, aber eine andere der *Wachtparade*-Kompositionen aus der zweiten Hälfte des 19. Jahrhunderts. Hingegen steht außer Frage, dass sich *Die Mühle im Schwarzwald. Ein Idyll von Ernst Křenek* an dem Salonmusikstück gleichen Titels op. 52 von Richard Eilenberg (1848–1927) orientierte. Zu anderen Titeln sind für mich nicht bestimmte Salonmusikkompositionen zu identifizieren, aber sie folgen fraglos dem Beispiel gängiger Salonmusiktitel: *Il viaggio a Napoli*, *Am Molo in Triest* (nur wenige Takte umfassend, aber „sehr sinnreiche Oper" genannt), *Die Mühle* (mit dem Untertitel „Große Oper in 5 Akten"). „Mit so was bin ich aufgewachsen", sagte Krenek dazu, ärgerlich, aber auch – wie ich ihn jetzt in der Erinnerung vor mir sehe – ein bisschen amüsiert.

Krenek machte sich auch Gedanken darüber, welchen Weg die Überlieferung dieser Handschriften genommen haben könnte. Der Name des Sammlers und Wissenschaftlers Karl Pfannhauser war ihm kein Begriff. Pfannhauser hatte hauptsächlich über das 18. und 19. Jahrhundert sowie über katholische Kirchenmusik gearbeitet. Diesen Interessen entsprach auch sein Sammelgebiet, doch ging in seine Sammlung auch manches andere ein, das ihm, wie man so sagt, über den Weg lief. Daher war dieser Krenek-Bestand ein Fremdkörper in ihr. Dass Pfannhauser wenig über seine Sammlung gesprochen, wenn, dann aber betont hat, dass er bei manchen Altpapier- bzw. Altwarenhändlern ein gern gesehener Kunde gewesen sei, konnte ich Ernst Krenek gegenüber erwähnen – das war für seine Überlegungen aber auch nicht wirklich hilfreich.

8.8.1985, Wien, Gesellschaft der Musikfreunde: Otto Biba und Krenek beim Durchsehen der frühen Noten, Foto: Christa Stracke für die GdMf

Sie führten bei ihm auch zu nichts, wie mir Krenek bei einem späteren Zusammentreffen ausdrücklich erklärte. Die unerwartete Begegnung mit seiner Kindheit und vor allem Jugend in diesen Handschriften hatte ihn freilich bewegt, erfreut, aber in ihrem völlig unerwarteten Zustandekommen auch, so hatte ich den Eindruck, etwas irritiert. Deshalb war sein Nachdenken über ihre Überlieferung zwar ergebnislos, aber doch wichtig, nämlich für die Aufarbeitung des emotionalen Moments, das in diesen aufgetauchten Erinnerungen lag, die von den Handschriften abgerufen und von mir in den wesentlichen Details aufgezeichnet wurden. Deshalb konnten in meine hier publizierten eigenen Erinnerungen an Ernst Krenek auch Erinnerungen von Krenek selbst einfließen.

Thomas Angyan

Meine Erinnerungen an Ernst Krenek

Im Dezember 1986 wurde ich von der Direktion der Gesellschaft der Musikfreunde in Wien als Generalsekretär in der Nachfolge von Albert Moser ab 1. Juli 1988 designiert. Da Moser zu diesem Zeitpunkt gleichzeitig Präsident der Salzburger Festspiele war, wurde ich gebeten, als Stellvertreter die Konzerte im Rahmen der Wiener Festwochen 1988 im Musikverein zu planen.

In dieser Funktion setzte ich die konzertante Aufführung der Oper *Pallas Athene weint* op. 144 im Musikverein aufs Programm. Sie fand in Anwesenheit des Komponisten am 6. Juni 1988 im Großen Saal statt.

Anlässlich der Aufführung wurde Ernst Krenek zum Ehrenmitglied der Gesellschaft der Musikfreunde in Wien ernannt – die höchste Auszeichnung, die die Gesellschaft zu vergeben hat. Vorgänger waren u. a. Ludwig van Beethoven, Johannes Brahms, Felix Mendelssohn Bartholdy, Edvard Grieg, aber auch Komponisten des 20. Jahrhunderts wie beispielsweise Egon Wellesz und Gottfried von Einem – und nach Krenek Pierre Boulez (2004) oder Friedrich Cerha (2007) – sowie bedeutende Interpreten.

Nach der Verleihung der Ehrenmitgliedschaft gab es ein Abendessen, bei dem ich ausreichend Zeit hatte, mit Ernst Krenek zu sprechen und über mögliche Projekte im Rahmen der Konzerte bei den Festwochen 1990 zu diskutieren. 1990 feierte der Komponist ja seinen 90. Geburtstag. So kam es, dass wir im Musikfest dieses Jahres einen Schwerpunkt dem musikalischen Schaffen Ernst Kreneks widmeten. Im Zentrum stand die Uraufführung seines *Opus sine nomine* op. 238 mit dem ORF-Symphonieorchester und dem Arnold Schönberg Chor. Dieses Konzert fand unter der Leitung von Ulf Schirmer am 8. Mai 1990 statt. Eingeleitet wurde es mit *Horizont umkreist* für Orchester op. 196, und aufgeführt wurde auch das 2. *Violinkonzert* op. 140 mit dem Solisten Ernst Kovacic. Im Rahmen des Schwerpunktes anlässlich des Geburtstags des Komponisten gab es noch weitere Konzerte mit Kammermusik: mit seinem 7. *Streichquartett* op. 96 sowie der ersten *Sonate für Violine solo* op. 33, der 7. *Klaviersonate* op. 220 und dem Liederzyklus *Die Ballade von den Eisenbahnen* op. 98. Leider konnte Ernst Krenek zu diesen Konzerten aus gesundheitlichen Gründen nicht nach Wien kommen.

Im Jahre 1987 wurde das Festival Wien Modern von Claudio Abbado ins Leben gerufen. Die beiden Konzerthäuser Musikverein und Konzerthaus waren die zentralen Aufführungsorte für dieses Festival. Aber auch die Staatsoper, deren Musikdirektor Abbado zu dieser Zeit war, beteiligte sich an dem Festival. So regte ich bei den Planungssitzungen mit Abbado an, dass auch beim Festival Wien Modern im Herbst 1990 ein Schwerpunkt dem Schaffen von Ernst Krenek anlässlich seines 90. Geburtstags gewidmet sein sollte. Vom 4. November bis 4. Dezember 1990 fanden dann im Konzerthaus nicht weniger als acht Konzerte mit Werken aus Ernst Kreneks gesamter Schaffenszeit statt,[1] und Claudio Abbado dirigierte mit dem Chamber Orchestra of Europe das *Konzert für Orgel* und *Streichorchester* op. 230.[2] Höhepunkt aber war zweifellos die Uraufführ-

1 Das Konzert des Ensemble Modern unter Ingo Metzmacher am 14. November brachte ausschließlich Werke Kreneks zu Gehör (*Arc of Life* op. 234, *Die Nachtigall* op. 68, das *Trio* op. 108, *The Dissembler* op. 229). Ein anderer Konzertabend war dem *Reisebuch*, aufgeführt von Heinz Zednik und Konrad Leitner, gewidmet (20.11.). Außerdem spielte das Arditti Quartett am 4. November das *8. Streichquartett*. Zehn Tage später gab es ein Orgelkonzert mit op. 223, op. 239 und op. 212. Am 20. November leitete Michael Zilm das Polnische Nationale RSO bei der *Symphonic Elegy* op. 105 und der 2. *Symphonie* op. 12. Ein Konzert am 24. November brachte op. 193, 92/2b, 127a und 150, auf dem Gitarrenabend zwei Tage später war die *Suite* op. 164 zu hören. Am 4. Dezember dirigierte Friedrich Cerha *Von vorn herein* op. 219 in einem Konzert des Ensembles die reihe.

2 Die Aufführung fand am 5. November 1990 im Musikverein mit Martin Haselböck an der Orgel statt. Das Konzert war unabhängig vom Festival Wien Modern.

6.6.1988, Musikverein: Verleihung der Ehrenmitgliedschaft der Gesellschaft der Musikfreunde, v. r. n. l.: Gladys Krenek, Thomas Angyan, Ernst Krenek, Horst Haschek (Präsident der GdMf), hinter ihm Otto Biba, rechts daneben Margarethe Gruder-Guntram (Direktorin der GdMf), Foto: Sammlungen der GdMf Wien

rung von *Kehraus um St. Stephan* am 6. Dezember 1990 im Wiener Ronacher,[3] gefolgt von weiteren fünf Aufführungen dieses Werkes, als Koproduktion der Wiener Staatsoper, der Wiener Festwochen, der Vereinigten Bühnen, der Wiener Volksoper und des Festivals Wien Modern.

Nach der Premiere – bei der Ernst Krenek Gott sei Dank wieder persönlich anwesend war – gab es einen großen Empfang, den der Komponist allerdings bald verließ. Wir verabredeten uns für einen der Folgetage zu einem Mittagessen zu viert – mit Gladys und meiner Frau –, bei dem wir dann Projekte besprachen, die unser Ehrenmitglied in Zukunft im Musikverein hören wollte. Leider war es

3 Die Leitung hatte Peter Keuschnig, für die Figurenkonzeption mit ihren eindrucksvollen Masken war Manfred Deix verantwortlich.

Ernst Krenek nicht mehr möglich, die Ergebnisse unserer Überlegungen persönlich zu erleben. Es war mir aber ein wichtiges Anliegen, sein Werk im Musikverein weiter zu pflegen und seine Musik auch jungen Musikern näherzubringen. So spielte beispielsweise das Orchester der Musikhochschule Wien unter Václav Neumann im Mai 1991 die *Elf Transparente für Orchester* op. 142. Das letzte Mal in meiner Zeit als Intendant erklang am 3. März 2020, genau eine Woche vor dem ersten Lockdown während der Coronavirus-Pandemie, bezeichnenderweise die Motette für Frauenstimmen a cappella *In paradisum* op. 106.

Ich habe Ernst Krenek als große Persönlichkeit, mit wachen Augen, einem ungeheuren Intellekt und großem Interesse an dem, was im Musikverein auch Angelegenheiten abseits der Aufführung seiner Werke betraf, in Erinnerung.

Albrecht Dümling

Letzte Begegnungen mit Ernst Krenek

Späte Wiederentdeckung seiner Musik in Kalifornien

Im Januar 1988 wurde in der Düsseldorfer Tonhalle eine Rekonstruktion der fünfzig Jahre zuvor gezeigten NS-Propagandaschau *Entartete Musik* eröffnet. Zusammen mit dem Düsseldorfer Intendanten Peter Girth hatte ich die neue Ausstellung konzipiert, die wie die von 1938 auf ihrem Plakat einen befrackten schwarzen Saxophonisten zeigte. Dieser Musiker erinnerte an die Titelfigur von Ernst Kreneks *Jonny*-Oper, welche den Nazis als ein Symbol der „Entartung" galt. Als die rekonstruierte Ausstellung im September 1988 in der (West-)Berliner Akademie der Künste Station machte, sah sie dort Ernest Fleischmann, der Intendant des Los Angeles Philharmonic Orchestra, und war beeindruckt. Er selbst hatte einst als deutscher Jude ins Ausland fliehen müssen. Um für Los Angeles eine amerikanische Ausstellungsversion zu erstellen, lud mich daraufhin das Getty Center for the History of Art and the Humanities für neun Monate als Scholar nach Santa Monica ein.

Kreneks *Jonny*-Oper spielte bei dem historischen und dem aktuellen Projekt eine zentrale Rolle. Deshalb lag es für mich nahe, den Komponisten zu besuchen, der unweit von Los Angeles lebte. Am 16. November 1989, sechs Wochen nach meiner Ankunft in Kalifornien, fuhr ich mit dem Auto nach Palm Springs. Ich wollte dort Ernst Krenek als Zeitzeugen befragen und über das Ausstellungsprojekt informieren. Nach etwa 90 Minuten Fahrt auf dem Freeway hatte ich den urbanen Großraum verlassen und es begann eine kahle Wüstenlandschaft. Nach einiger Zeit kam als grüne Oase am Fuß des gut 3000 Meter hohen Berges San Jacinto die Stadt Palm Springs in Sicht. Gladys Krenek, die Frau des Komponisten, hatte den Weg genau beschrieben, so dass ich schnell zum Ziel fand: eine schöne ebenerdige Villa an einer von hohen Palmen gesäumten Straße. Angesichts des heißen Wetters kam mir Ernst Krenek in kurzen Hosen entgegen. Vorbei am Swimmingpool betraten wir das rosafarbene Haus.

Ich überreichte dem 89-jährigen Komponisten den Katalog der Düsseldorfer Ausstellung *Entartete Musik. Eine kommentierte Rekonstruktion*[1] und begann dann das Gespräch,[2] das ich mit einem Kassettenrecorder aufzeichnete. Dabei erfuhr ich zu meiner Überraschung, dass Krenek nicht nur von der im Vorjahr entstandenen Rekonstruktion, sondern auch von der Nazi-Ausstellung nichts wusste. Wohl aber waren ihm die Proteste und Aggressionen bewusst, welche die Jonny-Figur schon bei der Uraufführung ausgelöst hatte:

> Die Neger[3] waren ja in Deutschland zu sehen im Rheinland, das besetzt war von den Amerikanern [recte: Franzosen]. Da waren auch Schwarze dabei, und das hat man „die schwarze Schmach" genannt. Da dieser Saxophonspieler – in meiner Oper ist er ein Geiger – ein Neger war, hat man das identifiziert mit dieser Besatzungsmacht. Dadurch wurde die Oper *Jonny spielt auf* von den Nazis als Herausforderung betrachtet.

Immer wieder habe es Skandale gegeben und es seien Stinkbomben geworfen worden.

> Ich weiß, dass viele Aufführungen gestört worden sind, zum Beispiel in Wien 1927 am Silvesterabend. Das war schon ein Grund zum Pro-

---

1 Albrecht Dümling und Peter Girth (Hg.), *Entartete Musik. Dokumentation und Kommentar*, Düsseldorf 1988.

2 Nähere Informationen zu denen, die Krenek in seinen Beiträgen zu diesem und dem zweiten Interview gab, sind zu finden in seinen Memoiren *Im Atem der Zeit* (vgl. den Nachweis bei Cerha, Anm. 10) sowie in der Biographie von John L. Stewart: *Ernst Krenek. The Man and His Music*, Berkeley/Los Angeles/Oxford 1991 (deutsche Übersetzung von Friedrich Saathen: *Ernst Krenek. Eine kritische Biographie*, Tutzing 1990).

3 Krenek gebrauchte das Wort nicht abwertend; die Diskussion um diesen und weitere als diskriminierend empfundene Begriffe führte nach der Jahrtausendwende dazu, dass sie verpönt wurden.

test, weil man zu Silvester sonst immer die *Fledermaus* gespielt hat. Das hat man damals geändert und die erste Aufführung von *Jonny spielt auf* eingesetzt.

Er zeigte mir das große Wiener Protestplakat,[4] das ihn selbst als „tschechischen Halbjuden" bezeichnete:

> Aus welchen Gründen, weiß ich nicht. Ich bin eigentlich tschechischer Abkunft – der Name sagt das ja –, nur zufällig in Wien geboren. Mein Vater war Offizier in der alten österreichisch-ungarischen Armee und hatte in Wien zu tun, er war dem Ministerium zugeteilt. Und dadurch wurde ich in Wien geboren. Wenn er in Czernowitz gewesen wäre, wäre ich jetzt ein rumänischer Komponist. Und wenn er in Ragusa zu tun gehabt hätte, wäre ich ein jugoslawischer Komponist. Also ich bin ein österreichischer Komponist, weil er zufällig in Wien zu tun hatte.

Den Begriff Jazzoper lehnte Krenek ab. „Was mich beeinflusst hat, war die Unterhaltungsmusik von George Gershwin, Cole Porter oder Irving Berlin, die ja nicht eigentlich Jazzmusik ist, sondern nur Jazzelemente enthält. Diese Tonsprache habe ich dann in *Jonny spielt auf* verwendet." Für ihn war es eine romantische Oper mit dem Komponisten Max als Hauptfigur. Dieser trage autobiographische Züge:

> Das ist ein Mensch, der die mitteleuropäischen Hemmungen verkörpert, die introvertierte Mentalität des Mitteleuropäers, der grübelt und sich nicht recht traut, das und jenes zu tun. In der Oper ist der wichtigste Moment für mich der, wenn dieser Max endlich einmal diese Hemmungen durchbricht und sich entschließt und den Zug nach Amsterdam erreicht, gerade noch im letzten Moment hineinspringt

4 Ein Foto von Krenek vor diesem Plakat in einer Ausstellung ist abgedr. in: Claudia Maurer Zenck, „Einleitung in zwei Teilen", in: *„Der zauberhafte, aber schwierige Beruf des Opernschreibens". Das Musiktheater Ernst Kreneks*, hrsg. von ders. (= Ernst Krenek Studien, Bd. 2), Schliengen 2006, S. 13–30, Foto S. 14. Dort auch weitere Informationen zu den Protesten gegen die Wiener Aufführung.

und mit seiner geliebten Anita nach Amerika fährt. Das ist also das Wesentliche der Oper. Jonny ist eine Zutat, ein amerikanisches Element, um den Gegensatz darzustellen, dass der freie, extrovertierte Amerikaner sich um alle diese Dinge nicht zu kümmern braucht.

Die Proteste der Deutschnationalen hatten den Erfolg der *Jonny*-Oper zunächst nicht beeinträchtigen können. Krenek erinnerte sich aber an seinen letzten Besuch in Deutschland, als er den wachsenden Einfluss der Hitler-Partei deutlich bemerkte:

> Ich hatte mit irgendeinem Sänger zu tun gehabt in Berlin, vielleicht im Dezember 1932,[5] und habe wahrscheinlich ein Lied mit ihm studiert. Und da habe ich gesehen: Er hat auf dem Klavier schon ein Bild von Hitler gehabt. Das hat mir dann nicht mehr gefallen.

Nach der Machtergreifung Adolf Hitlers endeten in Deutschland schlagartig Aufführungen von Kreneks Werken: „Seitdem ist nichts mehr, nicht eine Note gespielt worden." In Wien begegnete der Komponist nun manchen aus Berlin geflohenen Kollegen, etwa Hanns Eisler:

> Er hat mir einmal zugeredet zum Kommunismus und sagte, da werden die Leute viel weniger arbeiten müssen und mehr Zeit haben. Ich sag: Das ist gut zu hören. Wird es vielleicht Zeit haben, Streichquartette anzuhören? – Er: Na ja, also Streichquartette wird man dann nicht mehr viele schreiben. Man wird vielleicht eine Kantate über den Flug zum Mond oder eine Kantate über den nächsten Wohnbau entwerfen... – Also, in dem Fall habe ich die alte Unordnung schon lieber.

Krenek war überrascht, als ich ihm erzählte, dass Theodor W. Adorno 1933 noch eine Möglichkeit sah, in Deutschland zu blei-

5 Krenek begleitete am 2. Dezember 1932 in Berlin bei einem IGNM-Kammerkonzert den Tenor (und Organisten) Anton Topitz bei den *Gesängen des späten Jahres* op. 71.

ben. Von dessen positiver Rezension eines Chorwerks nach Texten Baldur von Schirachs in der Zeitschrift *Die Musik*[6] hatte er nicht gehört. Auch Adornos sehr kritische Position zum Jazz schien ihm unbekannt zu sein. Obwohl im österreichischen Ständestaat die NSDAP verboten war, hatte er in Wien Nazi-Aktivitäten miterlebt: „Sie haben gerne Telefonzellen in die Luft gesprengt, Zeitungen herausgegeben und sind manchmal herummarschiert." Widerstand gab es auch gegen seine Zwölftonoper *Karl V.*, die er für die Wiener Staatsoper geschrieben hatte:

> Das Stück war ja von Clemens Krauss bestellt, er hat es gewünscht und sogar angefangen mit Proben. Dann haben Leute im Orchester – dieser Burghauser war, glaub ich, ein Nazi – Memorandums [sic] geschrieben an den Minister, dass man dieses Stück nicht spielen kann, weil es eine Beleidigung des deutschen Volkes ist. Sie waren auch dagegen, weil es die österreichische Unabhängigkeit betont hat.[7]

Diese Proteste führten schließlich zur Absetzung der Oper.

Von der Münchner Ausstellung *Entartete Kunst* (1937) hatte Krenek nur wenig, von der Ausstellung *Entartete Musik* gar nichts erfahren. Das lag auch daran, dass er sich zu diesem Zeitpunkt, im Mai 1938, auf Reisen befand. Mit einem ironischen Lächeln sprach er über den „kolossalen Agenten" Sol Hurok, der ihn 1937 zusammen mit einer österreichischen Operntruppe in die USA eingeladen hatte:

> Wir haben auf dem Programm gehabt *Incoronazione di Poppea*[8] und den *Pauvre matelot* von Milhaud. Da hat der Hurok gesagt: „Na, warum

6 Theodor Wiesengrund-Adorno, „Herbert Müntzel: Die Fahne der Verfolgten. Ein Zyklus für Männerchor nach dem gleichnamigen Gedichtband von Baldur von Schirach", in: *Die Musik* XXVI/9 (Juni 1934), S. 712.

7 Der erwähnte Hugo Burghauser war Orchestervorstand und Funktionär der Heimwehr. Vgl. dazu die in Anm. 7 des Beitrags der Hg. in diesem Band genannten Quelle.

8 Krenek hatte Claudio Monteverdis Oper instrumentiert und mit einer deutschen Übersetzung versehen (op. 80a). Bei der Tournee der Salzburg Opera

> muss das ein armer Matrose sein? Das ist doch nicht schön. Kann es nicht ein reicher Matrose sein?" – Die Mentalität des amerikanischen Agenten!

Auf diese Weise kam Krenek zum ersten Mal auch nach Kalifornien. Im Februar 1938 sei die Truppe nach Europa zurückgekehrt: „Da waren wir in Brüssel, und da ist der Hitler nach Wien gekommen. Da wusste ich, ich kann jetzt nicht mehr zurück nach Wien, denn ich stehe auf einer schwarzen Liste. Da musste ich eben auswandern nach Amerika." Er bekam im Mai ein Visum für die USA, das allerdings erst ab September gültig war. Er musste also den Sommer in Europa verbringen.

Da die Oper *Karl V.* am Neuen Deutschen Theater in Prag herauskommen sollte, plante er, wie Krenek weiter berichtete, eine Reise in die Moldaustadt:

> Aber ich bin gar nicht nach Prag gekommen. Ich wollte ja nicht über Deutschland gehen, das konnte ich nicht riskieren. Da musste ich also eine Reise konstruieren über Skandinavien, Finnland, Estland, Polen, um dann durch die Hintertür nach Prag zu kommen.

Auch in Skandinavien verliefen die Reisen nicht problemlos:

> Ich musste bei jedem Konsul ein schwedisches oder finnisches Visum beantragen. Die erste Frage war dann: Haben Sie Erlaubnis, nach Deutschland zurückzukehren? Ich habe gesagt: Ich kehre nicht nach Deutschland zurück, ich komme aus Amerika. Mein Reisepass war glücklicherweise in New York ausgestellt. Aber das war nur die erste Frage. Sie haben immer Angst gehabt, dass ich bei ihnen sitzenbleibe, wenn der Hitler die österreichischen Pässe für ungültig erklärt. Aber wie ich dann auf der Reise erfahren habe, ist die Aufführung in Prag

---

Guild dirigierte er seine Bearbeitung auch. – Das Ensemble führte auch Mozarts *Così fan tutte* und die Einakter *Angélique* von Jacques Ibert und *La cambiale di matrimonio* von Gioachino Rossini auf.

> um zwei Wochen verschoben worden. So lange konnte ich nicht warten. So habe ich also diese ganze Reise umsonst gemacht. Da habe ich im Radio ein bisschen Klavier gespielt.

Die Route endete also in Warschau. „Dann wieder zurück nach Stockholm, Göteborg, mit dem Schiff nach England. Dann endlich Amerika. Im Herbst 1938 bin ich nach Amerika gekommen. Und hiergeblieben. Erst 1950 bin ich zum ersten Mal wieder nach Europa gefahren."

Wie Krenek berichtete, hatte er seine Wiener Wohnung schon vorher aufgegeben:

> Ich weiß nicht mehr genau, warum. Vielleicht habe ich schon Misstrauen gehabt, dass das nicht gutgehen wird. Meine Eltern haben ja noch in Wien gewohnt, die haben sehr viele Bücher und solche Sachen dort gehabt. Alle diese Bücher hier [er zeigte auf seine Bibliothek] sind aus Wien, die habe ich dann kommen lassen.

Im weiteren Gespräch informierte ich den Komponisten über die 1938 bei den Düsseldorfer Reichsmusiktagen gezeigte Ausstellung *Entartete Musik* und ihren Initiator, den Weimarer Generalintendanten Hans Severus Ziegler. Aus Protest gegen die auch in Weimar gezeigte *Jonny*-Oper hatte er schon 1930 einen Regierungserlass „Wider die Negerkultur, für deutsches Volkstum" formuliert. In seiner Rede zur Ausstellungseröffnung am 24. Mai 1938 polemisierte Ziegler gegen die Jonny-Figur.[9] Das ihr einst hysterisch zujubelnde Publikum sei seelisch und geistig krank und „innerlich wirr und unsauber" gewesen. Der Krenek-Oper *Leben des Orest*, einem „durch und durch fauligen Werk", habe ein vor allem jüdisches Parkett Beifall gespendet. Kreneks Kommentar: „Das ist an den Haaren her-

9 Ziegler, *Entartete Musik. Eine Abrechnung*, in: Dümling/Girth, S. 133. Dort auch die Diffamierung von Schreker, s. u. (Magnus Hirschfeld war der Gründer des Instituts für Sexualwissenschaft in Berlin, das 1933 geschlossen, geplündert und zerstört wurde.)

beigezogen. Er hat ja das Publikum nicht gesehen und gefragt: Sind Sie ein Jud? Warum sitzen Sie hier?"

Die NS-Schau diffamierte seinen Lehrer Franz Schreker als „Magnus Hirschfeld unter den Opernkomponisten". Schrekers trauriges Schicksal hatte Krenek nur von fern verfolgt: „Ich habe mich ja schon in Berlin abgewendet von seiner Musik und seiner Schreibweise, hatte gar keine Beziehung mehr zu ihm." Auf einer Tafel wurden Arnold Schönberg und Paul Hindemith unsinnigerweise als „Theoretiker der Atonalität" bezeichnet. Erwähnt wurden dabei Schönbergs *Harmonielehre* und Hindemiths *Unterweisung im Tonsatz*, wozu Krenek meinte:

> Das hat natürlich gar nichts miteinander zu tun. Absolut nicht. Ich habe Hindemith ganz gut gekannt in den alten Zeiten, wie wir beide noch sehr jung waren. Da waren wir in Donaueschingen zusammen. Er hat ein Quartett gehabt, das Amar-Quartett, die haben auch ein Quartett von mir gespielt. Ich habe das für sie geschrieben. Wir sind aber später auseinandergekommen, wie er seine *Unterweisung im Tonsatz* geschrieben hat. Ich habe gehört, wie er dieses Buch erklärt hat bei einer Tagung in Florenz, vielleicht 1935.[10] Das hat mir gar nicht gefallen, dieses Buch und die Theorie, die er dort aufgestellt hat.

Zu den Vorkämpfern des „Musikbolschewismus" rechneten Ziegler und sein musikalischer Berater Paul Sixt[11] neben Schönberg und Weill auch Leo Kestenberg, Heinrich Strobel und Paul Bekker.[12]

10 Der Kongress fand 1937 statt. Vgl. Krenek, *Im Atem der Zeit*, S. 947.

11 Vgl. Dümling, „Hans Severus Ziegler, Ernst Nobbe und Paul Sixt. Die Weimarer Wurzeln der Ausstellung ‚Entartete Musik'", in: Maria Stolarzewicz (Hg.), *Verfolgte Musiker im nationalsozialistischen Thüringen. Eine Spurensuche*, Tl. 2 (= KlangZeiten, Bd. 19), Wien/Köln 2023, S. 37–61.

12 Kestenberg war Leiter der Kunst- und der Musikabteilung im Preußischen Kultusministerium und hatte die nach ihm benannte Bildungsreform angestoßen. – Strobel war Musikkritiker und schon 1935 als „Kulturbolschewist" bezeichnet worden. – Bekker, Dirigent, Musikschriftsteller und Intendant der Preußischen Staatstheater in Kassel und Wiesbaden, war 1933 über Paris nach New York emigriert und dort 1937 gestorben. Sein Vater war Jude.

Krenek, der in Kassel Bekkers Assistent gewesen war, wunderte sich, dass auch dieser verfolgt wurde: „Er musste ja auch weg. Ich weiß nicht, was eigentlich gegen ihn vorlag. Er war, glaub ich, kein Jude. Ich habe mit ihm keine Verbindung mehr gehabt. Er ist auch nach Amerika gekommen und dann bald gestorben."

In ihrer Abrechnung mit dem Musikleben der Weimarer Republik nahm die Düsseldorfer Propagandaschau auch die Musiktage von Donaueschingen und Baden-Baden sowie den Allgemeinen Deutschen Musikverein ins Visier. Über die Einbeziehung dieses einst von Franz Liszt gegründeten Vereins wunderte Krenek sich: „Das war doch eine deutsch-nationale Vereinigung, wie sie im Buche steht." Dabei verwies er auf „solche Leute wie Hausegger und Richard Strauss". Gefragt nach seiner Einschätzung von Strauss meinte er: „Sehr zweideutig. Er war der Präsident der Reichsmusikkammer.[13] Warum er das angenommen hat, weiß ich nicht."

Vor der Mittagspause berichtete ich meinem Gesprächspartner noch, dass Wolfgang Steinecke, der spätere Leiter der Darmstädter Ferienkurse, 1938 in einem Zeitungsbericht ausführlich die in der Ausstellung gezeigten Exponate aufgelistet hatte.[14] Dabei führte er nacheinander Werke von Arnold Schönberg, Igor Strawinsky, Paul Hindemith, Kurt Weill, Franz Schreker, Hanns Eisler, Alban Berg, Josef Matthias Hauer, Karol Rathaus, Ernst Toch, Bernhard Sekles und Hermann Reutter an. Ausgerechnet Ernst Krenek fehlte in seiner Liste. Es erheiterte diesen, als ich ihm erzählte, dass Steinecke *Jonny spielt auf*, *Der Sprung über den Schatten* und *Zwingburg* als

---

13 Strauss war 1933–1935 Präsident der Reichsmusikkammer. Er musste zurücktreten, als seine fortgesetzte Zusammenarbeit mit Stefan Zweig bekannt wurde, war aber weiterhin im NS-Staat wohlgelitten. – Der Dirigent und Komponist Siegmund von Hausegger war als Komponist in der Nachfolge Bruckners und Wagners im NS-Staat angesehen und passte sich weitgehend in die NS-Kulturpolitik ein.

14 Der Musikwissenschaftler Steinecke arbeitete als Musikkritiker in Essen. „Was die Ausstellung ‚Entartete Musik' zeigt", in: Deutsche Allgemeine Zeitung vom 26.5.1938, Faksimile in Dümling/Girth, 3. erweiterte und ergänzte Auflage 1993, S. 194.

Werke von Weill bezeichnet hatte: „Das muss ein Irrtum gewesen sein. Ich kannte Steinecke später, wie er die Ferienkurse in Darmstadt geleitet hat, sehr gut." Dessen detaillierter Zeitungsartikel wurde zu einer Hauptquelle für die fünfzig Jahre später entstandene Rekonstruktion.

An unserem Gespräch hatte sich der 89-jährige Komponist mit leiser Stimme, aber wacher Präsenz beteiligt. Nun aber rief seine Frau Gladys zum Mittagessen, das wir im Freien neben hohen Kakteen bei angenehm leichter und trockener Luft einnahmen. Dabei fielen die Namen weiterer Zeitgenossen, welche ich in der nachfolgenden Unterhaltung aufgriff. Da ich im Vorjahr mehrere Beiträge über Kompositionen Artur Schnabels geschrieben hatte, fragte ich nun Krenek zuerst nach diesem Kollegen. Er berichtete, 1920 sehr bald nach seiner Ankunft in Berlin auf Schnabel gestoßen zu sein: „Ich hatte damals meine erste Sonate geschrieben. Jemand hat mir gesagt, ich soll den Schnabel besuchen. Ich dachte: Na ja, das ist ein Pianist, der muss natürlich meine Sonate spielen." Schnabel habe ihm jedoch erklärt: „Aufführungen sind ja gar nicht wichtig, die sind ganz bedeutungslos. – Da war ich natürlich enttäuscht." Lachend fügte er hinzu: „Ich dachte, Gott hat die Pianisten erschaffen, damit sie meine Musik spielen." Vermittelt durch Eduard Erdmann sei er dann aber wieder zu Schnabel gekommen:

> Wir haben ununterbrochen debattiert, über Musik, wie man komponiert und was für Methoden. Aber noch nicht über die Zwölftontechnik, davon haben wir noch nicht viel gewusst. Er hat aus Amerika immer die leichte Musik mitgebracht, die dann *Jonny spielt auf* beeinflusst hat. Die habe ich durch Schnabel kennengelernt.

Obwohl Krenek Berlin schon 1923 wieder verließ, um in die Schweiz und dann nach Kassel zu gehen, traf er Schnabel immer wieder, auch später in New York, wo der Pianist mit seiner Frau, der Sängerin Therese Behr-Schnabel, im Peter Stuyvesant Hotel wohnte: „Er hat ein Apartment gehabt im obersten Stock, groß genug, so dass er seine Schüler haben konnte und Therese ihre Schüler."

Sehr verwundert war Krenek, als ich ihm von dem Geiger Gustav Havemann und dessen politischer Entwicklung[15] berichtete:

> Ich habe ja ein Quartett für ihn geschrieben. Das 2. *Streichquartett* von mir ist für Havemann; er hat es auch aufgeführt – und dortbehalten. Es ist erst entdeckt worden lange Zeit später von Klaus Assmann, der auch ein Quartett hatte. Der hat das in Ost-Berlin entdeckt im Nachlass von Havemann.

Dessen Einsatz für die NS-Kulturpolitik war Krenek unbekannt. Dagegen hatte er von dem traurigen Ende Gustav Brechers erfahren. Dieser Dirigent hatte an der Leipziger Oper *Jonny spielt auf* und *Leben des Orest* uraufgeführt: „Er war ein sehr merkwürdiger Dirigent, hat immer hinter den Ohren dirigiert. Das Orchester hat wissen müssen, was es bedeutet. Das war nicht ganz einfach. Aber er war ein sehr guter Dirigent." Auch wegen seines Engagements für Krenek und Weill wurde Brecher zur Zielscheibe der Verfolgung. Er floh in die Niederlande, wo er 1940 Selbstmord beging.

Als ich den Komponisten fragte, wie weit er in den '30er und '40er Jahren aus den USA die Entwicklung in Deutschland habe verfolgen können, antwortete er: „Sehr wenig. Die hiesige Presse interessierte sich für solche Sachen nicht. Anders hört man ja nichts, während des Krieges schon gar nicht." Auch von anderen Exilanten habe er nur wenig erfahren: „Ich habe hier sehr wenig Kontakt mit anderen Flüchtlingen gehabt." Hier griff seine Frau Gladys in das Gespräch ein und erinnerte an Begegnungen mit Theodor Adorno, Hanns Eisler und Thomas Mann: „Du bist mit Thomas Mann spa-

15 Havemann, der seit Anfang der 1920er Jahre mit seinem Streichquartett viel Neue Musik spielte, war schon früh Mitglied des Kampfbunds für deutsche Kultur und seit 1932 der NSDAP. 1934/1935 trat er im Konflikt um *Mathis der Maler* für Hindemith ein und fiel vorübergehend in Ungnade. – Der von Krenek erwähnte Geiger Klaus Assmann veröffentlichte im Verlag seines Bruders Hermann Assmann Kreneks 2. und 4. *Streichquartett* und seine 2. *Sonate für Violine solo* und spielte mit seinem gleichnamigen Quartett mehrfach dessen (bis dahin) 7 Streichquartette.

zieren gegangen und hast viel mit seinem *Faustus*-Buch zu tun gehabt."[16] Jetzt erinnerte sich auch Krenek an gemeinsame Spaziergänge an der Ocean Promenade in Santa Monica. Treffpunkt war am Ende des Wilshire Boulevard die Statue der Heiligen gewesen, die diesem Ortsteil den Namen gab. Gladys erwähnte auch Kontakte zu Igor Strawinsky: „Du hast ihn oft gesehen. Er ist zu uns gekommen. Wir haben oft telefoniert, wenn er Fragen hatte zu den lateinischen Titeln seiner Werke."

Nun war es Zeit, das Gespräch zu beenden und, nachdem ich noch das Arbeitszimmer sehen durfte, Abschied zu nehmen. Beim Weg zum Auto wies mich Gladys Krenek darauf hin, dass im nächsten Jahr der 90. Geburtstag ihres Mannes gefeiert werde. Ob man nicht parallel zur Ausstellung *Entartete Musik* die *Jonny*-Oper aufführen könnte?

* * *

Als Getty Scholar in Santa Monica bereitete ich nicht nur die amerikanische Version der Ausstellung *Entartete Musik* vor, sondern auch einen Film, der die Schau begleiten sollte. In dem von mir entworfenen Drehbuch spielte selbstverständlich Ernst Krenek eine wichtige Rolle. Mit einem Berliner Filmteam, das kurz zuvor in Los Angeles eingetroffen war, fuhr ich am 18. Januar 1990 noch einmal nach Palm Springs. Vor der Kamera durfte ich nun den Komponisten erneut interviewen. Auf die Frage nach der ersten Idee zur *Jonny*-Oper antwortete er, schon um 1918 habe ihn in Tirol der Gedanke fasziniert,

> dass sogar Menschen, die in den Gletscher fallen, aus der Gletscherzunge wieder hervortreten, wahrscheinlich erfroren. Das hat mir die Idee gegeben zum Anfang dieser Oper, der ja bei einem Gletscher in den Alpen spielt, wo der Komponist Max einen Ausflug macht und bei dieser Gelegenheit den Gletscher beobachtet, der eine sehr wichtige

16 In Thomas Manns Tagebuch von 1943 ist seine Lektüre von Kreneks *Music Here and Now* (New York 1939) während der Arbeit am *Doktor Faustus* vermerkt.

Rolle spielt in seinem Leben. Das war die erste Idee für diese Oper. Die Idee, den amerikanischen Neger hereinzubringen, kam viel später.

Eine Rolle hätten dabei Stücke von George Gershwin und Cole Porter gespielt, die er damals kennenlernte:

> Das ist dann in der Oper untergekommen, um den Neger, der die Hauptrolle spielt, zu symbolisieren. [...] Dieser amerikanische Neger, also dieser Jonny, steht für Amerika, nicht so sehr für die Schwarzen, sondern für die freien Amerikaner. Er ist also ein Amerikaner, der sich eben ganz ungehemmt benimmt, der keine Hemmungen hat wie der mitteleuropäische Komponist Max, der ein schweres Leben hat. Dieser amerikanische Jonny ist vollständig frei, ungehemmt, tut, was ihm passt und was er will. Das ist jetzt schon hier wieder etwas bedenklich, weil die Schwarzen in diesem Land finden, dass dieser Jonny sich gar nicht richtig benimmt. Erstens stiehlt er eine Geige, zweitens attackiert er eine weiße Frau – also, das tut man nicht. Die jetzigen amerikanischen Schwarzen sind gar nicht zufrieden mit diesem Jonny. Aber damals war er das Symbol für ganz Amerika, nicht nur für die Schwarzen.

Bei der Frage nach Skandalen bei *Jonny*-Aufführungen erwähnte Krenek zuerst die Reaktionen in Wien. Plötzlich sei ein Plakat aufgetaucht:

> Ich habe eine Kopie hier, mit Hakenkreuz von der Nationalsozialistischen Arbeiterpartei Großdeutschlands. Und das war eine Aufforderung zu Demonstrationen, um die „Vernegerung der Staatsoper" zu verhindern. Dieser halbjüdische Tscheche – das bin ich – hat das hereingebracht und das muss abgestellt werden. Das war also das erste Zeichen des Nazi-Protests gegen *Jonny spielt auf*. Das ging dann weiter. Es gab weitere Skandale in München im Gärtnerplatz-Theater und auch in anderen Städten.

Die folgenden Fragen berührten Kreneks Aktivitäten im Jahr 1938 und die Flucht in die USA. Hier seien die Anfänge schwierig gewesen: „Die Resonanz war sehr dürftig. Ich habe zuerst in Boston an einer Schule unterrichtet ein bisschen, habe zwei Schüler gehabt, die von jemand gesponsert worden waren.“[17] Fruchtbarer waren dann die drei Jahre (1939–1942) am Vassar College, einem angesehenen Frauen-College im Staat New York:

> Es war eine sehr angenehme Zeit. Aber dort habe ich es mir verdorben mit meinem Chef, dem Vorsteher des Music Department, weil ich mir erlaubt habe, die Zwölftontechnik zu unterrichten. Das war damals in Amerika nicht sehr beliebt. Man hat sich vorgestellt, das haben sich so ein Paar Juden in Wien im Kaffeehaus ausgedacht. Zwölftontechnik, was wird das schon sein? Da sind wir längst darüber hinaus in Amerika, wir brauchen das nicht. Schönberg hat das ja auch gar nicht unterrichtet. Dadurch habe ich die Stelle verloren.

Glücklicherweise erhielt er gleich wieder eine andere Lehrstelle in Saint Paul, Minnesota, an der Hamline University:

> Es war lange nicht so großartig wie am Vassar College, aber dort war ich mein eigener Herr. Ich konnte unterrichten, was ich wollte. […] Ich habe eine Musikbibliothek aufgebaut, habe sehr gute Studenten gehabt. So ging das also sehr gut, bis ich 1947 beschlossen habe: Jetzt muss ich nach Kalifornien. Entweder jetzt oder gar nicht.

Auf meine Frage, was das Musikleben in den USA dem Zustrom von Emigranten verdankte, antwortete Krenek:

> Ich glaube, nicht sehr viel. Ein Mann wie Schönberg hat hier unterrichtet in Los Angeles mehrere Jahre, nicht ganz bis zu seinem Tod. Aber man kann nicht sagen, dass er sehr viele Spuren hinterlassen hat. Seine Musik wird jetzt etwas mehr gespielt, aber auch immer noch mehr in Europa als hier. Man kann über Hindemith ungefähr dasselbe sagen.

---

17 Krenek unterrichtete zwei Semester am privaten Malkin Conservatory in Boston. Einer seiner Studenten war Harold Shapero.

> Der hat ja auch hier unterrichtet in der Yale University. Seine Musik wird ab und zu auch gespielt, aber nicht sehr viel. Ob er viele Schüler hinterlassen hat, weiß ich nicht. Jedenfalls von meiner Perspektive aus habe ich nicht den Eindruck, dass der Zustrom von europäischen Komponisten eine sehr bedeutende Rolle gespielt hat.

In Europa sei der Verlust durch den Weggang bedeutender Künstler deutlicher spürbar:

> In Österreich sind jedenfalls sehr viele Lücken entstanden und nicht eigentlich ausgefüllt worden, soweit ich das beurteilen kann. Ich bin seit 1950 jedes Jahr wieder nach Europa gefahren und habe viel Zeit auch in Österreich verbracht. Ich bin jetzt ein Fremder dort und noch immer ein Fremder hier.

Nach einer längeren Pause ergänzte er: „Wir haben uns oft überlegt: Sollte man vielleicht ganz zurückgehen? Und dann, wie gesagt: Man fühlt sich dort nicht mehr zuhause und hier noch nicht zuhause. Und so bleibt es."

Ich verließ den Komponisten mit dem Gefühl, einer historischen Figur begegnet zu sein. Wenn er auch beim Gehen von seiner Frau gestützt werden musste, so hatte er doch stets geistesgegenwärtig gewirkt. Geduldig hatte Krenek alle Fragen beantwortet und auch die schrecklichen Ziegler-Zitate angehört und war schließlich bereit, das Filmteam noch einmal zu einem Drehtermin zu empfangen. Bei dieser Gelegenheit hob er die Idee der Freiheit hervor, die *Jonny spielt auf* zugrunde liege. Der immer wieder aufblitzende Humor enthielt vielleicht eine Prise Galgenhumor und die Andeutung des Irrealen dieser scheinbar unbeschwerten Existenz im sonnigen Kalifornien.

* * *

Während meines Aufenthalts am Getty Center arbeitete ich weiter an der Vorbereitung der Ausstellung. Ein Krenek-Porträt brachte ich auf einer Tafel unter, die dem Widerstand gegen den NS-Staat gewidmet war. Zitiert wurde hier ein Aufsatz aus der Wiener Zeitschrift *23*, in welchem sich Ernst Krenek kritisch mit Joseph Goebbels auseinandergesetzt hatte.[18] Zuletzt erstellte ich im Juni 1990 anlässlich des bevorstehenden 90. Geburtstags noch ein Komponistenporträt für den Saarländischen Rundfunk, bevor ich Mitte Juli den Forschungsaufenthalt beendete und nach Berlin zurückkehrte. Die deutsche Version der Ausstellung war in meiner Abwesenheit im Germanischen Nationalmuseum Nürnberg, im Hessischen Landestheater Darmstadt sowie in der Kölner Musikhochschule gezeigt worden. Ab September war sie dann in der Akademie der Künste der DDR in Ost-Berlin, im Dresdner Rathaus sowie in der Oper Leipzig zu sehen. Wie von der Gattin des Komponisten vorgeschlagen, kam in Leipzig dabei tatsächlich die Oper *Jonny spielt auf* nach jahrzehntelanger Unterbrechung zur erfolgreichen Wiederaufführung. Aufnahmen dieser Inszenierung wurden in den 70-Minuten-Film *Verbotene Klänge. Komponisten im Exil* integriert, der im November in Düsseldorf seine Premiere erlebte. Nach den stark gekürzten Interviews mit Krenek endet er mit der Schlussszene der Oper, der „Überfahrt ins unbekannte Land der Freiheit“, die ohne große Schwierigkeiten auf die aktuelle Situation der ehemaligen DDR-Bürger bei der deutschen Wiedervereinigung bezogen werden konnte. Lothar Zagrosek leitete dabei das Gewandhausorchester. Eine Tonaufnahme der Produktion markierte zugleich den Beginn der von mir betreuten CD-Edition *Entartete Musik* der Firma Decca.

Die Realisierung der Ausstellung für Los Angeles war leider mit Schwierigkeiten verbunden, da Ernest Fleischmann wegen interner Probleme die Finanzzusagen nicht einhalten konnte. So musste ich mit einem weitaus geringeren Etat auskommen. Die vorgesehene Zusammenarbeit mit dem Architekten Frank Gehry konnte nicht verwirklicht werden, und statt des englischsprachigen Katalogbuches kam es nur zu einer 63-seitigen Broschüre. Angesichts aktueller Rassenspannungen in Los Angeles war mir dringend emp-

---

18 „Zu einigen Thesen des Herrn Dr. Goebbels“, in: *23*, Nr. 11/12 (30.6.1933), S. 1–7.

fohlen worden, für das Titelblatt der Broschüre nicht das *Jonny*-Plakat zu verwenden. Zur Vermeidung von Missverständnissen wählte ich stattdessen den mächtigen Reichsadler mit einer Orgel im Inneren, der 1938 auf einem Plakat *Deutschland, das Land der Musik* als Reiseziel beworben hatte.[19] Der Verdeutlichung diente auch der Titel der Schau *Banned by the Nazis : Entartete Musik*.

In der von Joseph Horowitz betreuten Broschüre war Ernst Krenek prominent vertreten. Sie enthielt Kreneks 1959 geschriebenen und 1970 ins Englische übersetzten Aufsatz *America's influence on its émigré composers* sowie ein Interview, das Horowitz im Oktober 1990 mit ihm geführt hatte. Beide Konzertprogramme, welche die Ausstellung ergänzten, brachten Werke von Krenek. Das Kammerkonzert am 18. März 1991 im Japan America Theatre bot ein reines Krenek-Programm mit seinen Opera 234 (*Arc of Life*), 67a (*Durch die Nacht*), 229 (*The Dissembler*) und 58 (*Kleine Symphonie*). Bei einem vom Los Angeles Philharmonic Orchestra unter Leitung von Lawrence Foster dreimal gespielten Programm hörte man unter dem Motto „Entartete Musik – Degenerate Music" Werke von Korngold, Weill, Hindemith und Krenek (*Symphonic Elegy* für Streichorchester op. 105). Es folgte am 22. März im Getty Center noch eine Aufführung von Kreneks Violin-Solosonate op. 33 durch den Geiger Peter Marsh.

Die auf drei Etagen des Dorothy Chandler Pavilion untergebrachte Ausstellung wurde am Nachmittag des 19. März 1991 mit Ansprachen von Ernest Fleischmann, Peter Girth und mir eröffnet. Auf Krenek wiesen dort mehrere Tafeln hin ; in den Vitrinen lagen Noten von *Jonny spielt auf*, *Der Sprung über den Schatten* und *Zwingburg* aus, dazu Bücher von Otto Schumann und Hans Schnoor, die sich kritisch mit diesem Komponisten auseinandersetzten.[20] Angesichts von Exponaten, Übersetzungen und Beschriftungen, die entweder in letzter Minute oder verspätet eintrafen, hatte ich mich

---

19 Vgl. Dümling/Girth (1988) S. 47.

20 Otto Schumann, *Geschichte der Deutschen Musik*, Leipzig 1940 ; Hans Schnoor, *Harmonie und Chaos. Musik der Gegenwart*, München 1962.

März 1991, Los Angeles, Dorothy Chandler Pavilion: Albrecht Dümling vor der Tafel *Resistance* der Ausstellung *Banned by the Nazis: Entartete Musik*

auf das Krenek-Konzert am Vorabend leider nur wenig konzentrieren können. Der Komponist war nicht persönlich erschienen. Umso mehr freute es mich, dass Martin Bernheimer, der angesehene Musikkritiker der *Los Angeles Times*, in seinem Bericht unter der Überschrift *A Beguiling, Belated Salute to Ernst Krenek* diesen einen der vielseitigsten Komponisten des 20. Jahrhunderts nannte, „one of the most influential, most prolific, most versatile and most confounding composers of the 20th century".[21]

Im folgenden Jahr wurde die Ausstellung ab August beim Bard Music Festival bei New York gezeigt. Als ich sie dort nach einjähriger Unterbrechung wiedersah, entdeckte ich zu meiner Überraschung auf einer Tafel die handschriftliche Signatur des Komponisten, datiert vom 2. Juli 1991. Offensichtlich erfreut über die gute Resonanz des ganzen Projekts, über die späte Wiederentdeckung[22]

21 In: *Los Angeles Times* (20.3.1991), S. 55.

22 Vgl. John Henken, „The Lion America Forgot", in: *Los Angeles Times* (6.5.1990),

ausgerechnet unter dem Motto „Entartete Musik", hatte Ernst Krenek die Ausstellung doch noch besucht. Die zittrige Unterschrift setzte er nun auf sein Porträt, das unter dem Titel *Resistance* neben dem von Karl Amadeus Hartmann prangte. Mit dieser Ergänzung reiste die Dokumentation dann weiter nach Boston, London, Barcelona, Miami, Chicago, Tel Aviv und Zagreb. Sein Autogramm auf der Ausstellungstafel war vielleicht einer der letzten öffentlichen Akte des Komponisten, der fünf Monate später am 22. Dezember in Palm Springs starb.

S. 634.

Claudia Maurer Zenck

Distanz und Nähe (1976–1991)

Der Anfang: Ein Auftrag

Er trat aus dem Fahrstuhl und hielt suchend die Hand über die Augen – die Lobby des Wiener Hotels Europa war ziemlich voll –, ein freundliches, uneitles Zeichen an die unbekannte Person, die ihn um ein Treffen gebeten und von der er bisher nur einige Briefe erhalten hatte. Es hätte seines suchenden Schauens ja nicht bedurft, denn natürlich erkannte ich Ernst Krenek sofort und ging auf ihn zu. Erst viel später erfuhr ich, dass er mich für eine Studentin, die über ihn promovieren wollte, gehalten hatte; meine kurze briefliche Vorstellung war offenbar missverständlich gewesen.

Er war an diesem 21. September 1976 sehr zurückhaltend, und nach einer halben Stunde unbeholfenen Fragens, immer unter dem Damoklesschwert, dass dies wohl einstweilen meine einzige Chance sei, mich meinem Forschungs-„Gegenstand" innerhalb des Schwerpunkts Exilforschung der Deutschen Forschungsgemeinschaft (DFG) – einem Komponisten, der ohne „rassische" Verfolgung ins Exil gegangen war – zu nähern, war die Begegnung auch schon zu Ende. Natürlich war ich als junge Wissenschaftlerin am Beginn meiner Laufbahn darüber enttäuscht. Und das erfuhr auch Ernst Hilmar, der damalige Leiter der Musikabteilung der Wiener Stadt- und Landesbibliothek. Bei ihm und seinem Kollegen Walter Obermaier, Leiter der Handschriftensammlung, war ich bereits vorstellig geworden und hatte mich für eine Woche zur Sichtung der dort gesammelten Krenek-Materialien angemeldet. Hilmar meinte, Krenek komme am nächsten Mittag zu einer Besprechung zu ihm, da könne ich ihn doch vielleicht noch einmal sprechen. Gesagt, getan. Dabei lernte ich auch Gladys Krenek kennen, aber verabredet wurde nur noch ein weiteres Treffen in der Stadtbibliothek. Meiner Erinnerung nach trafen wir[1] das Ehepaar Krenek dann zufällig am Fahrstuhl und fuhren zusammen hinauf in den ersten Stock. Und dieses dritte Mal gewann ich den Eindruck, dass Gladys Krenek sehr interessiert an meinem Vorhaben war – jedenfalls äußerte sie es deutlicher als ihr Mann.

Der starke Eindruck, den ich von Kreneks zurückhaltender Persönlichkeit hatte, animierte mich, ihm meinen ersten Forschungsbericht zuzusenden. Außerdem kündigte ich meine Absichten für das nächste Jahr an: Ich plante, im Frühjahr 1977 mehrere Wochen in der Wiener Stadtbibliothek mit den Materialien zu arbeiten, die Krenek schon dorthin gegeben hatte und die vor allem die Zeit bis zu seinem Exil 1938 betrafen. Es gab aber auch den Briefwechsel mit seinen Eltern bzw. nach dem Krieg mit seiner Mutter dort zu lesen, und dieser umspannte die zweieinhalb Jahrzehnte bis zu ihrem Tod 1972. Nach den Recherchen in Wien und einer kurzen Pause zu Hause in Berlin, um das Erarbeitete und Gesammelte zu ordnen, wollte ich im Sommer nach Kalifornien fliegen und die Krenek-Materialien in der University of California at San Diego (UCSD) in La Jolla sichten und auswerten, die vor allem seine amerikanische Zeit ab 1938 betrafen. Daraufhin riet mir Krenek, an wen ich mich an der UCSD wenden solle, und öffnete mir bereitwillig alle Türen der Universität und der Bibliothek, indem er mich dort ankündigte.

1977 und 1978 in La Jolla und Palm Springs

Nicht ebenso bereitwillig reagierte er, als ich tatsächlich im Juli und August 1977 in La Jolla arbeitete und auf dem Campus wohnte. Zuerst erlebte ich dort eine kleine Enttäuschung. Wie an jedem Wochentag ging ich morgens über den Campus durch ein Wäldchen zur etwas tiefer gelegenen Geisel Library, jedes Mal wieder von

1 „Wir" bedeutet hier und meist auch im Folgenden, dass mein damaliger Mann Martin Zenck dabei war (s. das Register).

Neuem entzückt über die Architektur dieser Universitätsbibliothek. (Ich erlebte wenig später in Palm Springs, dass Krenek das Gebäude ebenso schön fand: Bei ihm hing eine große Fotografie davon an der Wand neben dem Eingang.) Dort arbeitete ich von 9 bis 15 Uhr im Special Collections Department, wo auf einem langen Tisch viele große Kartons mit Mappen voller Briefe standen, die Krenek seit 1938 erhalten, und Durchschläge von einigen, die er selbst versandt hatte, durch die ich mich nach und nach durchzuarbeiten suchte. Plötzlich erschienen dort die Kreneks – sie verbrachten zwei Tage in La Jolla mit seinen endlosen, wunderbaren Stränden –, und er nahm mehrere Mappen mit Briefen heraus, die ich *nicht* lesen sollte. Es waren die Briefe seiner zweiten Frau Berta Hermann und seiner dritten Frau Gladys Nordenstrom[2] sowie Unterlagen für die Steuer, die versehentlich zwischen die Briefstapel geraten waren. Ich war natürlich über Ersteres betrübt, denn ich hatte mir gleich anfangs einen Überblick über das Vorhandene zu schaffen gesucht und in beide Mappen schon einmal flüchtig hineingeschaut. Nun war mir die genauere Lektüre verwehrt – wie schade!

Am nächsten Abend waren wir auf eine kleine Party eingeladen, zusammen mit dem Komponisten Bernard Rands[3] und seiner damaligen, sehr englischen Frau. Veranstaltet wurde sie von Kreneks Freunden Ruth und John L. Stewart. Beide hatten sich seit der Stunde unserer Ankunft sehr hilfsbereit um uns gekümmert.[4] Ich

2 Krenek und Anna Mahler hatten ihre Beziehung im Januar 1924 legalisiert; die Ehe scheiterte bereits im Herbst desselben Jahres. Die Schauspielerin Berta Hermann und er heirateten 1929, die Ehe wurde 1950 geschieden, und Gladys Nordenstrom, eine junge Komponistin (und ehemalige Studentin Kreneks) wurde im selben Jahr seine dritte Frau.

3 Der englische Komponist Rands war 1975–1984 Professor of Music an UCSD. Er wurde 1983 naturalisiert.

4 Der Literaturwissenschaftler John L. Stewart (1917–2007) war Founding Provost des John Muir College der UCSD, an dem Krenek Fellow war. Er arbeitete an einer Biographie über Krenek (vgl. Anm. 2 in Dümlings Beitrag in diesem Band). Er war außerdem Jazzposaunist. – Ruth Peabody Quinn Stewart (1924–2003) war psychiatrische Sozialarbeiterin und wirkte in San Diego für das Fundraising-Netzwerk United Way. – Martin Zenck arbeitete gleichzeitig in

sah die Kreneks zum ersten Mal in kalifornischer Kleidung: Sie kam im Strandkleid, er in Shorts und kurzärmligem Oberhemd; dazu trug er (wie fast immer) eine lange Kette mit einem größeren Anhänger. In der Unterhaltung fiel mir auf, dass Kreneks amerikanisches Englisch einen starken Akzent hatte und sein Wortschatz sehr reich war. Wenn er etwas Amüsantes erwähnte, das ihm zugestoßen war, unterstrich er dies wohl auch gestisch mit „hilflos" erhobenen Armen.

Als sich beide am späteren Abend verabschiedeten, kündigte ich zaghaft an, ich wolle, nach der Arbeit an UCSD, im September auch nach Palm Springs kommen. Mir war klar, dass er zu Hause weitere Schätze hütete, aber ich befürchtete auch, dass er wohl nicht begeistert war über die Aussicht, „belagert" und womöglich vom Komponieren abgehalten zu werden. (Später realisierte ich, dass er damals an *They knew what they wanted* op. 227 arbeitete, diesem wunderbaren, humorvollen Stück über drei Frauenfiguren aus der griechischen Mythologie, dem Alten Testament und der italienischen Renaissance, die ihre Ziele taktisch klug angingen und effektiv verwirklichen konnten.) Er war denn auch sehr zurückhaltend; schon vor der Aussicht auf nur eine Woche meines Besuchs schien er zurückzuschrecken. Seine Frau dagegen ermutigte mich, indem sie meinte, zwei bis drei Wochen seien doch angemessener. (Sie erfasste wohl sofort, dass ich mit meiner Arbeit „nützlich" sein könnte – ein Gedanke, auf den ich gar nicht kam und auf den mich einige Zeit später die pragmatische Ruth Stewart aufmerksam machte –, während für ihren Mann die mögliche Bedrängnis im Vordergrund stand.)

Es wurden dann knapp drei Wochen im September in Palm Springs, und Krenek fand es bald durchaus nicht mehr unangenehm, dass ich ihm so lange quasi auf die Pelle rückte. Es entwickelte sich eine bestimmte Routine – von der umsichtigen Gladys Krenek gelenkt –, in die auch der private Kontakt à quatre einbe-

der UCSD-Bibliothek an seiner Habilitationsschrift *Die Bach-Rezeption des späten Beethoven* (= Beihefte zum AfMw XXIV), Stuttgart 1986.

zogen war. Die Kreneks hatten uns ein Motel mit einem großen Swimmingpool im Norden von Palm Springs empfohlen, von wo aus man in einigen Minuten zu ihrem Haus spazieren konnte. Das tat ich alle zwei Tage spätnachmittags, um mich in seinem Studio umzusehen. Dort lagen die Autographe, Drucke und zahllose Aufnahmen seiner Kompositionen, dort stand auch sein Buchla Synthesizer, den er uns stolz zeigte und an dem Gladys Krenek mit schnellen Handgriffen an den zahllosen Kabeln und Reglern demonstrierte, was man damit machen und kombinieren konnte.[5] Ich schaute mir alles an und durchforstete auch die Regale, in dem seine eigenen Schriften standen sowie alle Arbeiten über ihn, die ihm zugeschickt worden waren. Pünktlich eine Stunde später zum trockenen Martini oder Whisky erschien auch mein Mann. Dann begannen die Gespräche, während Gladys Krenek letzte Hand an ihr mit Finesse gekochtes Abendessen legte, und sie wurden fortgesetzt beim Tafeln am großen Tisch vor dem Panoramafenster zum Garten – vor ihm erschienen im Dunkeln gelegentlich Besucher: So schnürte einmal ein uns neugierig betrachtender Silberfuchs vorbei, und Krenek hob die Hand zum Gruß. Dazu gab es kalifornischen Wein in kleinen Heurigengläsern, den Krenek in Anbetracht der immer noch hohen Temperaturen – die ganz leger in Shorts mit Hemd und Top gekleideten Gastgeber liebten es schön warm – gelegentlich mit einem Stück Eis kühlte.

Beide interessierten sich dafür, was junge Leute wie wir taten, erlebten und dachten – nicht nur in Sachen Musik. In politicis bestand, schon durch mein Arbeitsthema „Exil“, ein Grundkonsens, und wir sprachen immer auch über einzelne politische Ereignisse, wenn wir uns nach längerer Zeit wiedersahen. (Krenek hatte 1952 und 1956 Adlai Stevenson und 1968 Hubert Humphrey gewählt und beim Ausgang der Wahlen geklagt, dass er wieder sozusagen auf der falschen Seite gestanden habe.[6]) Er verhielt sich in solchen

5 Vgl. dazu Anm. 14 im Beitrag von Friedrich Cerha in diesem Band.

6 Gegen die beiden Demokraten gewannen die Republikaner Dwight D. Eisenhower und Richard Nixon.

Gesprächen zunächst eher abwartend – während seine Frau oft sehr lebhaft reagierte – und äußerte seine Meinung dann klar und deutlich, aber ohne Eindringlichkeit: als Selbstverständlichkeit. Er wollte nicht überreden oder bestimmen, und dadurch wirkte er überzeugend. Da ich unsere Gespräche aus prinzipiellen Gründen nicht aufnahm, erinnere ich mich nach dieser langen Zeit nur noch an einige Themen. Drei aus sehr unterschiedlichen Bereichen – soziale Biographie, Ästhetik, Komposition – seien hier genannt:

Einmal kam die Frage nach Freundschaften auf, und Krenek stellte fest, er habe eigentlich keine Freunde – seine Frau schränkte ein: „unter Männern" –, sondern nur „berufliche Freundschaften". Dann erinnerte sie ihn aber an Ernst Bloch: Mit ihm habe er doch lachen können, und er stimmte nachdrücklich zu. Das gemeinsame Lachen galt beiden offenbar als Charakteristikum von Freundschaft.

Zur Interpretation seiner Kompositionen äußerte sich Krenek mehrmals klar: „Was die Leute sich bei meiner Musik vorstellen, interessiert mich nicht, das ist deren Privatsache." Damit war ich als Musikhistorikerin, die konkret-inhaltliche „Erklärungen" von Musikwerken ablehnt, völlig d'accord.

Sehr gut erinnere ich mich auch an Kreneks Reaktion, als ich ihn einmal danach fragte, ob er in den USA in den Jahren, als er freiberuflich Geld verdienen musste, einmal daran gedacht hatte, Schlager zu komponieren: Er stand spontan auf, zog eine Schublade auf, holte einige Notenblätter heraus, setzte sich an den Bösendorfer und spielte mit flinken Fingern in rasantem Tempo vom Blatt und markierte mit der Stimme, was er Jahrzehnte vorher als „Teddy Rivera" geschrieben hatte. Ich war sprachlos über diese Virtuosität. Natürlich sei der Versuch, damit ins Geschäft der leichten Musik einzusteigen, gescheitert, so der verhinderte Schlagerkomponist amüsiert-achselzuckend. Für ihn war der Versuch zur Anekdote geworden, und wie beim Erzählen anderer Anekdoten – so z. B. über Arnold Schönberg, Otto Klemperer, Alma Mahler – kam er ins heisere Lachen, diesmal über sich selbst.

Wir sahen uns zuweilen auch bei anderer Gelegenheit, denn die Kreneks hatten sich ein Programm für uns vorgenommen, mit dem sie Besucher aus Europa unterhielten. Selbstverständlich mussten wir mit ihnen einen Ausflug in die Wüste ins Joshua Tree National Monument unternehmen, wo Krenek uns anhand der skurril gewachsenen Bäume erklärte, wie sie zu ihrem Namen gekommen waren. Mittags, an einem der dort eingerichteten Rastplätze, labten wir uns an allem, was Gladys Krenek in einem Korb mitgebracht hatte und was der Magen in der Hitze begehren mochte. Sie war darin groß. Auch im nächsten Sommer gab es ein Picknick am Lake Hemet in den San Jacinto Mountains. Dort lagerten wir uns am waldigen Ufer um eine große Decke voller Köstlichkeiten. Einmal fuhren wir 1977 zusammen in die 30 Meilen entfernte, im Coachella Valley gelegene Oase Thermal. Wir besuchten eine Dattelplantage und tranken frischen, sehr süßen Orangensaft an einem Tisch mitten im hohen Gras; eine angenehme Abwechslung von der Wüstenhitze draußen. Allerdings fingen wir nach kurzer Zeit an, uns an den Beinen lange, blutige Striemen zu kratzen – die Mücken waren über die jungen Besucher hocherfreut. Verständnis- und, ja, sachlich-mitleidlos Ernst Krenek: Wie merkwürdig! an ihn gingen sie nicht, die mosquitoes …

Im Museum in Palm Springs sahen wir eine Installation von Jean Tinguely und Aufnahmen von dem Unwetter mit Sandsturm und Sturzbächen, das kurz zuvor über der Wüste nahe Palm Springs heruntergegangen war. Wir hatten das Ereignis von Kreneks Haustür aus beobachtet, wo er uns auf die waagerecht kreisenden, rosafarbenen Blitze hinwies und erklärte, ein Sandsturm könne den Lack eines Autos abschleifen und schlimmstenfalls die Menschen in ihren Autos ersticken, sie könnten aber auch in der Wüste in Sturzbächen ertrinken. Er war immer sehr interessiert an Erscheinungen, die einer naturwissenschaftlichen Erklärung bedurften. So ließ er sich auch jedes Mal vor einer größeren Operation vom Chirurgen genau erklären, was dabei gemacht wurde, und konnte das hinterher minutiös wiedergeben. Immerhin hatte er schon einiges hinter sich: So bekam er einen Bypass und später einen Herzschrittmacher, als beides noch keine alltäglichen Eingriffe waren. Nachdem ein anderes Mal ein Stück der Halsschlagader herausgenommen, ausgeputzt, d. h. von Kalkablagerungen befreit, und wieder eingesetzt worden war, referierte er den Kommentar des Chirurgen: Das halte nun noch 200 Jahre. Kreneks kurzes, heiser-trockenes Lachen habe ich noch im Ohr.

1978, im zweiten Arbeitssommer in Kalifornien, fuhren wir von Los Angeles zuerst nach Palm Springs und dann erst nach La Jolla. Als wir aus dem Mietwagen stiegen, schlug uns ein Luftschwall wie aus dem Backofen entgegen: Palm Springs bei allergrößter Hitze im Juli – tagsüber mehr als ein paar Schritte zu gehen war fast unmöglich. Damals ergriff ich beim Lunch in einem belgischen Restaurant die Gelegenheit, einen Schnappschuss von Krenek zu machen. Ich war sehr froh darüber, dass er es nicht bemerkte (alle meine Fotos von ihm waren spontan, nicht gestellt). Und als ich zu Hause das Dia besah – den eindrucksvollen Kopf, die Augen hinter dunklen Gläsern verborgen mit dem zu erahnenden Blick zur Seite, die Geste der Hand und davor ein Weinglas –, wusste ich sofort, dass es das Titelbild meines Buches über ihn werden würde.

Karl V. 1978 in Darmstadt

Im Herbst 1978 trafen wir uns dann auch in Deutschland und in der Schweiz. Wir kamen aus südlicher Richtung nach Darmstadt, wo *Karl V.* aufgeführt werden sollte, und waren voller Erwartung. Ich hatte gerade einen großen Aufsatz darüber verfasst, wie die Uraufführung dieses „Bühnenwerks mit Musik" op. 73 im Februar 1934 in Wien mit politischen Machenschaften verhindert worden war,[7] und hatte noch keine Aufführung erleben können – alle hatten schon vor Beginn meiner Arbeit stattgefunden.[8] Umso größer

7 „Unbewältigte Vergangenheit: Kreneks ‚Karl V.' in Wien. Zur nicht bevorstehenden Wiener Erstaufführung", in: *Die Musikforschung* 32/2 (1979), S. 273–288. Die Uraufführung fand dann erst am 22. Juni 1938 im Neuen deutschen Theater in Prag statt, während Krenek in Westeuropa auf sein Einreisevisum in die USA wartete.

8 Die erste Nachkriegsaufführung fand 1950 in Essen statt. Beim IGNM-Fest

das Entsetzen, als die Kreneks verkündeten, sie würden nicht einmal bis zur Generalprobe, geschweige denn zur Premiere bleiben, denn der Regisseur Günther Krämer habe das Stück derartig gekürzt, dass es verstümmelt werde: Der zweite Akt spiele quasi nur noch als Epilog vor dem Bühnenvorhang. Krenek plante, unter Hinterlassung eines ausführlichen Telegramms zur Zeit der Generalprobe abzureisen. Und da sie die Freunde Batschelet in Basel besuchen wollten und nicht motorisiert waren, boten wir ihnen an, sie hinzufahren. Als wir zum Auto gingen, sagte er den schockierenden Satz, er fühle sich zum zweiten Mal ins Exil getrieben.

Zur Kompensation fuhren wir erst zusammen ins Elsass nach Illhaeusern und tafelten bei den Brüdern Haeberlin. Die Auberge de l'Ill war den beiden, die sehr gern sehr gut aßen, noch unbekannt. Allmählich entspannte sich Krenek. Nach einer Übernachtung im Schwarzwald – ausgerechnet in Schönberg – chauffierte ich sie am nächsten Tag nach Basel. (Ein geplanter Besuch der Kreneks im Theater in Freiburg, wo kurz zuvor die Uraufführung von Franz Schrekers Oper *Christophorus* nachgeholt worden war, entfiel, weil die Aufführung an diesem Tag abgesagt wurde.) Wir dagegen gingen einige Tage später in Darmstadt in die Premiere von *Karl V.* Es war so, wie zu befürchten war, und es kam noch einiges hinzu, wie man den Kritiken entnehmen kann.[9] Eigentlich hatten wir danach stracks zurück nach Berlin fahren wollen, aber unterwegs fanden wir, es sei nur recht und billig, Krenek Bericht zu erstatten. Also machten wir in Kassel Station, denn dort sollte ihm abends bei den

1951 in Wien wurde das Werk nur konzertant gegeben. 1958 wurde es in Düsseldorf, 1965 in München und 1969 beim Steirischen Herbst in Graz aufgeführt.

9 Von Krenek selbst in: „Aus der Mappe eines Opernschreibers", in: *Österreichische Musikzeitschrift* 39/10 (Okt. 1984), S. 506–509, hier S. 508. Vgl. auch Wolf-Eberhard von Lewinsky, „Ein Bühnenwerk gegen die Musik. Szenischer Todesstoß für Kreneks Oper ‚Karl V.' im Großen Haus des Staatstheaters Darmstadt", in: *Darmstädter Tagblatt* (30.10.1978); von der Verf.: „Lehrstück von der Zerstörung einer Oper. Kreneks *Karl V.* in Darmstadt", in: *Musica* 33/1 (Jan./Febr. 1979), S. 52 f.

Kasseler Musiktagen die Goethe-Plakette des Hessischen Ministeriums für Wissenschaft und Kunst verliehen werden, und anschließend richtete der Bärenreiter Verlag einen Empfang aus.

Wir überraschten die beiden bei ihrer Ankunft im Bahnhof und lernten dabei gleich Wolfgang Timaeus kennen, den Leiter der Bühnen- und Orchesterabteilung des Bärenreiter Verlags, der Krenek und seine dort verlegten Werke sehr effektiv betreute[10] und beide nun vom Zug abholte. Wir quartierten uns wie sie im Schlosshotel ein und berichteten dort ausführlich über die Premiere in Darmstadt. Nach seiner Rückkehr Anfang November 1978 – über New York, wo *They Knew What They Wanted* op. 227 uraufgeführt wurde – nach Palm Springs schrieb Krenek am 19.11.1978:

> Liebe Claudia und Martin, morgen sind es vier Wochen seit der von Euch so meisterhaft inszenierten Flucht aus Darmstadt, und dieses Jubiläum möchte ich mit dem Vorschlag feiern, daß wir das mit Recht so genannte „trauliche" Du in unseren Verkehr einführen. Der richtige Ort dafür wäre die fabelhafte Halle von Illhäusern gewesen, aber da war ich noch etwas benommen und habe mich daher nicht der Gelegenheit entsprechend benommen. Das muß in Santa Barbara mit zeremoniellem Kuß und Trunk nachgeholt werden.[11]

Ich war verstört und erinnerte mich sogleich an einen Brief Friedrich Torbergs an Krenek, in dem er quasi die Hände rang, weil Krenek ihm das Du angeboten hatte und er sich dessen nicht für würdig hielt. So ging es mir auch, und ich äußerte ebenso meine Bedenken. (Dazu kam noch, allerdings unausgesprochen, mein Wille, die „Abstandsregeln" aus Gründen der wissenschaftlichen Souveränität einzuhalten: Ich wollte weder meine kritische Distanz ihm gegenüber verlieren noch später Distanzlosigkeit auch nur unterstellt bekommen.) Aber Krenek, durch das lange Leben in den USA darin vermutlich sowieso inzwischen etwas lockerer,

10 Vgl. Timaeus' Bericht in diesem Band.

11 Dieser und später zitierte und datierte Briefe sind im Besitz der Verfasserin.

ließ nicht mit sich handeln, und was konnte ich als Dreißigjährige gegenüber diesem renommierten, 48 Jahre älteren Komponisten einwenden? Eine Weigerung kam mir dann doch unangemessen und auch großspurig vor.

1979: Festival in Santa Barbara

Der Ort der „Verbrüderung" war dann tatsächlich das achttägige Krenek-Festival an der University of California at Santa Barbara (UCSB) im April 1979. Es wurde mit immensem Engagement auf die Beine gestellt, geleitet und zum Teil auch bestritten von dem Bariton Michael Ingham, unter nimmermüder Beteiligung seiner damaligen Frau, der Pianistin Carolyn Horn.[12] Das Programm, das dort zu hören war, umfasste Werke aus fast 67 Schaffensjahren vom ersten Streichquartett op. 6 bis zum gerade erst uraufgeführten *Dissembler* op. 229 und reichte von kleinster Besetzung bei Klaviersonaten und Liedern über Ensemblestücke wie *They knew what they wanted* op. 227 und Werke für Chor bis zu großen Orchesterwerken, darunter *Dream Sequence* op. 224 für Symphonic Band,[13] eine Besetzung, die ich zum ersten Mal hörte. Bei jedem Konzert, sei es in einem kleineren Saal, sei es im Lobero Theatre oder in der Lotte Lehmann Concert Hall, kam junges und älteres Publikum zusammen.[14] Es war für mich auch die erste Gelegenheit, einen Quer-

12 Zu dem Bariton Michael Ingham vgl. Anm. 1 in Katherine Arthurs Erinnerungen in diesem Band. – Carolyn Horn (1942–2023) übernahm alle Pianoparts in den Festivalaufführungen. Sie zog später an die Ostküste und dann nach Eugene/OR, wo sie als Klavierlehrerin wirkte.

13 Dieses Blasorchester unterscheidet sich von dem im deutschsprachigen Gebiet verbreiteten u. a. durch die Wahl anderer Instrumente (Trompete und Kornett statt Flügelhorn, Waldhorn statt Es-Horn, Euphonium statt Tenorhorn) und den Verzicht auf einige Holzblasinstrumente.

14 Darunter waren auch der exilierte Musikwissenschaftler Karl Geiringer, der lange an der UCSB gelehrt hatte, und seine Frau Irene. – Es waren neben den Konzerten auch einige Vorträge eingeplant: von Joan Smith und Peter Racine Fricker (beide UCSB), John Stewart (UCSD), William Austin (Cornell Univer-

schnitt durch Kreneks Œuvre von 1921 bis zur Gegenwart live zu hören. Vorher hatte ich, abgesehen von dem verstümmelten *Karl V.* in Darmstadt, vor allem auf einige Schallplatten[15] und auf Tonbänder zurückgreifen können. Diese hatte ich 1977 in La Jolla an jedem Nachmittag mit Hilfe meines kleinen Diktaphons, Kassetten und einem ausgeliehenen Tonbandgerät von den Bändern kopiert, die mir John Stewart geliehen hatte. Er hatte sie wiederum von Kreneks Aufnahmen kopiert – ein damals ganz normales Procedere, das heute kaum noch vorstellbar ist. Entsprechend war aber auch die Qualität …

Die Begeisterung, mit der die MusikerInnen in Santa Barbara am Werke waren, tat ein Übriges. Was mir bis dahin manchmal als eher spröde Musik erschienen war, wurde lebendig und ausdrucksvoll. Nur selten klang etwas allzu insistierend, die neuesten Werke waren mitreißend. Das verbreitete Diktum vom ständigen Stilwandel des Komponisten, dem auch der Ruch von Anpassung, Mitmachen und kompositorischer Charakterlosigkeit anhing, stellte sich mir als Mär dar: Die Werke waren immer als „Krenek" wahrzunehmen (und dasselbe Verdikt hätte auch Strawinsky treffen können – nur wurde es auf den nicht angewandt). Ich war tief beeindruckt von der Bandbreite seines Schaffens, seiner Qualität und von dem ihm zugrunde liegenden *élan vital* – von „Alterswerk" keine Spur.

Es waren unvergessliche Tage, die auch Krenek zu genießen schien. Dabei war solch ein aufwändiges Festival für ihn nichts ganz Neues. Neu war aber auch für ihn, dass Andrew Porter, der renommierte Kritiker der renommierten Zeitschrift *The New Yorker*, die ganze Zeit über anwesend war und aufmerksam alle Konzerte und Ereignisse verfolgte und dann in einem langen Artikel besprach.[16]

---

sity), Beverly Grigsby (California State University at Northridge), Ernst Hilmar (Wien) und von der Verf.

15 Vor allem die Platten des Labels Orion Records, die ich von Krenek erhalten hatte.

16 Andrew Porter, „Musical Events: Not without Honor", in: *The New Yorker* 55/9 (30.4.1979), S. 125–129.

Als wir anschließend von den Kreneks noch für ein paar Tage nach Palm Springs mitgenommen wurden, begannen diese leider mit einer großen Kalamität. Der Umgang damit war typisch für beide Kreneks. Wir kamen mittags an, wurden in dem bekannten Motel abgesetzt und zum Abendessen eingeladen. Doch während ihrer mehrwöchigen Abwesenheit – Krenek war schon früh zu den Proben nach Santa Barbara gefahren – war der Hebel der Hauptstromleitung hinter dem Haus durch einen Sturm umgelegt worden. Am Abend, als wir unbefangen eintraten, schien alles wie immer – bis die beiden berichteten: Die Tiefkühltruhe und der Kühlschrank hatten ausgeräumt, alle verdorbenen Lebensmittel zur nächsten Müllkippe gebracht und das Haus gelüftet werden müssen, dann waren sie losgefahren, um alles neu einzukaufen. Wir waren sprachlos, dass sie uns nicht alarmiert hatten, damit wir ihnen hätten helfen können. Sie wollten uns das unangenehme Drumherum wohl ersparen, und Gladys, die effiziente Organisatorin, meinte vermutlich auch, dass es schneller ginge, wenn sie sofort selbst Ordnung schuf. Es war uns sehr peinlich, dass sie nicht wenigstens das Essen abgesagt hatten, um sich zu erholen. Oder war vielleicht zu ihrer Entspannung gerade das wichtig: das gemeinsame Tafeln und Pokulieren und vor allem das Gespräch, in dem wir die Ereignisse von Santa Barbara Revue passieren ließen und unsere Eindrücke austauschten?

Dass wir diesmal im April dort waren, verschaffte uns noch einen besonderen Eindruck. Krenek, der sich mit den Wüstenpflanzen sehr gut auskannte, die im Garten wuchsen – der schöne Ocotillo neben dem Schwimmbecken, dessen kleine feuerrote Blüten direkt auf den langen, dünnen Zweigen sitzen, die alten Oliven- und Zitrusfruchtbäume, der wuchernde Rosmarin hinter dem Haus, alle Pflanzen auf mit Kies bestreutem Boden, nicht etwa auf wasserverschlingendem Rasen –, zeigte uns stolz den großen Jacarandabaum, denn er blühte gerade zu dieser Zeit unweit der Haustür und war über und über mit Blüten besteckt – eine Farborgie in Bleu. Krenek hatte ebensolche Freude daran, geographische Details zu erklären, und wies auf den San Jacinto Peak – quasi der

Hausberg der Kreneks, denn ihr Domizil lag unweit seines Fußes – und den etwas weiter nördlich gelegenen San Gorgonio hin, beide über 3000 Meter hoch: Sie trugen zu dieser Zeit noch eine weiße Kappe.

Das Jubeljahr 1980

Im Jahr darauf, dem Jahr von Kreneks 80. Geburtstag, traf ich ihn bei den Feiern zu seinen Ehren in verschiedenen Städten Europas. Am 3. Juni wurde im Verlauf der Festwochen im Theater an der Wien die Premiere von *Jonny spielt auf* gegeben, unter der Leitung von Ernst Märzendorfer und in der Inszenierung von Axel Corti.[17] Ich hörte und sah auch diese berühmt-berüchtigtste der Krenek-Opern zum ersten Mal auf der Bühne, fand die Darstellung sehr gelungen und die Inszenierung im Ganzen einleuchtend. Optisch besonders eindrucksvoll waren die leuchtenden Farben in der Verführungsszene im Pariser Hotel. Die Kreneks waren enttäuscht von Cortis Inszenierung. Das Lächerlichste war – da er es nicht einleuchtend gefunden hatte, dass eine Sängerin mit einem Bühnenrequisit, dem Banjo, herumreist (das lief für Krenek unter dichterischer Freiheit) –, dass er das Instrument durch einen Pudel (samt Hundekorb, der eine Schublade für die zu versteckende Geige haben musste!) ersetzt hatte: „You forget the poodle" statt „You forget the banjo!" Das Theater war voll, alles, was Rang und Namen hatte, war dabei, so auch der Wiener Bürgermeister Leopold Gratz und der Kulturstadtrat Helmut Zilk, später Unterrichtsminister und dann Bürgermeister von Wien. Krenek verbeugte sich auf seine eigene Art: Er stand eine Weile ganz still und gerade – immer stand er sehr gerade und glich die Differenz zu größeren Menschen durch ausreichenden Abstand aus, so dass ich ihn nie den Kopf in den

17 Von ihr wurde auch ein Mitschnitt für den Österreichischen Rundfunk (ORF) gefilmt. Eine VHS-Kassette davon ist im EKI unter der Signatur VHS 013 archiviert.

Nacken legen sah – und beobachtete ruhig das klatschende Premierenpublikum; dann verneigte er sich dankend.
Am 14. August gab es in Salzburg in der Felsenreitschule eine konzertante Aufführung von *Karl V.*, der die Plattenproduktion[18] in Wien vorangegangen war. Seinen Geburtstag beging Krenek danach beim Europäischen Forum in Alpbach in Tirol. Am Morgen des 23. August brachte ihm die örtliche Kapelle ein Ständchen dar, und Krenek, der schon seinen 60. Geburtstag dort gefeiert hatte, bedankte sich launig: Das nächste Mal wäre er dann wohl zu seinem 100. wieder in Alpbach – und erneut das kurze, heiser-trockene Lachen der Selbstironie.

Die nächste Station der Feiermonate, die ich miterlebte, war Berlin. Am 28. September erlebte *The Dissembler* op. 229 im Sender Freies Berlin seine europäische Erstaufführung, Dietrich Fischer-Dieskau sang,[19] und Lothar Zagrosek leitete ein kleines Ensemble von Philharmonikern. Anwesend war auch Michael Ingham, für den Krenek diesen „Monologue" geschrieben hatte. Wir durften schon die Generalprobe besuchen, und Michael hörte gespannt zu. Er meinte hinterher schmunzelnd, Fischer-Dieskau träfe 30 Prozent weniger Töne als er.

Es war wohl der Abend nach der Generalprobe, für den wir schon lange eine Überraschung geplant hatten: Wir luden die Kreneks zu Maître ein, *dem* Berliner Sternelokal der damaligen Zeit. Zwar war mein Vertrag für das DFG-Projekt Ende 1979 ausgelaufen – das Buch war geschrieben –, daher verfügten wir 1980 über sehr wenig Geld. Doch ich hatte ein ansehnliches Honorar für das Interview bekommen, das ich mit Krenek im Juni in einem Heurigen im burgenländischen Rust aufgenommen hatte und dessen Transkription der *Tages-Anzeiger* in Zürich und die *Süddeutsche Zeitung* in Mün-

18 Es sangen Theo Adam (Karl V.), Peter Schreier (Franz I.), Sena Jurinac (Eleonore), Hanna Schwarz (Juana), Kristine Ciesinki (Isabella), die Leitung des ORF-Symphonieorchesters hatte Gerd Albrecht. Die Plattenkassette erschien bei Amadeo AVRS 305.

19 Krenek und Fischer-Dieskau hatten 1974 die *Spätlese* op. 218 in München gemeinsam aus der Taufe gehoben.

chen am 23. August 1980 druckten. (Ich hatte aus guten Gründen nie Aufnahmen von unseren Gesprächen in Palm Springs gemacht. Dieses war nun das erste von mehreren Interviews per Tonband, meist für einen Rundfunksender, die wir stets bei einem der von den Kreneks besonders geschätzten Heurigen durchführten. Das war auch genau die richtige Umgebung, denn die Gespräche dauerten stundenlang, und der Wein sorgte für Entspannung und die kalten Speisen für die nötige Unterlage.) Also fand ich, dass man das Honorar teilen müsse, schließlich hatte Krenek nicht wenig zum Ergebnis beigetragen. Und die Teilung, so die Idee, sollte in Form des gemeinsamen Mahls realisiert werden. Allseits großer Genuss. Ich sehe es noch vor mir, wie Gladys und Ernst dann besorgt die Armbewegungen beobachteten, die mein Mann machte, als er unter dem Tisch einen Schein nach dem anderen zückte – die Kreneks hatten selbstverständlich die beiden Damenkarten bekommen und keine Ahnung, von welcher Größenordnung die Rechnung war. Wir freuten uns diebisch, und das nahm den beiden die Bedenken – der pragmatische Ernst wird sich gedacht haben: „No, sie werden schon wissen, was sie tun!" –, und sie konnten sich ebenso freuen wie wir.

Eine andere Überraschung hatte beim selben Berlin-Aufenthalt 1980 ebenfalls mit einem Essen zu tun, und zwar bei uns zu Hause. Es war eine kleine Kompensation für die zahllosen Mahlzeiten, die Gladys auch für uns gekocht hatte, und eine kleine Revanche anderer Art für Ernst. Ich hatte aus seinen Briefen an die Eltern erfahren, wie der 20-jährige, gerade nach Berlin gezogene Student dort auf die Suche nach einem Restaurant gegangen war,[20] das bezahlbares und für einen Wiener genießbares Essen anbot. Er hatte es auch in dem bodenständigen Aschinger-Haus versucht – nicht zu seinem Vergnügen: Er mokierte sich Jahrzehnte später in Palm Springs über das grausliche Berliner Essen und nannte als Beispiel das schreckliche Eisbein. Was er allerdings auch in der kaliforni-

20 Eine Mensa gab es in der Charlottenburger Musikhochschule damals noch nicht.

schen Wüste sehr gern aß, war Split Pea Soup. Also kochte ich eine Erbsensuppe und schnitt kleine Würfel von zartem, rosafarbenem Schweinefleisch hinein, was beiden Kreneks sehr gut schmeckte. Gladys war erstaunt bis leicht befremdet, dass ihr Mann ein wenig hochgenommen wurde, aber Ernst steckte es überrascht und amüsiert weg, als ich ihn darüber aufklärte, dass er gerade mit Appetit das unsägliche Eisbein verzehrt hatte …

Es war auch noch in diesen Tagen in Berlin, dass ich ihm freudig das erste Exemplar meines Buches[21] überreichen konnte. Er hatte bis dahin nur ein Blindexemplar in die Hände bekommen, in Salzburg bei einem festlichen Essen übergeben von Fred Sinowatz, dem Bundesminister für Unterricht und Kunst, aus dessen Schatulle ein Zuschuss an den Lafite-Verlag geflossen war. Er war, so hoffte ich, gespannt auf die Lektüre des Ganzen, auch wenn er schon große Teile kannte. Es war mir aber auch wichtig, damit den Beweis zu erbringen, dass sein und Gladys' Interesse an meinem Vorhaben und das Entgegenkommen, das sie gezeigt, und die praktische Unterstützung, die sie mir gewährt hatten, gerechtfertigt waren, da ihnen nun nach mehr als drei Jahren meiner Arbeit ein greifbares Ergebnis vorlag.

Ich war gespannt auf Kreneks autobiographischen Vortrag bei unserem nächsten Treffen im Oktober bei dem ihm gewidmeten Personale des Musikprotokolls des Steirischen Herbstes, veranstaltet vom Institut für Wertungsforschung der Hochschule für Musik und darstellende Kunst in Graz. Er eröffnete nämlich das Krenek-Symposion mit einem Vortrag mit dem typisch anspielungsreichen Titel *Von Krenek über Krenek zu Protokoll gegeben.*[22] Sein witziger und selbstironischer Text kam in Graz gut an. Danach ward er beim Symposion nicht mehr gesehen, sondern, wie 1979 beim Festival in Santa Barbara, nur noch bei den Proben: Denn nicht nur der

---

21 *Ernst Krenek – ein Komponist im Exil*, Wien 1980.

22 Ich hatte ihn bis dahin nur einmal vortragen gehört, am 2. Juni 1980, dem Vorabend der *Jonny*-Premiere, beim Internationalen Alban Berg Symposion, wo er „Marginal Remarks to Lulu" machte.

Jonny wurde nun auch in Graz gegeben,[23] sondern eine ganze Reihe von Konzerten beim Steirischen Herbst. Eins davon bestritt der ORF-Chor in der Stiegenkirche mit der *Lamentatio Jeremiae Prophetae*; sehr eindrucksvoll, wie die SängerInnen unter der Leitung von Gottfried Preinfalk dieses schwierige Werk, das ich bis dahin nur von der Schallplatte gekannt hatte, bewältigten. Alle waren mit einer Stimmgabel ausgerüstet. Opus 227 gab es nun auf Deutsch als *Die wussten, was sie wollten* zu hören, mit der etwas zu sehr chargierenden Marianne Kopatz (die Amerikanerin Rheda Becker hatte die Texte in Santa Barbara eleganter und ironischer gesprochen und dargestellt), und diesmal sang Michael Ingham den *Dissembler* unter Kreneks Leitung. Nach der *Zweiten Symphonie* op. 12 mit dem ORF-Orchester unter Leif Segerstam war das Publikum viele Sekunden ganz erstarrt, bevor der Beifall losbrach. Ich war es auch, obwohl ich das Werk sehr gut kannte und oft auf Tonband abgehört hatte. Die Reaktion erinnerte mich an den Bericht des jungen Studenten Theodor Wiesengrund (Adorno) über die Uraufführung des Werkes 1923 in Kassel und seine lebenslange Faszination davon.

Ehrenbürger mit zweitem Wohnsitz in Mödling (1980/1983–1988)

1980 war auch das Jahr, in dem Krenek die Ehrenbürgerschaft Wiens angetragen wurde. Der Geehrte wusste, dass es zwei derartige Auszeichnungen gab: den „Bürger ehrenhalber“ – eine Auszeichnung, die beispielsweise Schönberg erhalten hatte – und den „Ehrenbürger“, mit dem bis dato erst drei Komponisten ausgezeichnet worden waren: Joseph Haydn (1804), Richard Strauss (1924) und Robert Stolz (1970). Der feierliche Akt im Rathaus fand am 29. Juni 1981 um 18 Uhr statt. Datum und Uhrzeit sind mir aus zwei Gründen erinnerlich: Ich verpasste zum einen die Feier zum 65. Ge-

23 Die Aufführung im Juni bei den Wiener Festwochen kam in Kooperation mit der Grazer Oper zustande.

burtstag meines Vaters in Bremen, und zum anderen erhielt ich von Krenek Unterricht in Etikette: nämlich Aufklärung darüber, warum er einen dunkelblauen Anzug trug und keinen schwarzen wie die offiziellen Vertreter der Stadt Wien: „Schwarz trägt man erst ab 20 Uhr, vorher abends nur dunkle Farben." Anschließend gab es in kleiner Runde, mit den Wiener Freunden Gisela und Friedrich Saathen – Saathen hatte 1959 das erste kleine Buch über Krenek veröffentlicht[24] –, ein fröhliches Essen im alten Lindenkeller. Es wurde auch, der Ehrung geschuldet, ziemlich feucht, und der Abend endete damit, dass Ernst und Gladys den Rückweg zum Hotel leicht „illuminiert" antraten. Ernst lächelte nur versonnen vor sich hin, und Gladys geriet angesichts des Sternenhimmels ins Philosophieren.

Krenek war etwas pikiert, als ich brieflich eine kleine Andeutung über den Schwips machte. In Palm Springs trank er abends immer einige Gläser, ohne hinterher mit der Wimper zu zucken; Wein war nun einmal für ihn das normale Getränk zu den Mahlzeiten. Und er kannte sich nicht nur schon in jungen Jahren bei den österreichischen Weinen vorzüglich aus, wie man dem *Reisebuch* entnehmen kann, sondern seit Jahrzehnten auch bei den kalifornischen Gewächsen. So mutmaßte er einmal, dass der kalifornische Zinfandel seinen Namen vom österreichischen Zierfandler erhalten haben könnte. Nicht nur in Österreich, sondern auch in Kalifornien liebte er es, in einem Weingut zu sitzen. Wir trafen uns einmal, im Oktober 1982, zu sechst auf halbem Wege in Temecula: Die Stewarts nahmen uns aus La Jolla mit dorthin, die Kreneks kamen von Palm Springs angefahren. Ganz stilecht hatten wir alle kleine köstliche Speisen mitgebracht und saßen dann in der Mount Palomar

24 Friedrich Saathen, *Ernst Krenek. Ein Essay*, München 1959. Der Wiener Friedrich Saathen (1922–2002) war freiberuflicher Musikschriftsteller, Mitarbeiter der ÖMZ, Lektor sowie Herausgeber zweier Bände mit Schriften Ernst Kreneks: *Zur Sprache gebracht. Essays über Musik* und *Gedanken unterwegs. Dokumente einer Reise*, München 1958 bzw. 1959. Er arbeitete auch über Gottfried von Einem und Anna Nahowski, Helene Bergs Mutter. Vgl. auch Anm. 39. – Gisela Saathen (1921–1989) arbeitete bei der Universal Edition.

Winery beim „kalifornischen Heurigen". (Auch den Platz unter dem Olivenbaum hinter dem Haus in Palm Springs nannten Ernst und Gladys den Heurigen.)
Bald schon konnten sie wieder regelmäßig und häufig in österreichischen Heurigen sitzen, sei es in Mödling, in Gumpoldskirchen oder in der Wachau. Ich erinnere mich an einige wunderbare Ausflüge in die Wachau, sei es nach Krems-Stein, wo wir in einem Weingarten am Donauufer saßen, sei es am anderen Ende der Wachau, wo ich den Kreneks die Sechsfinger-Madonna am Seitenaltar der Kirche von Maria Laach zeigen wollte. Krenek klärte mich dann darüber auf, was das Jesuskind auf dem Schoß der Himmelskönigin im Schrein des zentralen Flügelaltars in der Hand hielt: ein Mohnzuzerl, einen in Mohn getränkten Schnuller, womit die Säuglinge früher ruhiggestellt wurden, damit ihre Eltern auf dem Feld arbeiten konnten. In dieser Kirche erlebte ich das einzige Mal den Katholiken Krenek: Er hatte beim Betreten der Kirche nicht nur die beiden üblichen katholischen Riten vollzogen, sondern war auch neben dem Renaissancegrabmal des Patronatsherrn von Kuefstein in Richtung Altar niedergekniet.

All diese Orte waren nicht weit entfernt von seinem zweiten Domizil. Als Krenek die Nachricht von der Ehrenbürgerwürde bekam, äußerte er Helmut Zilk gegenüber den Wunsch, eine Wohnung in Wien zur Verfügung zu haben, weil er gern wieder längere Zeit dort verbringen wollte. Es dauerte zwei Jahre, bis eine passende Bleibe im nahen Mödling gefunden war.[25] Die Saathens kümmerten sich mit großer Umsicht um die Einrichtung, und so konnte im Mai 1983 die Wohnung im ganzen ersten Stock des Schönberg-Hauses bezogen werden. Sie wurde bis 1988 das Sommerdomizil der Kreneks,

25 Marion Diederichs-Lafite beschreibt dies in ihrem Beitrag in diesem Band. – Schon nach dem Tod seiner Mutter 1972, bei der er während seiner Wienaufenthalte stets gewohnt hatte, teilte Krenek dem Direktor der Wiener Stadtbibliothek Albert Mitringer mit, er sei an einer Wohnung interessiert und habe gehört, „daß die Stadt Wien in ähnlichen Fällen sich gegenüber aus Wien stammenden Künstlern behilflich gezeigt hat, wenn sie dort ein Quartier aufschlagen wollten" (6.1.1974).

meist vom Mai bis in den Oktober hinein; so auch 1984, als ihr Aufenthalt in Europa mit der Premiere von *Karl V.* (in der wiederhergestellten ungekürzten Fassung)[26] am 18. Oktober in der Staatsoper den krönenden Abschluss erhielt.

Wie es dazu kam, dass dieses „Bühnenwerk mit Musik" 50 Jahre nach der geplanten Uraufführung endlich auf die Staatsopernbühne gebracht wurde, hat Krenek selbst beschrieben.[27] Er war bei den letzten Proben dabei – Erich Leinsdorf stand am Pult und leitete das Werk souverän –, war auch mit dem Bühnenbild Xenia Hausners sehr zufrieden, die bereits 1980 das von *Jonny spielt auf* verantwortet hatte, aber weniger mit der Inszenierung des ersten Finales. Dazu schlug Gladys dann Otto Schenk eine Veränderung vor, die dieser auch umsetzte. In der Premierenpause gab Krenek noch nebenbei ein Interview auf Französisch, das er langsam und perfekt sprach; er hatte die Sprache schon als Kind gelernt. Den Beifall am Schluss nahm er in der ihm eigenen Weise entgegen. Dass es ihm noch sehr nahegİng, dass das Werk nun endlich nach einem halben Jahrhundert in der Wiener Staatsoper aufgeführt wurde, ist zu vermuten, aber ich kann es nicht sagen, denn direkte Nachfragen pflegte Krenek lakonisch-sachlich zu beantworten. Das tat er auch auf eine scherzhafte Bemerkung hin, die ich nach der Uraufführung seiner Oper *Kehraus um St. Stephan* machte, animiert von der zum Sujet passenden Herrichtung des Saals zu einem Heurigen. Dieses Werk kam sogar erst nach 60 Jahren zum ersten Mal auf die Bühne, als sie anlässlich seines 90. Geburtstags im Ronacher realisiert wurde.[28] In diesem Fall war es die Oper in Leipzig gewesen, die schon 1931 aus politischen Gründen einen Rückzieher gemacht hatte.

26 1954 nahm Krenek auf Wunsch des Verlags einige kleinere Kürzungen vor; diese Version wurde seitdem gespielt und lag auch den konzertanten Produktionen 1960 im ORF und 1980 bei den Salzburger Festspielen (mit Plattenproduktion) zugrunde.

27 „Glosse: Künstlerische Reifeprüfung", in: *Neue Zeitschrift für Musik* 144/6 (Juni 1983), S. 27 f.

28 Zum Ronacher vgl. Anm. 9 im Beitrag von Marion Diederichs-Lafite, zur UA auch Thomas Angyans Erinnerungen in diesem Band.

Nicht lakonisch, aber auch wenig aussagekräftig waren Kreneks erste Antworten auf Interviewfragen. Damit musste ich umzugehen lernen, wenn ich ihn wie 1980 für einen Artikel oder später für ein Feature im Rundfunk befragte. Ich versuchte, ihn auf den Europareisen zu treffen, meist in Wien oder auch Salzburg, später in Mödling, solange sie dort im Sommer residierten, und ich verfolgte dann oft ein Projekt wie eben eine Rundfunksendung oder einen Aufsatz. Da mir die Interviews und die Artikel, die er über bestimmte Fragen schon gegeben bzw. geschrieben hatte, geläufig waren, hörte ich sofort, wenn er mit seinen Antworten in gewohntes Fahrwasser kam. Es war auch nicht verwunderlich, denn in seinem langen Leben kam er unzählige Male in die Situation, Auskunft geben zu sollen über Dinge, über die er sich schon x-mal geäußert hatte. Wenn es nicht von vornherein um Ungewohntes ging, war es an mir, ihn von den eingefahrenen Geleisen wegzulotsen: genauer nachzufragen, auch wohl selbst versuchsweise eine Antwort vorzuschlagen, bis er sich darauf einließ, einen anderen Blick auf etwas Bekanntes zu werfen und Neues zu formulieren. Andererseits zeigte sich bei solchen Situationen auch, dass er ein absoluter Medienprofi war – das ließ sich besonders vor dem Rundfunkmikrofon beobachten, hatte er doch schon seit 1925 im Kasseler Sender des Südwestdeutschen Rundfunks Frankfurt (SWR) eine Reihe von Sendungen eingesprochen oder konzipiert.

Anlass dazu, dass ich nach Österreich fuhr, waren aber vor allem Aufführungen wie 1985 und 1986 die Konzerte beim Carinthischen Sommer in Ossiach (dort wies er einmal bei einer Podiumsdiskussion auf mich im Publikum als seine „Biogräfin" hin …) oder Ereignisse wie im Juli 1988 in der Wohnung in Mödling die Filmaufnahmen für das ZDF (*Ernst Krenek – Zwischen den Welten*) von Franz Wagner.[29]

Im September 1986 fuhr ich nach Mödling. Dort wollte der australische, in Den Haag lebende und lehrende Pianist Geoffrey Douglas Madge drei Tage lang in den Räumen der ehemaligen

29 Der Film wurde zu Kreneks 90. Geburtstag im ZDF ausgestrahlt.

Schönberg-Wohnung im Hochparterre des Schönberg-Hauses, die als Konzertsaal benutzt wurden, mit Krenek an der Interpretation von dessen 3. und 5. Klaviersonate (op. 92 Nr. 4 und op. 121) arbeiten. Es diente der Vorbereitung auf die geplanten CD-Aufnahmen im WDR.[30] Diese Probenarbeit interessierte mich sehr, und sie wurde wirklich aufregend, als Madge Krenek nach kurzer Zeit fragte, ob er ihn nicht vielleicht dirigieren wolle – großes Erstaunen meinerseits. Krenek ließ sich darauf ein. Er saß auf einem Stuhl etwas entfernt rechts vom Flügel, einen Notenständer vor sich, und dirigierte mit sparsamen Bewegungen. Ich war fasziniert davon, wie sich dies in Madges Spiel niederschlug. Interessant war auch, dass Krenek das Tempo des ersten Satzes der 3. Klaviersonate zuerst schneller nahm, als er es sich 1942 beim Komponieren oder 1945 beim Druck vorgestellt hatte, und als ich ihn danach fragte, mutmaßte er, dass er vielleicht mit zunehmendem Alter zu schnelleren Tempi neige. Als Madge im Juli des nächsten Jahres die bis dahin sechs Klaviersonaten im WDR einspielte, war Krenek wieder dazu bereit, ihn zu dirigieren.[31] Auch bei diesen Proben und Aufnahmen war ich dabei, meist direkt im Aufnahmesaal. Einmal stand ich kurze Zeit vor der geschlossenen Saaltür und konnte tatsächlich beim Hören unterscheiden, wann der Pianist eine Stelle allein probte und wann Krenek ihn dabei dirigierte – ein Puls war spürbar. Dass Krenek für die Aufnahme selbst aktiv wurde und mitarbeitete, um Madges Wunsch zu erfüllen, dass er nicht einfach nur zuhörte, sondern zuweilen auch selbst am Flügel etwas demonstrierte, schien ihm selbstverständlich zu sein. Und auch darüber, dass auf diese Weise authentische Aufnahmen entstanden, verlor er selbst kein Wort.

---

30 Hierzu und zur folgenden Beschreibung vgl. die Erinnerungen von Geoffrey D. Madge in diesem Band.

31 Dabei nahm er das Tempo dieses Satzes nun so, wie seinerzeit vorgezeichnet.

1989: Krise

Die 7. Klaviersonate op. 240, die Krenek danach für Madge schrieb, spielte dieser zum ersten Mal am 5. Juni 1989 beim Rheinischen Musikfest in Aachen, und ich fuhr zur Uraufführung. Krenek war nicht anwesend, denn er trat an diesem Tag gerade erst seine Reise von Palm Springs nach Europa an. Er wollte am 8. Juni im Theater von Bielefeld den *Sprung über den Schatten* op. 17 in der Inszenierung von John Dew hören und fuhr von dort aus nach Lübeck zu den Proben zum Festival „Ernst Krenek in Lübeck", das die dortige Musikhochschule für ihn am 14.–17. Juni ausrichtete.[32] Dort hörte er dann beim Eröffnungskonzert Madge die neue *7. Klaviersonate* spielen. Zudem wurden am nächsten Tag von David Geringas und Emil Klein die *Dyophonie* für zwei Celli op. 241[33] und am 17. Juni von Jeff von der Schmidt und Martin Haselböck das *Konzert für Horn und Orgel* op. 239 im Dom uraufgeführt. Damit wurden die letzten drei Opera gespielt, die Krenek komponiert hatte, dazu in vier Konzerten weitere Werke. Es gab auch Vorträge und Gespräche, und in Instrumentalwerkstätten und Workshops wurde noch mehr Musik von ihm erarbeitet und besprochen.

Nicht an allen Veranstaltungen konnte der fast 89-Jährige, der kaum Zeit gehabt hatte, sich von dem Jetlag zu erholen, noch wie geplant teilnehmen: Am 16. und 17. Juni rief Gladys mehrfach den Notarzt ins Hotel, und am 18. Juni wurde Krenek mit Lungenentzündung ins Krankenhaus gebracht. Drei Tage später kam es zum Herzstillstand. Die Wiederbelebung gelang, aber er kam nicht sofort wieder zu Bewusstsein. Gladys war ständig bei ihm, sie berichtete mir voller Angst am Telefon, wenn er nach 24 Stunden nicht aus dem Koma erwache, sei es hoffnungslos. Nach 22 Stunden kam er wieder zu sich. Doch dann holte er sich einen der berüchtigten Krankenhauskeime – Gladys konnte nicht glauben, dass das in einem

---

32 Eine der zahlreichen Kritiken erschien in der *Welt* v. 20.6.1989: „Sprung über den eigenen Schatten. Ein Ernst-Krenek-Symposium in Lübeck".

33 Vgl. den Beitrag von David Geringas in diesem Band.

deutschen Krankenhaus möglich war –, und es begann ein mehrfaches Hin und Her zwischen Krankenzimmer und Intensivstation. Belastend kam die anhaltende Hitze in diesen Sommerwochen hinzu.

Derweilen pendelte ich im Drei- und Viereck zwischen Graz (wo ich seit dem Wintersemester unterrichtete), Wien (wo die gemeinsame Freundin Gisela Saathen im Sterben lag) und dem Vorgebirge zwischen Köln und Bonn, wo ich noch wohnte, dazu zweimal auch nach Lübeck. Wie es Krenek ging, auf welcher Station ich ihn finden würde, wusste ich vorher nicht. Er war nicht immer ansprechbar, aber einmal drang er auf der Intensivstation darauf, mir seine Familiengeschichte zu erzählen … Gladys war tagsüber ständig bei ihm. Sie ließ ihm auch, da beide das Krankenhausessen für ungenießbar hielten, mit dem Taxi das Essen vom nahegelegenen Mövenpick-Restaurant bringen. Nach vier Wochen riss ihr der Geduldsfaden, und sie organisierte gegen den Willen des Chefarztes auf eigene Verantwortung die Rückkehr nach Kalifornien, arrangierte den Transport zum Flughafen nach Hamburg, die Begleitung durch einen Arzt der Lufthansa beim Rückflug ab Frankfurt und den Krankenwagen am Los Angeles International Airport, mit dem Krenek sofort ins Cedars-Sinai Medical Center gebracht wurde. Dort kam er fast völlig dehydriert an, denn er hatte während des langen Fluges keine ausreichende Infusion erhalten. (Übrigens hatte er eine ganz pragmatische Einstellung zu Fragen der Physiologie. Sie war wohl dem langen Leben in den USA und Gladys' Einfluss zuzuschreiben.)

Nach zehn Tagen völliger Funkstille griff ich, sehr beunruhigt, zum Telefon und rief in Palm Springs an, in der Hoffnung, Gladys sei vielleicht zwischendurch für ein paar Tage nach Hause gefahren. Tatsächlich nahm sie den Hörer ab: „Wir sind gerade zurückgekommen." – „Ihr? Wieso ihr?" – „Ja, Ernst und ich." Ich konnte es nicht fassen: Krenek hatte noch vier Tage auf der Intensivstation des Cedars-Sinai verbracht und war dann in weiteren sechs Tagen vollständig wiederhergestellt worden. Dass beide nach diesen Erfahrungen nichts vom deutschen Krankenhauswesen hielten, leuchtete ein. Von den schrecklichen vier Wochen in der Lübecker Klinik hatte Krenek nur eine Szene in Erinnerung behalten, wie er mir später, selbst erstaunt, berichtete: die Landung eines Hubschraubers vor dem Krankenhaus, die er durchs Fenster gesehen hatte. Dies hing sicherlich mit seinem Interesse an Technik und den Naturwissenschaften zusammen, von dem schon die Rede war.

Allerdings war seine Erscheinung, als ich ihn 1990 bei den Salzburger Festspiel-Konzerten zu seinem Geburtstag und im Dezember in Wien zu Konzerten bei Wien Modern und der Uraufführung von *Kehraus* wiedertraf, deutlich fragiler geworden.[34] Zur Sicherheit war sein Arzt Jack Heavey mit seiner Frau Ann, einer gebürtigen Österreicherin, beide Freunde der Kreneks aus Palm Springs, mitgereist.

Schlusslichter

In den 15 Jahren, während derer ich Krenek mit meiner Arbeit quasi begleitete, wechselten wir regelmäßig Briefe. Wenn ich heute in ihnen lese, fällt mir immer wieder auf, wie viel mir inzwischen entfallen ist und dass auch nach der erneuten Lektüre nicht alles als Erinnerung zurückkehrt. So berichte ich hier nur von dem, was in mir lebendig geblieben ist.

Unser Briefwechsel hält viele Einzelheiten der letzten 15 Jahre von Kreneks Leben und Schaffen fest. Aus dem Urlaub schickte er Karten, manchmal mit Zeichnungen versehen (so im Sommer 1980 von der Porta Claudia bei Seefeld). In seinen Briefen berichtete er mir von der Arbeit, von Plänen und von gegenwärtigen und zukünftigen Ereignissen diesseits und jenseits des Ozeans. Er erkundigte sich auch nach meinen beruflichen Aktivitäten, und zuweilen kam Persönliches zur Sprache. Kehrte er von einem längeren, immer mit Konzerten, Ereignissen und Reisen ausgefüllten Aufenthalt in

34 Das betraf m. E. auch sein Gedächtnis: Es war nicht mehr ganz so verlässlich wie zuvor, was sich auch seinen Gesprächen mit Albrecht Dümling 1989/1990 entnehmen lässt; vgl. dessen Beitrag in diesem Band.

Europa zurück nach Palm Springs, so beklagte er bereits nach wenigen Tagen die unterbrochene Verbindung: „[…] nach der Rückkehr aus Europa tritt jedesmal eine erwartungsgemäße feierliche Stille ein – keine Post, keine Pakete, kein Telephon, also lebt man in sich gekehrt" (30. 11. 1980). Und es kam ihm immer wieder zu Bewusstsein, dass er weder hierhin noch dorthin gehörte: „Was mich verdrießt, ist, daß ich nicht rechtzeitig eingesehen habe, daß ein exilierter Europäer es hier zu nichts bringen kann. Und inzwischen nimmt dort auch kein Hund mehr ein Stück Brot von mir (geschweige denn eine Oper …)" (11.2.1983) – dies ungeachtet der Tatsache, dass es 1979 in Santa Barbara das achttägige große Krenek-Festival gegeben hatte, und dies kurz bevor er nun im Mai 1983 die Wohnung in Mödling bezog, es im August Aufführungen bei den Salzburger Festspielen, im September Verpflichtungen beim WDR in Köln gab und im Oktober des nächsten Jahres endlich *Karl V.* auf die Bühne der Staatsoper gebracht wurde. Er fand zuweilen Grund zum Granteln – so auch über den Plan der konzertanten Aufführung von *Pallas Athene weint* in Wien: „Das sei felsenfest, wie man mir heute telephonisch versichert hat. (Was das schon heißt – ich glaub' es erst, wenn das Orchester stimmt, aber selbst dann spielen sie vielleicht den Radetzky Marsch …)" (17.12.1987).[35] Das ging auch gegen ihn selbst: Er konnte sich über sich lustig machen.

Ich erinnere mich sehr genau an den Blick, mit dem Krenek mich jedes Mal musterte, wenn wir uns nach längerer Pause wiedersahen: Er kam mir prüfend und vielleicht auch deshalb distanziert vor. Jedes Mal musste ich mich mit voller Konzentration ins Gespräch mit ihm stürzen, um seine Zurückhaltung zu überwinden und den Stand der Beziehung wieder zu erreichen, auf dem wir uns beim letzten Treffen befunden hatten. Es galt, ihn gleichsam davon zu überzeugen, dass ich noch die Person war, die er gekannt hatte. Das alles klingt wohl merkwürdig, zumal wenn ich keine passenderen Worte dafür finde, als dass ich tatsächlich den Eindruck hatte,

35 Sie fand am 6. Juni 1988 im Musikverein in Wien statt. Vorher wurde Krenek die Ehrenmitgliedschaft der Gesellschaft der Musikfreunde verliehen.

ihn jedes Mal neu einnehmen, „erobern“ zu müssen. Das war besonders auffallend, als wir ihn 1984 das erste Mal zu dritt in Mödling besuchten. Er hatte im Vorjahr auf die Nachricht, ich sei schwanger, mit Enttäuschung reagiert: „No, dann fällst du ja für die nächsten zehn Jahre aus.“ Ich stieg also mit dem Baby auf der Hüfte die Treppe hinauf, oben standen Ernst und Gladys, und als ich ihn begrüßte, fixierte er mich sekundenlang und ignorierte bewusst das Baby – bis Gladys lächelnd sagte: „Schau, Ernst, da ist Elisa!“ Da drehte er seinen Kopf, schaute zu ihr hinunter und begrüßte sie.

Im Grunde wirkte er auf mich in dieser sich wiederholenden Situation so, wie mir seine Musik beim ersten Hören erschienen war: spröde. Und ebenso wie sie durch Bemühen um Verständnis und engagiertes Erarbeiten sich öffnet, wurde er durch Bemühen und Engagement zugänglich, schloss er sich auf. Diese Distanz, die er ausstrahlen konnte, führte Menschen, die ihn nicht gut kannten, zu dem Urteil, er sei arrogant. Das war er sicher nicht. Er war aber sehr zurückhaltend, besonders dann, wenn er fürchtete, dass „von außen“ Ansprüche an ihn gestellt wurden, die er vielleicht nicht erfüllen wollte.

Gladys glich die immer wieder auftretenden Anfangsschwierigkeiten dadurch aus, dass sie mich sofort wieder als zur *family* gehörig behandelte. So wie auch andere – vor allem junge MusikerInnen aus den USA, die Kreneks Musik aufführten und daher in engen Kontakt mit ihm kamen, wie Michael Ingham, Carolyn Horn und Katherine Arthur – war ich für die beiden, die keine Kinder hatten, seit wir uns duzten ein Mitglied der *family*. Das bedeutete beispielsweise, dass Krenek mir in einer Krise brieflich zusprach; aber es bedeutete nicht, dass er sich nicht auch kritisch mir gegenüber äußerte – wenngleich noch nicht zu der Zeit, als ich das Buch über ihn schrieb und er jedes fertiggestellte Kapitel las, das ich ihm schickte, sich aber völlig zurückhielt und sich nicht dazu äußerte.[36]

36 Auf meine Bitte um Ergänzungen oder Richtigstellungen von (auch sprachlichen) Details eines Teils des Typoskripts schickte er mir am 8.5.1979 eine Liste mit Korrekturen, an deren Ende er nur erwähnte: „[...] ich glaube, daß La Co-

Doch später kritisierte er gelegentlich deutlich und schrieb mir, wenn ihm etwas an dem missfiel, was ich publiziert hatte. Nicht nur das: Er war ausgesprochen ärgerlich, als ich eine kritische Bemerkung über sein Englisch in den *Amerikanischen Tagebüchern* machte – er beherrschte die Sprache Anfang der 1940er Jahre noch nicht in demselben Maß wie später, als sie zu seiner Umgangssprache geworden war und er auch auf Englisch träumte.[37] Und er war anfangs auch strikt dagegen, dass ich sie überhaupt veröffentlichen wollte. Denn nach der Relektüre fand er, gerade das zweite Journal sei bis auf einige kleine Ausnahmen von „endlosem Geweine und Gejammer" erfüllt und seine „tiefsinnigen Erwägungen, ob Amerika 1939 hätte in den Krieg eintreten sollen, dürften heute kaum jemanden interessieren" (23. 1. 1990). (Anders war es Mitte der 1980er Jahre bei der Edition seines Briefwechsels mit Friedrich Gubler gewesen, dessen Inhalt er zweifellos für wesentlich hielt: Er half mir bereitwillig mit einem Schreiben, in Wien die Finanzierung der Veröffentlichung zu beantragen.)[38] Erstaunlich, wie harsch er sein damals Niedergeschriebenes beurteilte und in Bausch und Bogen verwarf, und ich gewann den Eindruck, dass seine Selbstkritik im hohen Alter zunahm und er sie zuweilen fast rabiat äußerte. Aber auch seine Kritik: So war er ausgesprochen grantig über die von John Stewart verfasste Biographie, die er 1990 allerdings zuerst in der deutschen Übersetzung in die Hände bekam. Als er danach die amerikanische Ausgabe las, wurde sein Urteil milder.

Er untersagte die Publikation der *Amerikanischen Tagebücher* aber nicht, sondern gab meinen Argumenten pro Veröffentlichung

---

rona doch etwas zu kurz kommt. Ich halte es auch jetzt noch für ein wichtiges Stück von Bedeutung. Aber das ist natürlich eine Sache des Urteils."

37 Er verfasste dann eine Anmerkung dazu, warum er im zweiten Tagebuch ins Englische gewechselt sei, und konnte sich dabei eine ironische Bemerkung in Richtung meiner englischen Sprachkenntnisse nicht verkneifen. Sie ließ sich aber aus inhaltlichen Gründen nicht in die Edition einfügen.

38 Die Editionen und Studien der Verf. über Krenek finden sich in der Publikationsliste: https://www.kulturwissenschaften.uni-hamburg.de/hm/pdf/publikationen-zenck.pdf [14.1.2025].

14.8.1980, Salzburger Festspiele, in der Pause der konzertanten Aufführung von *Karl V.*: Ernst Krenek, Claudia Maurer Zenck, Martin Zenck, Gladys Krenek, Foto : Peter Strauss, München

nach – und wäre wohl erfreut über die positiven Reaktionen auf das Buch gewesen, wenn er sie noch erlebt hätte. Er suchte mir auf meine Bitte auch das Typoskript seiner unter Verschluss gehaltenen *Memoirs* heraus, damit ich aus den letzten Kapiteln noch Informationen für die Edition der *Tagebücher* ziehen konnte, und ließ sich auch von mir überzeugen, dass er seine Erinnerungen zur Publikation freigeben konnte, da die Menschen, die er dort beschrieben hatte, nicht mehr lebten und daher die von ihm seinerzeit vorgesehene Sperrfrist nicht mehr notwendig war.[39]

Im August 1991 feierten wir zu viert – meine siebenjährige Tochter war dabei – Kreneks 91. Geburtstag in Palm Springs. Als ich ihm

39 Die im Autograph schlicht *Memoirs* genannten Erinnerungen erschienen unter dem Titel *Im Atem der Zeit. Erinnerungen an die Moderne* in deutscher Übersetzung von Friedrich Saathen, bearbeitet von Sabine Schulte, 1998 in Hamburg, 1999 in München und noch einmal 2012 in Wien.

am Vormittag mit einer Flasche Veuve Clicquot gratulierte, war er sehr darum besorgt, dass Gladys den Champagner gleich im Kühlschrank verstaute, damit die Physiotherapeutin, die nachmittags kommen würde, sie nicht zu sehen bekam: Er sollte keinen Alkohol mehr trinken. Abends feierten wir dann fröhlich bei Hummer und, natürlich doch, mit dem einem oder anderen Glas Champagner.

Der Abschied erlaubte nur wenige Worte, da es der letzte war. Den Tod Kreneks musste man erwarten. Aber als er vier Monate später, am 22. Dezember 1991,[40] starb, war es doch ein Schlag.

40 Es war wenige Minuten vor Beginn des 23. Dezember MEZ, und Gladys hätte lieber, der Vorliebe Kreneks für diese Zahl gemäß, diesen Tag als Todesdatum angegeben.

Reinhard Schmiedel

Was ein Klavierauszug bewirkte

Meine ernsthafte Beschäftigung mit Ernst Kreneks Schaffen begann im Jahre 1985, als ich von einer Schauspielerin am Theater Stralsund den in ihrem Bestand befindlichen Klavierauszug von *Jonny spielt auf* op. 45 geschenkt bekam. Mich faszinierten sofort das breite Spektrum dieser Oper und vor allem der grandiose Schluss. Natürlich wusste ich, dass dieses Werk vom Uraufführungsort Leipzig aus eine enorme, rätselhaft kurzlebige Erfolgsgeschichte erlebt hatte. Die Bibliothek „meiner" Hochschule, der Hochschule für Musik Felix Mendelssohn Bartholdy Leipzig (jetzt Hochschule für Musik und Theater) war schon damals gut bestückt, zumeist mit alten Ausgaben der Universal Edition, die bis 1938 die meisten Werke Kreneks verlegt hatte, so dass ich diese erst einmal studieren konnte. Das legendäre Gastspiel Ernst Kreneks in Leipzig 1980, ein Konzert mit dem Rundfunk-Sinfonieorchester Leipzig (jetzt MDR-Orchester), das er selbst dirigierte,[1] habe ich zu meiner Schande leider nicht erlebt. Ich war damals einfach noch nicht so weit. Vielleicht konnte ich auch aus dienstlichen Gründen nicht kommen.

Jedenfalls muss es sich nach 1985 herumgesprochen haben, dass ich mich für Ernst Krenek besonders interessierte. Ich wollte vor allem seine späteren Werke kennenlernen und wurde in Leipzig durch den damaligen Cheflektor des Deutschen Verlages für Musik, Helmut Döhnert, mit Wolfgang Timaeus vom Bärenreiter Verlag in Kassel bekannt gemacht. Zu meiner Überraschung erhielt ich nach wenigen Wochen ein Paket vom Bärenreiter Verlag mit einer repräsentativen Auswahl von Krenek-Partituren von dessen späteren, im Exil entstandenen Werken. Allmählich konnte ich an Konzertplanungen herangehen. Im Frühjahr 1989 organisierte ich mein

1 Das Konzert fand am 16. September 1980 statt.

erstes Krenek-Konzert, ein Kammerkonzert im Palais, dem Kammermusiksaal der Franz-Liszt-Hochschule in Weimar, vorwiegend mit Spätwerken, u. a. mit dem von Krenek besonders geschätzten Liederzyklus *Spätlese* op. 218, gesungen von Kammersänger Volker Schunke, einem der damaligen, sehr verdienten Protagonisten am Deutschen Nationaltheater, mit dem *Flötenstück neunphasig* op. 171, der *Hausmusik* op. 172 und dem *Fibonacci-Mobile* op. 187. Bis heute weiß ich nicht, wie die Aufführungsrechte des Verlags für dieses Konzert eigentlich bezahlt wurden. Es war doch in der DDR, und der Mauerfall war noch nicht in Sicht. Westgeld, Valuta, hatten wir jedenfalls nicht.

Des Weiteren wurde mit mir ein Kurzopernprojekt im Mai 1989 zu den Dresdner Musikfestspielen geplant. Als Abschluss hatte ich an Kreneks *Der Diktator* op. 49 gedacht. Mir gefiel das Werk hervorragend. Es erinnerte mich etwas an Chaplins geniales Pendant. Jetzt geschah aber die Überraschung, dass ich mitten in der Vorbereitung des Projekts im November 1988 einen Brief von Ernst Krenek aus Palm Springs bekam, der, ohne dass ich das wusste, von Wolfgang Timaeus über meine Vorhaben informiert worden war. Darin lobte er unsere Aktivitäten. Aber wie staunte ich über seine Beurteilung seines eigenen Stückes. So etwas hatte ich noch nicht erlebt, wie selbstkritisch und sogar distanziert ein Komponist mit seinem eigenen Werk umgeht. Er schrieb mir am 10. November 1988:

> Hingegen habe ich große Bedenken gegen den Abschluss des Dresdner Programms mit „Diktator", da mir dieses Stück mit der Zeit als das schwächste der drei Einakter erscheint. Die Handlung ist jugendlich-unreif ersonnen, höchst unwahrscheinlich, sentimental bis kitschig, die Musik unbedeutend.[2]

Ernst Krenek schlug mir stattdessen den dritten der Einakter vor, die „burleske Operette" *Schwergewicht oder die Ehre der Nation*

2 Die Briefe Kreneks befinden sich im Archiv des Autors.

op. 55. Natürlich folgten wir seiner Empfehlung. Das Programm bekam dadurch einen satirisch-heiteren Schluss. Aber trotzdem bleibt für mich der *Diktator* ein spannendes Stück.

Der Briefwechsel mit Ernst Krenek über den Ozean ging lebhaft weiter. Am 26. Mai 1989 kam ein Brief mit der Mitteilung, dass Krenek gemeinsam mit seiner Gattin Gladys nach einem ihm gewidmeten Festival an der Musikhochschule Lübeck nach Wien fahren wolle, um dort den weiteren Sommer zu verbringen. Ich las den bedeutungsvollen Satz: „Wir würden uns sehr freuen, Sie irgendwo zu sehen oder wenigstens zu hören." Was könnte ich machen? Reisen ins „kapitalistische Ausland" waren für einen „normalen" DDR-Bürger wie mich nicht möglich, schon gar nicht zum „Klassenfeind" BRD. Aber vielleicht dürfte ich ins nahezu neutrale Österreich fahren. Immerhin war Österreich ja von der Roten Armee befreit worden, und in Wien gibt es nach wie vor ein würdigendes Denkmal. Mit einer ähnlichen Argumentation und mit Kreneks Brief in der Tasche begab ich mich in unser Ministerium für Kultur zum zuständigen stellvertretenden Kulturminister mit meinem Anliegen, unbedingt nach Wien reisen zu müssen, um den Komponisten von Weltgeltung, „den Freund der DDR" (wie ich wahrscheinlich sagte) Ernst Krenek zu treffen. Das kleine Wunder geschah, ich durfte fahren, mit 108 Schilling in der Tasche. Leider erfuhr ich kurz vorher, dass Ernst Krenek auf Grund einer plötzlichen schweren Erkrankung nicht kommen konnte.[3] Was nun machen? Ich war also plötzlich allein in Wien, zum Glück untergebracht bei einer befreundeten Familie. Wenigstens wollte ich mir von außen das Arnold-Schönberg-Haus in Mödling anschauen, wohin ich eigentlich kommen sollte, um Ernst Krenek zu treffen. Wie durch ein Wunder erschien plötzlich auf der Eingangstreppe des Schönberg-Hauses eine Frau, die mich freundlich nach meinem Begehr fragte. Das war Sigrid Wiesmann, der ich bis heute dankbar bin.[4]

3 Vgl. dazu die Beiträge von Geringas und der Herausgeberin in diesem Band.

4 Die Musik- und Theaterwissenschaftlerin Sigrid Wiesmann betreute seit 1983 für die Internationale Schönberg-Gesellschaft im Schönberghaus in Mödling

Sie machte mir meine Wienreise, nun ohne Ernst Krenek, trotzdem zu einer effektiven und nützlichen Sache. Ich durfte ausgiebig das Schönberg-Haus besichtigen und auf dem im kleinen Konzertsaal befindlichen Flügel spielen. Darüber hinaus schenkte sie mir, praktisch zum Überleben, 1000 Schilling. Bis heute weiß ich nicht, ob das eine rein private Zuwendung war oder vielleicht ein Präsent der Arnold-Schönberg-Gesellschaft. Zum anderen lernte ich in dieser Woche in Wien den Musikschriftsteller, Krenek-Verehrer und -Freund Friedrich Saathen[5] kennen, der mir viel über Ernst Krenek zeigte und erzählte und meinen Krenek-Horizont enorm erweiterte.

Nach meinem Wienaufenthalt unternahm ich eine für mich als DDR-Bürger illegale Reise nach Köln, weil ich unbedingt die Krenek-Spezialistin Claudia Maurer Zenck treffen wollte. Das hatte mir Ernst Krenek dringend geraten. Ich erinnere mich noch, dass ich sogar unser Konsulat in Wien angerufen hatte, um mitzuteilen, dass ich später, als mein Visum es erlaubte, aber auf jeden Fall zurückkäme. Man nahm das recht stoisch zur Kenntnis, machten sich doch im Sommer 1989 bereits erste Auflösungserscheinungen durch die Geschehnisse an der ungarisch-österreichischen Grenze bemerkbar. Nebenbei, auch meine Wiedereinreise in die DDR, eigentlich unerlaubterweise von der BRD aus, nahmen die Grenzbehörden lethargisch hin: Ich hatte keinerlei Probleme, weil ich zu spät kam. Jedenfalls war das Treffen mit Frau Zenck für mich denkwürdig. Ich durfte bei ihr übernachten, schloss aber kein Auge, sondern hörte und las mich querschnittsmäßig durch ihre sagenhafte Krenek-Platten- und -Kassettensammlung. Ich darf sagen, das war der Beginn einer der für mich wichtigsten kreativen Bekanntschaften, die bis heute sogar eine Freundschaft wurde, auch wenn wir uns viel zu selten treffen. Im Anschluss an diese „Westreise" durfte ich in unserem Klassiksender Radio DDR II zwei Sendungen über Ernst

---

das von dieser eingerichtete Duplikat-Archiv der Materialien des Komponisten. Sigrid Wiesmann unterstützte viele aus der DDR stammende Kollegen und Musiker bei deren Wien-Aufenthalten.

5 Zu Saathen vgl. den Beitrag der Hg. in diesem Band und dort Anm. 24.

Krenek à 90 Minuten gestalten. Zu danken war das dem progressiven, die zeitgenössische Musik fördernden damaligen Chefredakteur Stefan Amzoll, der leider im Herbst 2019 verstarb. Sein für viele Künstler verdienstvolles Wirken darf man nicht vergessen.

Vor allem hatte es mir Kreneks letzte Oper *Sardakai* op. 206 (1968/1969, UA 1970) angetan. Absichtlich bezieht sich dieses Werk im Sujet auf Mozarts *Così fan tutte* und ist in der Besetzung der Gesangsparts damit sogar identisch. Als Antwort auf eine meiner vielen Fragen hatte mir Ernst Krenek am 21. August 1989 geschrieben: „Dass Sie sich für ‚Sardakai' begeistern freut mich besonders. Das ist ein Lieblingsstück von mir: es wurde leider bei der Uraufführung in Hamburg nicht richtig behandelt. [...] Es wäre schön, wenn Sie diese Oper einmal produzieren könnten." Im April 1990 hatte ich abermals einen Brief von ihm in der Hand, mit dem wichtigen Satz: „Sie haben ganz recht, auch mir liegt viel mehr an ‚Sardakai' als an ‚Jonny', mit dem ich immer noch identifiziert werde. ‚Sardakai' sollte unbedingt wieder aufgelebt [sic] werden" (24. 4. 1990). Somit suchte ich von da an eine Möglichkeit der Realisation.

Persönlich traf ich Ernst Krenek ein Jahr später, im August 1990, in Salzburg. Die Stadt hatte ein repräsentatives Festival anlässlich des Jubiläumsgeburtstages des großen österreichischen Komponisten organisiert, u. a. mit einem Kammerkonzert und vor allem mit der konzertanten Wiederaufführung seiner Kokoschka-Oper *Orpheus und Eurydike* op. 21 (1923) in der Felsenreitschule – ein grandioses Ereignis. Der Komponist wurde frenetisch gefeiert.[6] Ich werde das nie vergessen. Leider hatte ich nur weit hinten einen Platz bekommen, so dass ich Ernst Krenek während der Vorstellung nicht beobachten konnte. Aber im Schlussbeifall stand er von seinem Platz in der ersten Reihe auf. Seine triumphale, glückliche Geste an das Publikum sehe ich noch. Und es gibt ja davon auch ein Foto.

Natürlich war Ernst Krenek mit seiner fürsorglichen, klugen, herzlichen, umsichtigen Gattin Gladys gekommen. Beide kannte

6 Vgl., den Beitrag von Franz Willnauer in diesem Band.

ich nun schon zwei Jahre lang aus unserem Briefwechsel. Ihre Güte, Großzügigkeit und Geduld hatten mich tief beeindruckt. Und nun sollte ich Ernst Krenek persönlich treffen. Leider war ich so aufgeregt, dass ich keinen Fotoapparat dabei hatte. Nichts habe ich fotografisch dokumentiert. Aber ich habe Teile unseres sehr guten Gespräches – ich glaube, es dauerte etwa ein bis zwei Stunden – auf Tonband mitgeschnitten, so dass ich immerhin Ernst Kreneks originale Stimme als Beweis für das Treffen besitze. Die Zusammenkunft fand in seinem Hotel in Salzburg statt. Ich weiß noch, dass ich in sein Hotelzimmer kommen sollte. Am Tisch sitzend empfing er mich. Äußerlich fiel mir als Erstes ein Glas Weißwein auf, an dem er während unseres Gespräches öfters nippte, was mich etwas amüsierte. Tatsächlich erschien er mir mit seinen genau 90 Jahren wirklich sehr alt und zerbrechlich. Aber seine Sprache und seine Gedanken waren völlig klar. Er hatte eine angenehme, weiche Stimme. Mich wunderte es ein wenig, dass er in meinen Ohren überhaupt nicht mit österreichischem Akzent sprach. Detailfragen zu bestimmten Stücken beantwortete er mir nicht konkret. Oft hörte ich, es sei „so lange her", oder was ich fragte, betreffe „ein Nebenwerk". Mittlerweile hatte ich vor allem sein Opernwerk studiert. Darüber wollte ich alles wissen. Seine größten Erfolge als Komponist hatte Ernst Krenek ja nicht in seinem Vaterland gehabt, sondern in Deutschland, und zwar in der Weimarer Republik in Kassel, Frankfurt am Main, vor allem an der Leipziger Oper und nach dem Zweiten Weltkrieg in Hamburg. Er erzählte mir das alles, vor allem auch die Geschichte der *Sardakai*-Uraufführung im Jahre 1970 in Hamburg, die er selbst dirigiert hatte. In unserem Gespräch wurde er beim Thema *Sardakai* plötzlich temperamentvoll, und er begann mir ausführlich den Inhalt zu erzählen, verhedderte sich selbst in der mitunter etwas vertrackten Handlung, was mir den mozartschen Charakter des Werkes bestätigte. Leider war er mit der szenischen Umsetzung bei der Uraufführung nicht zufrieden gewesen. Er hatte seine klaren Vorstellungen in dieser Hinsicht nicht durchsetzen können. Seither ist dieses sehr theatralische Werk szenisch nie wieder aufgeführt worden.

Wenn ich mich recht erinnere, unterhielten wir uns auch über die aktuelle politische Situation, speziell über die bevorstehende Vereinigung der beiden Deutschlands, die ja eigentlich ein Beitritt der DDR zur Bundesrepublik wurde. Mich berührte dabei, dass er diese schnelle Vereinigung skeptisch sah und ihm eine Art Konföderation lieber gewesen wäre. Er bekräftigte sozusagen seine Meinung, die er mir bereits in einem Brief am 21. Januar 1990 folgendermaßen geschrieben hatte: „Für eine ‚Wiedervereinigung' kann ich mich nicht sehr begeistern; eine Art Konföderation würde sich derzeit m. E. besser ausnehmen." Ich fühlte mich dem sehr verbunden, hatte ich mir doch ebenfalls ein wirklich neues Deutschland vor allem paktfrei, ohne NATO erhofft.

Ernst Kreneks 90. Geburtstag wurde „bei uns" ebenfalls recht angemessen gewürdigt. Auch ich war mit einigen Konzerten, vor allem in Leipzig und in Dresden, beteiligt. Etwa Ende 1990 dirigierte ich eine Rundfunkproduktion der 2. *Sinfonie* op. 12 mit dem Rundfunk-Sinfonieorchester Leipzig. Die Aufnahme schickte ich Ernst Krenek, und er würdigte sie am 22. September 1991 mit folgenden Zeilen:

> Haben Sie bitte vielen Dank für den Umschnitt meiner 2. Symphonie, der so großartig gelungen ist! Sie haben das Werk so hingestellt wie es erklingen sollte, und denselben Schock erzielt, den die Uraufführung herbeiführte. Bitte geben Sie dem Orchester meine vollständige Zufriedenheit mit seiner glänzenden Leistung bekannt.

Hervorheben möchte ich außerdem eine weitere Aufführung des Liederzyklus *Spätlese* im Foyer der Oper Leipzig, der sich ebenfalls eine Rundfunkproduktion anschloss, dieses Mal mit dem späteren phantastischen Thomaskantor Georg Christoph Biller, meinem Kommilitonen aus der Leipziger Dirigierklasse von Rolf Reuter, und eine Aufführung von *Sestina* op. 161 im Kleinen Saal des Leipziger Gewandhauses mit der wunderbaren, hochmusikalischen Sopranistin Ksenija Lukic. Ein weiterer Krenek-Protagonist wurde der Bariton Markus Köhler, mit dem ich 1992 das *Reisebuch aus den österreichischen Alpen* op. 62 im Deutschlandradio Berlin für die Plattenfirma cpo erfolgreich produzierte.[7] Ich glaube, es war die erste CD-Produktion des heute ziemlich bekannten Zyklus.[8] Beide Künstler waren an fast allen meinen zukünftigen Krenek-Projekten maßgeblich beteiligt.[9]

Ebenfalls für das Label cpo wurde 1995, dieses Mal in Kooperation mit dem Deutschlandfunk in Köln auf Initiative des verdienstvollen Redakteurs Frank Kämpfer, u. a. die Kammeroper *Vertrauenssache* op. 111 produziert und erhielt sehr gute Rezensionen. Ihr Sujet ist mit der reichlich 20 Jahre später komponierten Oper *Sardakai* verwandt.

Auch nach Ernst Kreneks Tod setzte sich mein Kontakt mit Gladys Krenek fort. Ich darf sagen, daraus wurde eine Freundschaft bis zu ihrem Tode im Jahr 2016. Im Jahre 1997, unter ihrer Teilnahme, gestalteten wir an der Hochschule für Musik und Theater Leipzig eine ganze Krenek-Arbeitswoche, die in einem vom MDR veranstalteten Konzert in Halle gipfelte, u. a. mit *The Dissembler* op. 229 (mit Michael Ingham) und den *Marginal Sounds* op. 162 sowie mit den zwei erfolgreichsten Stücken von Gladys Nordenstrom (Gladys Krenek), dem *Rondo für Flöte und Klavier* und der Vokalszene *Zeit XXIV* (Text: Renata Pandula),[10] Letztere wieder mit

7 Erschienen 1993 bei cpo 999203-2. Schon 1991 gab es auf CD (Preiser Rec. 90073) die Neuausgabe der Plattenaufnahme mit Patzak und Schmidt (s. die folgende Anm.).

8 Es gab vor der ersten CD bereits mehrere Platteneinspielungen dieses in Österreich sehr bekannten Zyklus: zwei mit Rudo Timper und dem Komponisten am Klavier (BLE 14113 und ERS 1201-3, 1959 bzw. 1968), mit Waldemar Kmentt und Richard Elsinger (SPR 3269) sowie Julius Patzak und Heinrich Schmidt (SPR 135007; aus dem ORF-Archiv). Hinzu kamen Einspielungen einer Auswahl von Liedern: Franz Lukasovsky und Roman Ortner (OPh 10005;1967) sowie von Hermann Prey und Krenek (Philips 6747061, Nr. 6; 1976).

9 So auch bei den Einspielungen von *Vertrauenssache* op. 111 (cpo 999319-2) von 1996 und von *Sardakai* op. 206 (Capriccio (2) 60129) von 2006.

10 Das *Rondo* (1948) wurde am 20. Juli 1956 von Severino Gazzelloni und David Tudor bei den Internationalen Ferienkursen für Neue Musik in Darmstadt ur-

Ksenija Lukic. Neben der Hochschule ist die Verwirklichung des Projektes vor allem der damaligen Musikredakteurin des MDR Renate Richter zu danken.

Mein eigentliches Ziel hatte ich aber nicht aus den Augen verloren. Es bot sich an im Jahre 2000. Deutschlandradio Berlin und das Label Capriccio hatten Interesse, und *Sardakai* passte in den Spielplan eines dafür sehr geeigneten Orchesters, des Rundfunk-Sinfonieorchesters Berlin. Produzent und maßgeblicher Unterstützer war Michael Dasche, Musikredakteur von Deutschlandradio Berlin, der mich durch eine Reihe anderer vorausgegangener gemeinsamer Projekte kannte. Wir hatten hervorragende Produktionsbedingungen in der legendären Christus-Kirche in Berlin Dahlem. Hochkonzentriert musste man arbeiten, Probentermine waren zugleich Produktionstermine. Es wurde sogar teilweise eine Uraufführung, denn Ernst Krenek hatte nach der Hamburger Aufführungsserie die letzte Szene völlig neu komponiert, und zwar mit einem wirkungsvollen, virtuosen Schlussensemble, in dem sich sein ganzes Können als Komponist zeigt. Man erlebt in der Musik plötzlich noch einmal den kreativen Esprit seiner Jugend, nun aber aus dem Geist der Zwölftonmusik heraus. Diese letzte Szene erklang nun zum ersten Mal bei der CD-Aufnahme und in der sich anschließenden konzertanten Aufführung im Konzerthaus Berlin. Für mich am schönsten war aber, dass Gladys Krenek aufmerksam, kritisch, sensibel die Produktion vom ersten bis zum letzten Ton begleitete. So kann man sagen, dass wir weitestgehend ein authentisches Ergebnis erreichten. Unser Tonmeister Helge Jörns hat die CD sehr gut realisiert. Besonders über Kopfhörer ergibt sich ein sehr interessantes, breitgefächertes stereophones Klangbild. Die CD erschien erst sieben Jahre später, im Jahre 2007, und wurde mit dem Echo-Klassik-Preis des Jahres für die beste Opernproduktion im Bereich

aufgeführt. Zu *Zeit XXIV* s. auch die Anm. 1 zum Beitrag von René Staar. Das Werkverzeichnis von Gladys Nordenstrom Krenek ist einzusehen unter https://www.krenek.at/WerkverzeichnisGladysKrenek und im MUGI-Artikel über sie unter https://mugi.hfmt-hamburg.de/receive/mugi_person_00000601 [12.2.2025].

Sommer 1992: Gladys Krenek zeigt Reinhard Schmiedel eins der Weindörfer aus Kreneks Reisebuch aus den österreichischen Alpen

20./21. Jahrhundert bedacht. Aber eine kluge neue szenische Realisierung würde die Oper bestimmt noch wirkungsvoller machen. Wie auch für fast alle anderen Krenek-Opern wartet die Welt noch immer darauf.

Im Januar 2005 war ich, durch Gladys Kreneks Empfehlung, als Juror zum Virginia-Waring-Klavierwettbewerb nach Palm Desert eingeladen,[11] in dem als Pflichtstücke Ernst Kreneks Klavierwerke gespielt werden mussten. Gladys lud mich persönlich in diesem Zusammenhang ein, das schöne, malerisch gelegene Krenek-Haus in Palm Springs zu besuchen und mir ausführlich ein Bild über Kreneks Arbeitsatmosphäre zu machen, komponierte er doch von 1966 an, also 25 Jahre seines langen Lebens, vor allem an dieser Stelle einige seiner wichtigsten Werke, darunter auch *Sardakai*. Das Multitalent Ernst Krenek entdeckte dort sogar sein Interesse an der

11 Vgl. dazu auch John Normans Beitrag in diesem Band.

Malerei. Er hinterließ eine Reihe sehr sensibler Aquarelle mit der inspirierenden Wüstenlandschaft rund um Palm Springs und mit abstrakten Motiven. Man merkt, dass er sich dort sehr wohl gefühlt hatte. Trotzdem war er Zeit seines Lebens hin- und hergerissen, wohin er eigentlich gehörte, nach Österreich oder nach Amerika. Dieses besondere Spannungsfeld bleibt bei der Interpretation vor allem seiner Spätwerke einer der zu berücksichtigenden, aufregendsten Bezugspunkte.

Christian Prosl

Die Muse des Meisters

Erinnerungen an Gladys Nordenstrom Krenek

Im Herbst 1991 traf ich als neuer österreichischer Generalkonsul in Los Angeles ein. Nach einer kurzen Orientierungsphase nahm ich mit Ernst Krenek Kontakt auf und lud ihn anlässlich des Besuchs von Bundeskanzler Franz Vranitzky zu einem Empfang in der Residenz ein.[1] Krenek antwortete umgehend, bat aber, ihn zu entschuldigen, da, so schrieb er, „ich in meinem Alter (ich bin 91) die Fahrt nach Los Angeles lieber vermeide", und übersandte mir „ein kürzlich erschienenes Buch, das Sie über meine Person orientieren mag".[2] Wir führten später noch ein längeres, sehr freundliches Telefonat, in dem wir uns „beschnupperten" und er den Eindruck vermittelte, sich mit Österreich versöhnt zu haben. Wir vereinbarten dabei einen Besuch bei ihm in Palm Springs im Dezember, zu dem es aber nicht mehr kam, da Ernst Krenek am 22. Dezember 1991 verstarb.

Nach Kreneks Tod lernte ich seine Witwe Gladys Nordenstrom Krenek durch den nachgeholten Besuch in Palm Springs kennen, bei dem sie mich in ihrer schönen, einfachen Villa am Rande der Steinwüste empfing. Gladys war eine enge Freundin einer entfernten Verwandten von mir, Ann Heavey, die in unmittelbarer Nähe zu den Kreneks in Palm Springs ihr Quartier aufgeschlagen hatte.[3]

1 Franz Vranitzky war von 1986 bis 1997 Bundeskanzler Österreichs; er gehörte der SPÖ an. 1991 hielt er eine aufsehenerregende Rede, in der er die seit Kriegsende offiziell verfochtene „Opferthese" (Österreich als erstes Opfer der Annexionspläne Hitlers) zurückwies und eine Beteiligung vieler Österreicher am NS-System anerkannte.

2 Es dürfte sich um die gerade in der University of California Press erschienene Originalversion von John L. Stewarts Biographie *Ernst Krenek. The Man and His Music* gehandelt haben. Vgl. Anm. 2 in Dümlings Beitrag in diesem Band.

3 Ann Heavey, eine gebürtige Wienerin, lebte dort seit 1967 mit ihrem Mann

Gladys lud mich zu einem Spaziergang ein, bei dem wir uns vor allem über ihr Engagement zur Rettung dieses Fleckchen Erde vor der Verbauung unterhielten.[4] Natürlich kam auch die Frage von Ernsts Würdigung durch Österreich zur Sprache, die sie als ungenügend empfand und auf die sie großen Wert legte. Ich versprach ihr, nach meiner Rückkehr nach Wien etwas zu unternehmen, um die Werke von E. K., wie sie ihn nannte, einer größeren Verbreitung zuzuführen und dem Meister eine angemessene Würdigung zukommen zu lassen.

Mit Martin Haselböck, der eine enge persönliche, aber auch professionell-musikalische Beziehung zu Krenek pflegte,[5] dem musikbegeisterten Rechtsanwalt Max Eiselsberg sowie Marion Diederichs-Lafite, deren Familie sich bereits in der Vergangenheit tatkräftig und erfolgreich um die Bereinigung des Verhältnisses Kreneks zu Österreich bemüht hatte, gründeten wir nach vielen Vorarbeiten 1997 das Ernst Krenek Institut mit Gladys Krenek als Ehrenpräsidentin. Wir sind dem damaligen Kulturstadtrat der Stadt Wien, Peter Marboe, für seine Offenheit und sein Interesse sowie die jahrelange finanzielle Unterstützung durch die Stadt Wien zu größtem Dank verpflichtet. Heute hat die aus dem Institut hervorgegangene, 2004 gegründete Ernst Krenek Institut Privatstiftung, der kein Gründungsmitglied mehr angehört, aus verschiedenen Gründen ihren Sitz in Krems am Campus der Donauuniversität und wird vom Land Niederösterreich und dem Bund unterstützt.

Gladys Nordenstrom wurde am 23. Mai 1924 in eine kinderreiche Familie in Minnesota geboren. Sie fühlte sich schon früh zur Musik hingezogen, lernte Trompete und spielte schließlich in einer professionellen Jazzband. Gegen den Willen ihrer Eltern begann

Jack Heavey, einem bekannten Arzt, der auch Kreneks Hausarzt war und ihn 1990 auf seinen letzten Reisen nach Europa begleitete.

4 Gladys Krenek war nach dem Tod ihres Mannes sehr engagiert in Umweltfragen; vgl. dazu die Ausführungen weiter unten.

5 Der Organist Martin Haselböck hatte Kreneks Werke für Orgel im Repertoire und spielte die Uraufführungen des *Konzerts für Orgel und Streichorchester* op. 230 und *Opus 231* für Violine und Orgel. Vgl. seinen Beitrag in diesem Band.

sie ein Gesangsstudium am Institute of Fine Arts der Hamline University in St. Paul in Minnesota, wo sie bei Ernst Krenek Komposition und Musiktheorie studierte, fasziniert von der Intellektualität und geistigen Brillanz ihres Lehrers.

Hamline war damals das Zentrum der zeitgenössischen Musik in den USA.[6] Gladys tat sich dort am Anfang schwer, doch schloss sie schließlich die Universität 1947 mit ausgezeichnetem Erfolg ab. 1950 heiratete sie Ernst als seine dritte Frau (nach Anna Mahler, der Tochter Gustav Mahlers, und der Schauspielerin Berta Hermann, seiner zweiten Frau) und entwickelte sich im Laufe der Zeit von der Bewunderin zur kongenialen Partnerin. Sie war seine künstlerische Wegbegleiterin und kümmerte sich um die praktischen Probleme des Alltags, die dem Meister nicht so sehr lagen. Es war eine Seelenverwandtschaft, die sie verband, sie setzten sich laufend mit den wesentlichen Problemen der Zeit und der Kunst auseinander. Beide liebten die Diskussion. Obwohl Gladys Komponistin von Liedern, Kammermusik und Orchesterwerken war, die sich durch eine eigene, besondere Handschrift auszeichnen, stellte sie ihr musikalisches Schaffen bewusst in den Hintergrund, um ganz für Ernst da zu sein.

Gladys war keine einfache Frau, sondern hatte einen sehr kritischen Blick auf Österreich und auf Österreichs vermeintliche oder tatsächliche Versäumnisse im Zusammenhang mit der Anerkennung und Förderung ihres Gatten. Oft war sie nicht gerade diplomatisch, sondern sehr direkt und kompromisslos. Sie kam anfangs jährlich nach Wien, um an den Vorstandssitzungen der Ernst Krenek Institut Privatstiftung teilzunehmen, und residierte im Hotel Mailberger Hof, später im Hotel Am Schubertring. Eine der wichtigsten Aufgaben des Vorstands des Instituts war es mehr als einmal, durch das Einschreiten der Ehrenpräsidentin aufgetretene

6 St. Paul bildete mit der auf der anderen Seite des Mississippi gelegenen Minneapolis die *Twin Cities* von Minnesota. Zur Zeit von Kreneks Lehre an der Hamline University war Dimitri Mitropoulos Chef des Minneapolis Symphony Orchestra. Über ihre Zusammenarbeit in Sachen Neuer Musik dort vgl. die Studie der Hg. *Ernst Krenek – ein Komponist im Exil*, Wien 1980, S. 250–254.

Missverständnisse auszugleichen. Sie hatte einfach andere Vorstellungen von der Bedeutung ihres Gatten als viele ihrer Wiener Gesprächspartner. Für sie hatte E. K. seinen Platz gleich hinter Mozart, wenn nicht neben ihm. Einen Plan, eine relativ kleine Grünfläche im 13. Bezirk nach ihrem Mann zu benennen, fand sie beleidigend, weil diese ein „Beserlpark"[7] und damit ihres Mannes absolut unwürdig sei. (Heute gibt es eine Ernst-Krenek-Gasse im 23. Wiener Gemeindebezirk und eine Ernst-Krenek-Straße in Krems.)[8]

Gladys war ein grundsätzlich positiver Mensch und von einem unbeirrbaren Optimismus beseelt. Eigentlich war sie sehr schüchtern, aber unglaublich begeisterungsfähig, und liebte es, mit jungen Menschen zusammenzukommen. Sie hatte einen unbestechlichen Blick für die Qualität der verschiedensten Aufführungen der Werke ihres Mannes, zu denen sie oft anreiste, und nahm bei ihrer Kritik kein Blatt vor den Mund.

Nach dem Tod ihres Gatten hatte sie nur ein Ziel, welches sie aber mit Konsequenz und Vehemenz verfolgte: die Werke ihres Mannes mit unermüdlichem Einsatz weltweit den Menschen näherzubringen. 1998 sorgte sie dafür, dass die revidierte Übersetzung von Kreneks umfangreichen Erinnerungen an die erste Hälfte des 20. Jahrhunderts unter dem Titel *Im Atem der Zeit* herauskam,[9] eine faszinierende Schilderung der kulturellen Atmosphäre der europäischen Musikhauptstädte der damaligen Zeit. Hervorzuheben ist ihre Entscheidung, den gesamten Nachlass ihres Mannes, die Kompositionen, Schriften, Bilder und eine umfassende Korrespondenz, sukzessive nach Österreich zu transferieren und zunächst das Ernst Krenek Institut sowie später die Ernst Krenek Institut Privatstiftung immer wieder zu unterstützen. Sie sponserte darü-

---

7 Damals negativ gemeinter Ausdruck für einen kleinen Park.

8 Auch Kassel, wo Krenek 1925–1927 Musikalischer Berater des Intendanten Paul Bekker am Preußischen Staatstheater war, ehrte den Komponisten, indem sie eine kleine Treppe neben dem Theater nach ihm benannte. Die auf der anderen Seite des Theaters ist nach Gustav Mahler benannt.

9 Nach dem Tod Kreneks nahm sie es in die Hand, die Veröffentlichung seiner *Memoirs* zu realisieren, indem sie einen Verlag dafür suchte.

2. 3. 2011, Palm Springs, Konzert der Wiener Philharmoniker: Ilona von Ronay (Tochter der Krenek-Freunde Ann und Jack Heavey), Christian Prosl, Gladys Krenek

ber hinaus Sonderpreise für Wettbewerbe, finanzierte Aufnahmeprojekte und initiierte Konzertveranstaltungen. Noch heute spricht man von der sensationellen Uraufführung des *Kehraus um St. Stephan*, die 1990 mit 60-jähriger Verspätung (!) im Ronacher stattfand. In ihrer Gegenwart wurden bei den Bregenzer Festspielen im Juli 2008 im Festspielhaus *Karl V.* und auch der *Kehraus um St. Stephan*, in Kooperation mit der Volksoper Wien, aufgeführt.

Unterstützte man Gladys bei ihren Bemühungen, wurde man in den Kreis der Erwählten aufgenommen: Dann lernte man ihre Großzügigkeit, ihren Charme und ihre große Menschlichkeit kennen. Man erfuhr auch, dass sie sich trotz ihres hohen Alters für den Schutz der Natur mit Geld und mit ganz konkreten Aktionen einsetzte, z. B. für den Erhalt des faszinierenden Chino-Canyons bei Palm Springs, der ihr besonders am Herzen lag. Sie liebte die spröde Wüste, harte Kanten und große Auseinandersetzungen. Kompromisse schloss sie nur in letzter Not, wenn überhaupt. Sie war trotz ihrer äußeren Zartheit eine unbeugsame, starke Frau mit einem starken Willen. Sie liebte den nächtlichen Himmel, die Sterne, von denen man ja in Palm Springs viel mehr sieht als bei uns, und auch die Einsamkeit. Elegante Kleider waren ihr unwichtig, rauschende Partys nahm sie gelassen hin, aber oberflächlicher Small Talk war ihr ein Gräuel. Dafür wollte sie keine Zeit verschwenden. Es gab so viel anderes, Wichtigeres, das sie interessierte. Zeit ihres Lebens war sie eine Suchende nach dem Wesentlichen, nach der Wahrheit und ging den Sachen auf den Grund.

Gladys war die starke Frau an Ernst Kreneks Seite, die ihm in seiner zweiten Lebenshälfte seine Schaffenskraft erhielt. Sie verstarb am 5. Juli 2016 in Palm Springs und wurde am 23. August 2016, an Ernsts Geburtstag, neben ihm im Ehrengrab auf dem Wiener Zentralfriedhof beigesetzt. Die sich aus Liebe selbstverleugnende Muse des Meisters war zu ihrem geliebten Ernst heimgekehrt.

Ernst Kreneks Lebenslauf in Daten

1900	geboren am 23. August in Wien als einziges Kind von Emanuela und Ernst Krenek
1906	erster Musikunterricht und erste Kompositionsversuche
1916	Beginn des Kompositionsstudiums bei Franz Schreker an der Wiener Musikakademie
1918	Matura; Militärdienst
1919	Philosophiestudium an der Wiener Universität (zwei Semester)
1920–1923	folgt Franz Schreker an die Staatliche Musikhochschule in Berlin; Begegnung mit Artur Schnabel, Ferruccio Busoni, Hermann Scherchen u. a.; Freundschaft mit Irene und Eduard Erdmann, der mit ihm die Musik Schuberts studiert
1920/1921	erste frei atonale Kompositionen, Erfolg beim Tonkünstlerfest des ADMV in Nürnberg mit dem *1. Streichquartett*; *1. Symphonie*
1921/1922	Teilnahme bei den ersten Donaueschinger Musiktagen für neue Musik; verlässt die Hochschule
1922/1923	komponiert die ersten drei Opern (*Zwingburg, Der Sprung über den Schatten, Orpheus und Eurydike*); UA der *2. Symphonie* beim ADMV-Tonkünstlerfest in Kassel
1923–1925	Aufenthalt in der Schweiz; Begegnungen mit Friedrich T. Gubler (1929–1933 Feuilletonchef der *Frankfurter Zeitung*), Rainer Maria Rilke und Werner Reinhart
1924	Heirat mit Anna Mahler; erste Begegnung mit Theodor Wiesengrund Adorno; Reise nach Frankreich; Auseinandersetzung mit der Musik Igor Strawinskys und der Les Six; kompositorische Annäherung an den Neoklassizismus
1925–1927	wird von Paul Bekker als Musikalischer Beirat an die Staatsoper Kassel geholt, schreibt Schauspielmusiken, sammelt Dirigiererfahrungen; publizistische Auseinandersetzung mit der Gattung Oper; Arbeiten für den Rundfunk
1927	UA von Jonny spielt auf in Leipzig; folgt Paul Bekker an die Staatsoper Wiesbaden; internationale Anerkennung
1928/1929	heiratet die Schauspielerin Berta Hermann (Haas); Rückkehr nach Wien, wohnt Eitelbergergasse (Wien-Hietzing); Bekannt-

	schaft mit Karl Kraus; *Leben des Orest, Reisebuch aus den österreichischen Alpen*
1930–1932	Ausweitung der publizistischen Tätigkeit, vor allem für die *Frankfurter Zeitung*; im Dezember 1932 letzte Reise nach Deutschland (bis 1950)
1932/1933	gründet mit Willi Reich und Rudolf Ploderer, unterstützt von Alban Berg, die Musikzeitschrift *23*; Umzug in die Mühlbachergasse (Wien-Hietzing); aktiv im Verein für neue Musik (IGNM-Ortsgruppe); Kompositionsauftrag von Clemens Krauss (Wiener Staatsoper) für *Karl V.*, seine erste Komposition in Zwölftontechnik
1934	die UA von *Karl V.* wird nach Intrigen der Heimwehr vom Unterrichtsminister abgesetzt; Spanienreise
1935	wird auf die „Goebbels-Liste" gesetzt: Verbot von Aufführungen seiner Werke im NS-Staat
1935–1937	rege literarische Tätigkeit; freie Konzert- und Vortragstätigkeit in Wien und anderen Städten; Beiträge für die Wiener Zeitung
1936–1938	schreibt dodekaphones *6. Streichquartett* und *Klaviervariationen*; Vortragsreihe und Veröffentlichung von *Über neue Musik*; schreibt *Kafka-Lieder* und beginnt ein Tagebuch (*Amerikanische Tagebücher*), erste USA-Reise mit der Salzburg Opera Guild
1938	kehrt nach dem „Anschluss" nicht nach Österreich zurück, betreibt die Auswanderung; Vorträge und Konzerte im US-amerikanischen Exil; Unterricht am privaten Malkin Conservatory in Boston
1939–1942	Professor of Music am Vassar College in Poughkeepsie/NY; Sommerkurse an den Universitäten von Michigan und Wisconsin
1941/1942	bei US-Kriegseintritt Beginn der *Lamentatio Jeremiae Prophetae*; beendet das Tagebuch und beginnt, seine Memoirs zu schreiben
1942–1947	Professor of Music, Head of the Department of Music und Dean of the School of Fine Arts an der Hamline University, St. Paul/MN; Aufführungen durch Dimitri Mitropoulos, Zusammenarbeit mit ihm und Gründung einer ISCM-Ortsgruppe; erste Beschäftigung mit und Veröffentlichungen über mittelalterlichen Kontrapunkt (Dufay, Ockeghem)
1944	Ehrendoktor der Hamline University (später drei weitere Dr. h. c. von US-amerikanischen Hochschulen und diverse Ehrungen)
1945	wird US-amerikanischer Staatsbürger
1946	*Symphonic elegy* (in memoriam Anton Webern)

1947–1949	zieht nach Los Angeles; Unterricht am City College; Sommerkurse an der University of New Mexico in Albuquerque; freie Kompositionstätigkeit
1948	Veröffentlichung der Autobiographie *Selbstdarstellung*
1949/1950	Professor am Chicago Musical College; Rückkehr nach Los Angeles
1950	Heirat mit der Komponistin Gladys Nordenstrom; erste Reise nach Europa zu Konzerten, Rundfunkaufnahmen und Vorträgen; Dozent bei den Darmstädter Ferienkursen für Neue Musik (auch 1954, 1956, 1958); Übergabe von Materialien an die Wiener Stadt- und Landesbibliothek (Wienbibliothek); zieht nach North Hollywood im San Fernando Valley (LA)
1951	zweite Europareise; UA bei den Donaueschinger Musiktagen; Verdienstorden der Bundesrepublik Deutschland (später weitere Auszeichnungen)
1952	Sommerkurs in Teresopolis/Brasilien
1953	zahlreiche Konzertreisen in den USA und Kanada; UA von *Medea* (Blanche Thebom)
1954	Krenek Festival an der University of Wisconsin, Madison/WI
1955/1956	einjähriger Aufenthalt in Europa; UA von *Pallas Athene weint* zur Wiedereröffnung der Hamburger Staatsoper; Arbeit im elektronischen Studio des WDR in Köln für erste elektronische Komposition; Umzug nach Tujunga im Crescenta Valley (LA)
1956/1957	erste serielle Kompositionen (Sestina)
1957	Gastprofessur an der Princeton University (Christian Gauss Seminars in Criticism)
1958	erste Gesamtsendung (Radio Wien) und konzertante UA der *Lamentatio* bei den Kasseler Musiktagen
1960	Krenek Festival in Venice (L.A.)/CA; Europäisches Forum Alpbach
1960/1961	erste aleatorische Kompositionen
1963	Krenek Festival der North Carolina Music Society in Raleigh/NC
1964	Hamburg: UA von *Der Goldene Bock* (Auftrag von Rolf Liebermann)
1965	Krenek Festival in Minneapolis-St. Paul/MN; Gastprofessur an der Brandeis University in Waltham/MA
1966	Umzug nach Palm Springs/CA

1967	Gastprofessur am Peabody Institute in Baltimore/MD und an der University of Hawaii; Ehrenmitglied des John Muir College der University of California San Diego (UCSD)
1967/1968	Auftrag für das 4. Internationale Webern-Festival im Dartmouth College, Hanover/NH: *Instant Remembered*
1968	Europareise mit intensiver Dirigier- und Lehrtätigkeit
1969	Krenek-Festival beim Steirischen Herbst in Graz mit ÖEA von *Karl V.*
1970	ausgedehnte Konzertreise durch Europa anlässlich des 70. Geburtstags; UA von Sardakai an der Staatsoper Hamburg
1971/1972	Auftragswerke für Heinz Holliger, Paul Sacher, ORF; *Spätlese*
1973	Steirischer Herbst, ÖEA von *Orpheus und Eurydike*
1974	Krenek-Festival der California State University Northridge
1975	Feier des 75. Geburtstags am College of the Desert in Palm Desert/CA; Twin Cities Music Festival in Honor of Ernst Krenek der Hamline University; Krenek Festival an der UCSD; Österreichisches Ehrenzeichen für Wissenschaft und Kunst
1975–1977	*Auf- und Ablehnung, Dream sequence, They knew what they wanted*; erste von zahlreichen Aufnahmen bei Orion Records mit jungen Musikern (auch zur Förderung von deren Karriere)
1978	Gründung des Ernst Krenek Archive an der UCSD; *The Dissembler*
1979	Krenek-Festival der University of California Santa Barbara
1980	Gründung des Ernst-Krenek-Archivs in der Wiener Stadt- und Landesbibliothek (heute: Wienbibliothek); Zehn-Städte-Tour des Kreuzberger Streichquartetts durch die USA und Kanada (Goethe-Institut); Ernennung zum Ehrenbürger Wiens; *Karl V.* konzertant bei den Salzburger Festspielen; Europäisches Forum Alpbach; *8. Streichquartett*; Krenek-Personale beim Steirischen Herbst in Graz
1981	*Arc of life* (*Lebensbogen*)
1982	Übergabe von Materialien an die Wiener Stadt- und Landesbibliothek, dort Ausstellung Dank an Ernst Krenek; Aufführung der 8 *Streichquartette* im Wiener Musikverein (Thouvenel String Quartet)
1983	Einzug in Wohnung im Schönberg-Haus in Mödling für die Sommeraufenthalte in Europa
1984	*Karl V.* an der Wiener Staatsoper
1985	Krenek-Festival der UCSD; Krenek-Schwerpunkt beim Carinthischen Sommer in Ossiach; *For myself, at eightyfive*

1986	Erster Kompositionswettbewerb um den Ernst-Krenek-Preis der Stadt Wien; *Opus sine nomine*
1987	WDR-Produktion der *Klaviersonaten* (G. D. Madge, Krenek anwesend)
1988	Wiener Musikverein: *Pallas Athene weint* konzertant; Salzburger Festspiele: UA des Oratoriums *Symeon der Stylit* (1935/1936)
1989	Festival Ernst Krenek in Lübeck der Musikhochschule Lübeck; Krenek erkrankt schwer
1990	erste Ausgabe des *Newsletter of the Ernst Krenek Archive* der UCSD; Krenek-Schwerpunkte in Wien (UA von *Opus sine nomine*), bei den Salzburger Festspielen (Orpheus und Eurydike konzertant), bei Wien Modern, bei den Tagen für Neue Musik Stuttgart; UA von *Kehraus um St. Stephan* (1930) im Ronacher, Wien; letzte Europareisen Kreneks nach Salzburg und Wien
1991	Tod am 22. Dezember in Palm Springs
1992	im Januar Überführung und Beisetzung in einem Ehrengrab der Stadt Wien
1994	Gründung der Ernst Krenek Society in Palm Springs
1997	Gründung des Vereins Ernst Krenek Institut in Wien; nachfolgend:
2004	Gründung der Ernst Krenek Institut Privatstiftung (www.krenek.com), Krems a. D./NÖ

Die AutorInnen

Thomas Angyan, geb. 1953 in Wien, studierte und promovierte dort 1977 zum Dr. iuris. Während des Studiums absolvierte er 1973 eine Bankpraxis bei S. G. Warburg & Co Ltd. in London und wirkte 1975 und 1977 an der Vorbereitung und Durchführung der Wiener Festwochen mit. 1978 realisierte Angyan den 1. Internationalen Schubert-Wolf-Lied-Wettbewerb bei der Gesellschaft der Musikfreunde in Wien. Im selben Jahre wurde er Geschäftsführer der Musikalischen Jugend Österreichs, 1988 Generalsekretär der Gesellschaft der Musikfreunde und 2005 deren Intendant. Diese Tätigkeit nahm er bis zum Erreichen des Pensionsalters 2020 wahr.

Angyan ist Vorsitzender des Kuratoriums der Ernst von Siemens Musikstiftung, Vorstandsmitglied des Musikvereins für Steiermark, Mitglied des Advisory Boards des Grafenegg Festivals sowie zahlreicher weiterer Stiftungen und Aufsichtsräte. Er ist Ehrenmitglied der Wiener Philharmoniker und 1. Ehrensenator der Universität für Musik und darstellende Kunst, Wien.

Katherine Arthur, soprano, born in Chicago/IL in 1959. B.A. and M.A., Voice, at UCSB, 1983 and 1987, Certified Alexander Technique Teacher, Los Angeles, 1996. She lived, taught, performed, and recorded in Germany and Austria from 1997–2002.

She was on the faculty at California Polytechnic State University Music Department, and was also on the Music Department faculty at UCSB. In addition to teaching at Cal Poly, she also taught singing classes at the San Luis Coastal Adult School. Currently she is offering adult singing classes through Lyrics and Melodies Music School in Los Osos/CA.

Arthur has appeared in Music Festivals and Liederabende across the U.S. and Europe. She has performed and recorded with the

Southwest Chamber Music Ensemble, ORF, DLF, and Orfeo International. CD with Krenek's Songs ORFEO C 383991 A.

Bernhard Batschelet, Flötist und Komponist, geb. 1951 in Basel, dort 2020 verstorben. Lehr- und Solistendiplom als Flötist bei Peter-Lukas Graf (Musik Akademie Basel), Kompositionsstudien an der UCSD bei Bernard Rands, Roger Reynolds, Pauline Oliveros, Robert Erikson, Ernst Krenek; M.A., PhD und Lehrtätigkeit. Auftritte an den wichtigsten Orten und Festivals für zeitgenössische Musik an der US-Westküste und in Mexiko. Gründungsmitglied des Contemporary Music Ensemble SONOR, Co-Leiter des UCSD Javanese Gamelan Ensemble. Konzerte mit klassischer und zeitgenössischer Musik, Kompositionen (auch elektronische Musik) und Improvisationen, ebenso in der Schweiz nach seiner Rückkehr. Seit 1988 intensive Zusammenarbeit mit indonesischen Künstlern als Autor und Regisseur zahlreicher Musik-, Tanz- und Theaterprojekte, Performances und Installationen. Engagiert als Fasnächtler und wichtigster Erneuerer des Basler Trommelns und Pfeifens („Museumskonzärtli", „dr Ufftaggt") im Theater Basel; Publikationen zur Basler Volkskultur.

Peter Burwik, geb. 1942 in Hamburg. Studierte ab 1962 Dirigieren bei Hans Swarowsky in Wien, promovierte gleichzeitig in Theaterwissenschaft an der Universität Wien. 1968 Gründung des Wiener Universitätsorchesters. Weiterführende Studien in Salzburg und Darmstadt bei Bruno Maderna; mit diesem auch enge Zusammenarbeit.

1971 Gründung des ensemble XX. [heute: XXI.] jahrhundert; seither dessen Direktor; Auftritte in Österreich, in ganz Europa und weltweit in renommierten Konzertreihen und bei bekannten Festivals; CD-Produktionen (bei Gramola und Capriccio). Seit den 1970er Jahren auch Gastdirigate im In- und Ausland.

1972–1976 Geschäftsführer der IGNM Österreich. Ao. Prof. an der Universität für Musik und darstellende Kunst Wien im Bereich Interpretation und Aufführungspraxis Neuer Musik; Lehrtätigkeit auch im europäischen Ausland, in Nord- und Südamerika und China.

Friedrich Cerha, geb. 1926 in Wien, dort 2023 verstorben. Leistete schon als Gymnasiast im NS-Staat aktiven Widerstand, desertierte zweimal von der Deutschen Wehrmacht. Studierte ab 1946 an der Akademie für Musik in Wien Violine, Komposition und Musikerziehung, an der Universität Musikwissenschaft, Germanistik und Philosophie. War zunächst als Geiger tätig, stand in Kontakt zum Art-Club und zum Schönberg-Kreis der IGNM. Gründete 1958 mit Kurt Schwertsik das Ensemble die reihe, das Werke der Avantgarde, der Wiener Schule und der gesamten klassischen Moderne aufführte.

Ab 1959 lehrte Cerha an der Hochschule für Musik in Wien, 1976–1988 als Professor für Komposition, Notation und Interpretation neuer Musik.

Dirigierte 1960–1997 renommierte Ensembles und Orchester bei Festivals für zeitgenössische Musik in ganz Europa und an großen Opernhäusern. Stellte eine spielbare Fassung des 3. Akts von Alban Bergs Oper *Lulu* her (1963–1978, UA 1979 in Paris). Komponierte Solo-, Ensemble-, Chor- und Orchesterwerke und die Opern *Baal* (UA 1981, Salzburger Festspiele), *Der Rattenfänger* (UA 1987, Steirischer Herbst) und *Der Riese vom Steinfeld* (UA 2002 Staatsoper Wien). Cerha erhielt zahlreiche Auszeichnungen, so 2012 den Ernst von Siemens Musikpreis.

Marion Diederichs-Lafite, geb. 1947 in Wien, promovierte nach einem Studium der Musikwissenschaft und Publizistik 1974 an der Universität Wien mit der Arbeit *Musikästhetik im frühen 19. Jahrhundert, dargestellt an Hand der musikästhetischen Abhandlungen der „Leipziger Allgemeinen musikalischen Zeitung" unter der Redaktion von Friedrich Rochlitz (1798–1818)*. Neben Wanderjahren in Deutschland, Heirat und der Geburt dreier Töchter übernahm sie in einem fließenden Übergang die musikpublizistischen Unternehmungen ihrer Mutter Elisabeth Lafite bzw. ihres Vaters Peter Lafite mit der Herausgabe der *Österreichischen Musikzeitschrift* und der Leitung des Verlag Lafite, ab 1995 gemeinsam mit ihrem Mann Joachim Diederichs. Zudem ist sie in mehreren Institutionen ehrenamtlich tätig, u. a. war sie Gründungsmitglied des Ernst Krenek

Vereins (1997–2004) bzw. Vorstandsmitglied der Ernst Krenek Institut Privatstiftung, Krems (2004–2018).

Albrecht Dümling, geb. 1949 in Wuppertal, lebt als Musikpublizist in Berlin. Er studierte Schulmusik, Germanistik, Publizistik und Musikwissenschaft in Essen, Berlin und Wien und promovierte bei Carl Dahlhaus an der TU Berlin. 1978–1998 Musikkritiker des *Tagesspiegel*, bis heute Mitarbeiter der *Neuen Musikzeitung* sowie des Deutschlandfunk. Ab 1988 Kurator der weltweit gezeigten Ausstellung *Entartete Musik. Eine kommentierte Rekonstruktion.* Nach einem Forschungsaufenthalt 1989/1990 als Getty Scholar in Santa Monica/CA leitet er seit 1990 den Berliner Förderverein musica reanimata. 1994 gehörte er zu den Mitbegründern der Internationalen Hanns Eisler Gesellschaft. Ab 2000 führte er ein Forschungsprojekt zum Musikerexil in Australien durch und wurde 2007 mit dem Europäischen Kulturpreis KAIROS ausgezeichnet. Buchveröffentlichungen u. a. zu Arnold Schönberg, Bertolt Brecht, zum Urheberrecht, zur NS-Kulturpolitik und zum Musikerexil.

David Geringas, geb. 1946 in Vilnius, Cellist, Dirigent und Gründer eines Orchesters für junge Künstler. Seit 1963 studierte er Cello bei Mstislaw Rostropowitsch am Moskauer Konservatorium und gewann 1970 die Goldmedaille beim Tschaikowsky-Wettbewerb. 1971 wurde er Solist der Litauischen Philharmonie und studierte weiter bei Rostropowitsch. 1975 verließ er die Sowjetunion, erhielt ein Herbert-von-Karajan-Stipendium in Berlin und war 1976–1980 Erster Solocellist im NDR-Sinfonieorchester. 1977–1980 war er auch Professor an der Hochschule für Musik und Theater in Hamburg, ab 1980 an der Musikhochschule Lübeck, 2000–2009 an der Musikhochschule „Hanns Eisler“ in Berlin. Seit 2005 gibt er auch Meisterkurse an der Accademia Chigiana in Siena und ist künstlerischer Leiter des Ostsee-Musikforums beim Usedomer Musikfestival.
Als Solist und Dirigent arbeitet Geringas mit den großen Orchestern im In- und Ausland. Von Anfang an führte er zeitgenössische Werke auf; für seine mehr als 120 CD-Einspielungen gewann er

viele Auszeichnungen. 2023 erhielt er von der ICMA einen Preis für sein Lebenswerk. Im selben Jahr veröffentlichte er gemeinsam mit Jan Brachmann sein Buch *Sag das niemandem. Lebenserinnerungen eines Cellisten.*

Martin Haselböck, geb. 1954 in Wien, Organist, Dirigent und Komponist. Studium an der Wiener Musikhochschule : Orgel (Michael Radulescu), Komposition (Anton Heiller und Friedrich Cerha), Kirchenmusik, Blockflöte und Cembalo ; in Paris Studium bei Jean Langlais und Daniel Roth. 1976–1992 Organist und KMD der Augustinerkirche Wien, ab 1978 Organist der Wiener Hofmusikkapelle. 1985 Gründung des Orchesters Wiener Akademie ; seit 2003 MD des Musica Angelica Baroque Orchestra in L.A.; Gastdirigent nationaler und internationaler Orchester (mit Liszt als besonderem Schwerpunkt). Zahlreiche, teils preisgekrönte CD-Aufnahmen als Organist, u. a. mit den Orgelkonzerten von Krenek und Werken von Händel. 1970–2000 geistliche Kompositionen sowie Kammermusik und Lieder (auf Gedichte von Friederike Mayröcker und Ernst Jandl). Professor (1986–2003 Musikhochschule Lübeck, 2003–2023 Musikuniversität Wien), daneben Gastprofessor (Yale University, USC, Sibelius Akademie, Monash University, Konservatorium Amsterdam, Tschaikowsky-Konservatorium) ; zahlreiche Auszeichnungen.

Geoffrey Douglas Madge, born in Adelaide (Australia) in 1941. He studied piano and composition at the Elder Conservatorium, Adelaide. After winning the first prize in the ABC piano competition in Sydney, he studied in Europe with Geza Anda and Eduardo del Pueyo. He gave debut concerts in London, Cologne, Budapest and Amsterdam. In 1972 he moved to Holland as professor of piano at the Royal Conservatorium, The Hague, a position he held until his retirement in 2006. He has given masterclasses in Europe, Asia and Australia.

Madge's unique programmes are a combination of baroque (Bach), classical (Beethoven), 19th century and contemporary works (Reubke, Debussy, Reger, Godowsky, Medtner, Mitropoulos, Gershwin, Xenakis, Skalkottas, Wolpe). Complete recordings of Busoni and Sorabji's *Opus Clavicembalisticum*; 3 CDs with Krenek's piano sonatas and piano pieces.

Madge has meanwhile composed e.g. string quartets, songs, works for piano solo, a ballet *Monkeys in a cage*, premiered in the Sydney Opera House in 1977, and a piano concerto, premiered in Amsterdam in 1985.

Gösta Neuwirth, geb. 1937 in Wien, Komponist, Musikwissenschaftler, aufgewachsen in Ried/OÖ. Besuch des Humanistischen Gymnasiums und 1950 im dortigen Amerika-Haus erster Kontakt mit der Musik von Schönberg, Varèse und Cage. Studium in Wien: Komposition bei Karl Schiske an der Musikhochschule, anschließend Musik- und Theaterwissenschaft an der Universität. Die Ablehnung des von ihm gewählten Dissertationsthemas über Franz Schreker veranlasste ihn 1963, nach West-Berlin zu gehen. Er übernahm eine Lehrtätigkeit an der Freien Universität Berlin, promovierte dort 1968 mit einer Arbeit über Schreker und wurde später im Archiv der Stiftung Preußischer Kulturbesitz tätig. 1973 kehrte er zurück nach Österreich, um an den Universitäten in Graz zu unterrichten. 1982–2000 Professur für Musiktheorie an der Berliner Universität der Künste. In seinen Kompositionen verbindet Neuwirth serielle Techniken mit Zahlensymbolik und Josquin des Prez nachempfundenen Zeitstrukturen.

John Norman, born in San Antonio/TX in 1928, raised in Oklahoma; died in Salinas/CA in 2024. After his B.M. in Music Education in 1950 (Oklahoma State Univ.) he served in the US Army during the Korean War. Back in the States he obtained a piano instructor's position at a small school in Albany/GA. After completing his M.M. in Music Education in 1957 (Univ. of Oklahoma) he got a full time faculty position at Fort Hays State Univ. In 1960 he became a Graduate Assistant at the School of Music of Michigan State Univ. in East Lansing/MI and worked on his PhD thesis. After one term he was hired as a full time faculty member. In 1962 he accepted an instructor's position at the brand new College of the Desert in Palm Desert/CA. In 1966 he was appointed Choral Director and Chairman of the Dept. of Music. In 1988 he became Chairman of the Division of Fine Arts. He continued teaching until 2008.

Norman was President of the California Association of Professional Music Teachers, of the South West/Northwest Division of the MTNA, and of the Music Association of California Community Colleges.

James Ostryniec, born in Erie/PA in 1943, died in Miami in 2025. He graduated from Fort LeBoeuf highschool in Waterford/PA in 1961 and made the Bachelor of Fine Arts at the University of Louisville/KY in 1970 and the Master of Fine Arts at the University of Hawaii/HI in 1972. 1972–1974 he had a teaching fellowship at the University of Michigan, Ann Arbor/MI and there obtained the Doctor of Musical Arts in 1974. 1968 he became oboist in the Louisville Symphony Orchestra, 1970–1972 he was Principal Oboist of the Honolulu Symphony Orchestra. 1972–1974 he played English Horn in the Toledo Symphony and then became Assistant Principal Oboist of the Baltimore Symphony Orchestra (until 2004).

Recorded works by Krenek cf. the discography in „He Got What He Wanted" in this volume; recordings on LP (1980–1984): *Music For Oboe* (Rochberg, Crawford Seeger, Shapey, Schuller, Julian, Singer), CRI SD 423; *18th Cent. German Music For Oboe And Organ* (with Philip Manwell), ORS 81405; *Contemporary Oboe: Three Aspects*, Finnadar Records 90008-1; Lutoslawski/Shapey/Crawford Seeger/Ives/Luening, CRI SD 501; on CD (1985): *Cosmos of Toshi Ichiyanagi II*, CMCD-50038 (2011, Reissue).

Christian Prosl, geb. 1946 in Eisenstadt. Jus- und Französischstudium an der Universität Wien, 1969 Dr. iur., 1970 Übersetzerdiplom. Postdoc-Studium am Institut de Hautes Etudes Internationales in Genf (Wirtschaft der Entwicklungsländer). 1973–1977 Einsatz beim UN-Entwicklungsprogramm UNDP in Burkina Faso und Ruanda. 1977 Eintritt in das Bundesministerium für europäische und internationale Angelegenheiten, ab 1979 Botschaftssekretär in London und ab 1981 in Washington, dort zuletzt Gesandter, ab 1988 Legationsrat in Wien. 1991–1995 Generalkonsul in Los Angeles; 1995–1998 Abteilungsleiter für West- und Nordeuropa in der Politischen Sektion des Außenministeriums in Wien; 1998–2002 Leiter der Rechts- und Konsularsektion im Außenministerium. 2003–2009 österreichischer Botschafter in Berlin, 2009–2011 in Washington. Publikationen über Studentengeschichte und Außenpolitik. Gründungsmitglied des Vereins EKI und 1997–2003 in dessen Vorstand.

Reinhard Schmiedel, geb. 1951 in Waldheim (Sachsen), studierte Klavier und Dirigieren in Leipzig und Leningrad. Als Solorepetitor und Kapellmeister war er am Opernhaus Leipzig, am Deutschen Nationaltheater Weimar und am Theater Stralsund engagiert; danach als freiberuflicher Musiker bzw. als Gast im In- und Ausland tätig, u. a. am Conservatoire National Supérieur de Musique et de Danse de Lyon und an der Technischen Universität St. Petersburg, mehrfach beim Kunstfest Weimar und dem Kurt Weill Fest Dessau. Lehraufträge in Bern, Leipzig und Weimar. 1996–2021 betreute er die Konzertreihe Musik & Gegenwart an der Hochschule für Musik und Theater Leipzig. Außer mit Ernst Krenek arbeitete er als Interpret ihrer Werke u. a. mit Gilbert Amy, Alfred Goodman, Friedrich Schenker, Georg Katzer, Klaus Huber, Mauricio Kagel, Younghi Pagh-Paan, Paul-Heinz Dittrich, Peter Herrmann, Gerd Domhardt, Dimitri Terzakis und Siegfried Thiele zusammen.

René Staar, geb. 1951 in Graz; erster Musikunterricht von den Eltern, 1962/1963 Unterricht in Klavier und Musiktheorie bei Walter Wasservogel, 1963–1974 Geige bei Franz Samohyl, ab 1965 Musiktheorie an der Akademie (heute: Universität) für Musik und darstellende Kunst Wien; 1968/1969 Studium in Helsinki (Geige bei Anja Ignatius, Klavier bei Izumi Tateno), 1969–1973 Komposition bei Alfred Uhl in Wien, 1977–1980 bei Roman Haubenstock-Ramati, 1972–1975 Dirigieren bei Hans Swarowsky; Meisterkurse bei Nathan Milstein. 1968 Debut als Geiger, internationale Konzerttätigkeit. 1981–1988 freischaffender Geiger und Komponist in Genf,

Tourneen in Europa und den USA. 1987 Mitbegründer und künstlerischer Leiter des Ensemble Wiener Collage, 1988–2017 Mitglied des Wiener Staatsopernorchesters, 1987–1994 der Wiener Streichersolisten. Unterrichtete an Musikhochschulen im In- und Ausland. Unter seinen Kompositionen ist auch das Ernst Krenek zum 85. Geburtstag gewidmete *Ständchen und Sitzchen* op. 14/1; zahlreiche Ehrungen, darunter 1986 der erste Ernst-Krenek-Preis der Stadt Wien für *Just an Accident? A Requiem for Anton Webern and Other Victims of the Absurd.*

Wolfgang Timaeus, geb. 1927 in Kassel, 2022 in Baunatal verstorben. Er erlebte seine Kindheit und Jugend großteils in Nazi-Deutschland (Pimpf, Reichsarbeitsdienst, Flakhelfer) und meldete sich 1944 freiwillig zur Marine, um nicht zur SS eingezogen zu werden. Nach einer Zeit bei der U-Boot-Flotte in Gdingen (heute: Gdynia, Polen) wurde er nach Ungarn zur Bodenflak versetzt, überlebte die Offensive der Roten Armee verletzt in einem Wiener Lazarett und floh aus US-amerikanischer Kriegsgefangenschaft. Er erreichte im Spätsommer 1945 Kassel und begann Ende 1948 eine Lehre beim Bärenreiter Verlag. Dort baute er in den 1950er Jahren die Bühnen- und Orchesterabteilung auf, die er bis zum Ende seiner Berufstätigkeit 1996 leitete; er war darüber hinaus für die Bereiche Kammermusik und Chor zuständig. 1976 übernahm er von Fritz Oeser auch die Geschäftsführung der Alkor Edition. Einer der Komponisten, die Timaeus betreute, war Ernst Krenek.

Eva-Maria Timaeus geb. Grimm, geb. 1931 in Kassel. Infolge zahlreicher Umzüge der Eltern besuchte sie die Schule zuerst in Alfeld und betreute dort gegen Kriegsende Ausgebombte und Flüchtlinge, legte 1951 das Staatsexamen als Wirtschaftsleiterin ab und 1952 die Reifeprüfung in Kassel. Danach verbrachte sie ein Jahr in der Schweiz und in Frankreich. 1955 erste Heirat, Arbeit im Buch- und Zeitschriftenvertrieb in Heidelberg; lebte seit 1973 in Kassel, dort 1974 Heirat mit Wolfgang Timaeus. Sie begleitete ihn später regelmäßig auf seinen beruflichen Reisen und lernte dabei – vermutlich Ende der 1970er Jahre – auch Ernst und Gladys Krenek kennen.

Franz Willnauer, geb. 1933 in Enns/OÖ. Journalist, Kulturmanager, Intendant. Studierte an der Universität Wien Psychologie, Theaterwissenschaft und Germanistik, dort 1957 Dr. phil. In den 1960er Jahren war er in Wien als Journalist, Musikkritiker (für Friedrich Torbergs Zeitschrift *FORVM*) und in der Werbeabteilung der Universal Edition tätig. 1962 wurde er Dramaturg an den Württembergischen Staatstheatern, danach Leiter der Kulturabteilung der Firma Bayer Leverkusen. 1986–1990 war Willnauer Generalsekretär und 1991 Konsulent der Salzburger Festspiele. 1995–1998 war er Direktor des Schleswig-Holstein Musik-Festivals, 1999–2003 Intendant der Beethovenfeste in Bonn. Zahlreiche Veröffentlichungen, darunter zuletzt *Frauen um Mahler* und die erweiterte Neuausgabe von *Gustav Mahler und die Wiener Oper*.

Claudia Maurer Zenck, geb. 1948 in Bremen, Prof. i. R.; Studium der Musikwissenschaft, Romanistik und Germanistik in Freiburg im Breisgau und an der TU Berlin, dort 1974 Dr. phil., 2000 Habilitation an der Universität Innsbruck. 1976–1979 wissenschaftliche Mitarbeiterin am DFG-Schwerpunkt „Exilforschung" (1980 *Ernst Krenek – ein Komponist im Exil*). 1984–1985 Lehrstuhlvertretung an der Universität Essen, 1988–2001 Professorin für Kritische Musiktheorie (Schwerpunkt Analyse) an der Hochschule (heute: Universität) für Musik und darstellende Kunst Graz, 2001–2013 Professorin für Historische Musikwissenschaft an der Universität Hamburg. Publikationen u. a. zu: Musik um 1900; Krenek; Musik im Exil und im Nationalsozialismus (Mitherausgeberin des *Lexikons verfolgter Musiker und Musikerinnen der NS-Zeit* (www.lexm.uni-hamburg.de); Musiktheorie Ende 18. Jahrhundert; Mozart-Opern; Hamburger Stadttheater um 1800; zuletzt Editionen von Adornos Briefwechseln mit Krenek (2020) und Rudolf Kolisch (2023).

Abkürzungen

ABC	Australien Broadcasting Corporation
AdZ-FC	Cerha-Archiv des Archivs der Zeitgenossen, Donauuniversität Krems
ASC	Arnold Schoenberg Center Privatstiftung, Wien
ASI	Arnold Schoenberg Institute, Los Angeles
DEA	Deutsche Erstaufführung
DFG	Deutsche Forschungsgemeinschaft
DLF	Deutschlandfunk Köln
EA	Erstaufführung
EKI, EKIP	Ernst Krenek Institut, Privatstiftung
FU	Freie Universität Berlin
GA	Gesamtausgabe
GdMf	Gesellschaft der Musikfreunde, Wien
GMD	Generalmusikdirektor
ICMA	International Classical Music Award
ISG	Internationale Schönberg-Gesellschaft
KMD	Kirchenmusikdirektor
L.A.	Los Angeles
MD	Musikdirektor
MDR	Mitteldeutscher Rundfunk
MICA	Music Information Center Austria
MTNA	Music Teachers' National Association
NDR	Norddeutscher Rundfunk
NWDR	Nordwestdeutscher Rundfunk
ÖEA	Österreichische Erstaufführung
ÖNB	Österreichische Nationalbibliothek
ORF	Österreichischer Rundfunk (bis 1953: Ravag)
ORS	Orion Records
RAVAG	s. ORF

RSB	Rundfunk-Sinfonieorchester Berlin
SDR	Süddeutscher Rundfunk
SWR	Südwestdeutscher Rundfunk
UA	Uraufführung
UCSB	University of California at Santa Barbara
UCSD	University of California at San Diego
UE	Universal Edition, Wien
USC	Universtiy of California, L.A.
WDR	Westdeutscher Rundfunk

Namenregister

Die Seitenzahlen mit Erwähnungen in den Texten sind gerade, in den Anmerkungen kursiv gesetzt